DICCIONARIO

DE LOS

SUEÑOS

Acerca del Libro

El *Diccionario de los Sueños* constituye una obra completa sobre el análisis y la interpretación de los mensajes oníricos que recibimos los seres humanos. Entre sus páginas se encuentra la mayoría de sueños imaginables y también sueños que reflejan la vida cotidiana en el marco del siglo XXI.

Además de contener el significado específico de cada sueño, también sugiere al lector la formula correcta para contrarrestar y eliminar los efectos nocivos de sueños que auguran situaciones negativas.

El libro será destinado a una audiencia universal ya que todos soñamos sin importar sexo, raza, edad o religión.

Esta obra representa una espontánea y bien acoplada conjunción de creencias místicas, psicológicas y espirituales cuyo propósito principal será fomentar la paz, la armonía y el conocimiento en la mente y el corazón de los soñadores que lo consulten.

Acerca del Autor

Mario Jiménez Castillo nació en Santa Ana, El Salvador en 1973. Es Periodista y se ha dedicado al estudio de la adivinación en sus diferentes formas, entre las que destaca la interpretación de los mensajes oníricos. También ha incursionado en religiones alternativas como la wicca, santería y el candomblé brasilero. Desde la adolescencia mostró gran interés por las ciencias metafísicas, el espiritismo, la reencarnación, la astrología y la teología.

Actualmente vive en California, escribe horóscopos y artículos de carácter esotérico para diferentes periódicos y sitios del internet. Se dedica a dar consejería espiritual en inglés, español y portugués. También escribe letras de canciones y es un fiel practicante del yoga y las danzas ceremoniales.

Correspondencia con el autor

Para contactarse o escribirle al autor, o para obtener más información sobre este libro, envíe su correspondencia a Llewellyn Español para serle remitida al mismo. La casa editora y el autor agradecen su interés y sus comentarios sobre la lectura de este libro y sus beneficios obtenidos. Llewellyn Español no garantiza que todas las cartas enviadas serán contestadas, pero le asegura que serán remitidas al autor.

Por favor escribir a:

Mario Jiménez Castillo
℅ Llewellyn Español
2143 Wooddale Drive
Woodbury, Minnesota, MN 55125-2989, U.S.A.

Incluya un sobre estampillado con su dirección y $US 1.00 para cubrir costos de correo. Fuera de los Estados Unidos incluya el cupón de correo internacional.

Muchos de los autores de Llewellyn tienen sitios en Internet con información y recursos adicionales. Para más información, visite nuestro website en:
http://www.llewellynespanol.com

DICCIONARIO
DE LOS
SUEÑOS

MARIO JIMÉNEZ CASTILLO

Llewellyn Español
Woodbury, Minnesota
U.S.A.

SEGUNDA EDICIÓN
Quinta Impresión, 2015

Diseño de la portada: Ellen Dahl
Diseño del interior: Alexander Negrete
Edición y coordinación general: Edgar Rojas
Cubierta © BrandX Pictures

Library of Congress Cataloging-in-Publication Data
Biblioteca del Congreso. Información sobre esta publicación

Jiménez Castillo, Mario.
   Diccionario de los sueños / Mario Jiménez Castillo.
      p. cm.
   ISBN 978-0-7387-1900-9
   1. Dream interpretation—Dictionaries—Spanish. I. Title.

BF1095.J56 2003
154.6'3'03—dc21

2003044651

Llewellyn Español
Una división de Llewellyn Worldwide Ltd.
2143 Wooddale Drive
Woodbury, Minnesota, MN 55125-2989
www.llewellynespanol.com

Impreso en los Estados Unidos de América

Dedicatoria

Dedico este libro a mi madre Ana Guadalupe de Jiménez
porque siempre ha tenido la sabiduría de
ponerle alas a todos mis sueños.

Gracias madre

Tabla de contenido

Agradecimientos

A Martha Graniello por todo el apoyo incondicional que
me brindó durante los años que me tomó escribir este libro.

A Víctor H. Campana por su valiosa colaboración
en la introducción y edición del manuscrito.

Y principalmente a Dios por ser mi luz y mi camino.

Prólogo

Gran parte de nuestra vida la pasamos soñando y según estudios científicos el hombre sueña por lo menos entre cuarenta mil y cincuenta mil horas a lo largo de su existencia. Esto equivale a un novena por ciento de la vida promedio de cada individuo. Aquí no se tiene en cuenta, por supuesto, todas las veces en las que soñamos despiertos. Por ello no causa admiración que el estudio del simbolismo de los sueños tome cada día un auge más notorio. Soñar es vital y necesario para mantener un buen estado de salud y un estado emocional equilibrado.

El mundo onírico representa una puerta de escape por la cual el cerebro se libera de toda la carga energética, psicológica y psíquica que procesa en estado consciente. Durante el sueño entramos en dimensiones desconocidas, en mundos fantásticos que reflejan todo el caudal de nuestra más profunda imaginación, creando una conjunción enigmática entre los deseos, los sentimientos, la ficción y la realidad.

El más completo Diccionario de los Sueños ha sido escrito con la finalidad de apoyar al lector a encontrar las respuestas que busca, a resolver los misterios que le propone el inconsciente cada noche. Muchos han afirmado que el significado de los sueños es totalmente contrario a lo que se soñó, otros le dan un significado oscuro y fatalista, y existen aquellos que sostienen que su significado es totalmente irrelevante. Dejando atrás teorías obsoletas y extremismos equívocos, considero necesario darle la importancia pertinente al análisis de las visiones oníricas, desde un punto de vista más práctico y verídico. Existen sueños hermosos que nos hacen sentir los seres más felices del mundo y no quisiéramos despertar de ellos, a tal grado que los científicos contemporáneos los han nombrado como "sueños curativos" porque al despertar nos sentimos revitalizados e inmersos en la alegría de vivir. Cuando experimente uno de esos sueños escríbalo y recuérdelo constantemente, con ello logrará mantener una actitud más optimista ante los retos de la vida diaria y al mismo tiempo le servirá de apoyo cuando decida eliminar de su materia sentimientos y hasta recuerdos que le causen dolor o pesar. El efecto de los sueños curativos no se limita únicamente a inyectarnos energía positiva. Los sueños ayudan a la recuperación y prevención de cualquier padecimiento físico, psíquico, sentimental o emocional.

Por otro lado tenemos los malos sueños, las pesadillas y aquellos considerados de mal augurio. Durante mucho tiempo los sueños que revelan un mal presagio han afligido a la gran mayoría. Sin embargo, el mal agüero se puede neutralizar por completo haciendo uso de rituales y sencillas formulas místicas. En esta obra encontrará las herramientas necesarias para minimizar o contrarrestar cualquier mal presagio.

Los sueños que cuentan con un presagio esencial son aquellos que podemos recordar en su totalidad y parecen haber sido parte de la más tangible realidad. Cuando le sea difícil recordar lo que soñó, es indicio que el mensaje onírico no conlleva un augurio específico. Se han desarrollado técnicas que enseñan a recordar los sueños. Una de ellas consiste en memorizarlos en los primeros diez minutos después de despertar, también se sugiere llevar una compilación de sueños y tener lápiz y papel a la mano en su mesa de noche. Según la leyenda popular, es necesario no frotarse los ojos al despertar para que el recuerdo de los sueños se presente de una manera lúcida y espontánea.

Entre en el excitante mundo del saber onírico y póngale alas a todos sus sueño. Dispóngase a visualizar su futuro. Que tenga felices sueños.

Prefacio
Libros de los sueños a través de la historia

"Porque los sueños también son enviados por Zeus".

Aquiles—La Ilíada— Homero

Los sueños, su simbología y misterio, siempre han cautivado la mente del hombre desde tiempos ancestrales. Tanto en relatos bíblicos como en pasajes históricos, se tiene referencia de los significados trascendentales que han dictado los mensajes oníricos. Por tal motivo no causa ninguna admiración que existan libros de sueños que daten de varios miles de años atrás.

El documento más antiguo que trata sobre el significado de los sueños es *El Libro Egipcio de los Sueños*, el cual se conserva en el Museo Británico y fue escrito entre el año 2000–1700 a. de C. *Siglos* después, el tema alcanzó gran auge y los sueños fueron considerados en las grandes civilizaciones antiguas como revelaciones divinas. A mediados del siglo II a. de C., se publicó en la Antigua Roma el libro titulado *Interpretación de los Sueños*, escrito por un popular vidente de aquel entonces llamado Artemidoro de Daldis. Transcurrieron casi seis siglos cuando fue escrita otra obra importante sobre el tema, esta vez fue Sinesio de Cirene quien escribió el libro titulado *Discurso sobre los Sueños*, escrito en el siglo IV d. de C. En la época medieval, en el siglo XIII para ser más exactos, se escribió en España la obra *Exposiciones de las Visiones*, de Arnaldo de Villanova. En el siglo XVI se publicó en Venecia *Los Sueños*, de Daniel, y fue traducido más tarde a la mayoría de idiomas que se hablaban en Europa en aquella época. En 1664 Gabdorrachamán escribió *El saber popular Árabe sobre los sueños*. En 1830 llamó gran atención *El libro de los sueños*, de Rafael porque allí se hacían las primeras connotaciones de la simbología erótica en los sueños. Un libro que marcó una pauta importante sobre el saber de los sueños fue escrito en 1880 bajo el título *El libro de Napoleón sobre el Destino*. Finalmente fue Sigmund Freud en el año 1900 quien publicó *La interpretación de los Sueños*, una obra que rompió con todos los esquemas anteriores, conectando los sueños directamente con la sexualidad. En las últimas cuatro décadas han sido muchos los libros y diccionarios de sueños que han sido escritos en la mayoría de culturas e idiomas, sin embargo, lo más importante de una obra que trate el tema es que cuente con información verídica, detallada y actualizada, para que el lector, quien consulta el oráculo, encuentre las respuestas a todas las interrogantes que le son planteadas por el subconsciente durante sus sueños.

Contando con una auténtica herramienta de investigación onírica y ampliando sus conocimientos en el tema, podrá descifrar el mensaje de sus sueños y a través de ellos, logrará hacer que los más positivos se conviertan en realidad.

Prefacio
Numerología de los sueños

"Nada contiene más de nuestras obras que los sueños.
Nada nos pertenece tanto".

Friedrich Nietzsche

Los números son tan antiguos como el hombre mismo, y desde épocas remotas han sido motivo de investigación porque han ayudado a poner orden en el mundo y en el universo. Desde hace miles de años, hebreos, egipcios, griegos, romanos, chinos y mayas le dieron un carácter universal a la numeración, apartándola desde un principio de la exclusividad matemática. Los mayas por ejemplo, crearon un oráculo que consta de cuarenta y cuatro símbolos y glifos que predicen el futuro. Entre la simbología que utilizaron, le dieron un lugar prioritario a los primeros trece números y al significado que cada uno tiene en determinado momento de la vida de todo ser humano. Los antiguos hebreos le dieron el mismo carácter a los números y a las letras del alfabeto, indicando con ello que cada letra y número representan un estado de conciencia universal en la vida del hombre.

En el campo del saber onírico los números son considerados como los agentes orientadores que utiliza el inconsciente. Dichos agentes tienen la misma equivalencia en la mente inconsciente de todos los seres humanos.

Cuando los números se presentan en el sueño, revelan episodios y acontecimientos trascendentales que están por suceder en la vida del soñador. Cada número partiendo del cero al nueve, tiene un significado especial y definido que ha sido ligado directamente a los procesos psicológicos de la mente. El tiempo, los sentimientos, el intelecto, la metafísica, el misticismo, la astrología, la mitología, la supervivencia, la salud, el romance, la sexualidad, las posesiones, lo bueno, lo malo y lo divino que envuelve la vida humana se puede representar por medio de la simbología numérica.

El número que acompaña el mensaje onírico de cada sueño, representa un augurio particular. Los augurios dictados han sido enfocados con el propósito de crear un horóscopo semanal, es decir, después de haber leído el significado de su sueño, también le será útil investigar lo que le depara la semana que inicia a partir de esa misma fecha. La combinación de ambos oráculos, el onírico y el numérico, le proveerá de los ingredientes necesarios para que formule un augurio más acorde a las circunstancias que esté viviendo.

Cuando los números sean de dos o más cifras, lo único que debe hacer es sumarlos y reducirlos a un solo número y después lea en la lista de presagios numéricos qué le depara en la semana uno, dos, tres, siete, etc.

Números de la suerte

Se considera que los números soñados traen suerte en los juegos de azar, sin embargo, en estudios realizados, se concluyó que esto sucede cuando se sueña el mismo número en más de una ocasión. Los más expertos numerólogos coinciden al señalar que los números percibidos durante el sueño representan una referencia o una pista que llevará a descubrir el número afortunado. Cada mensaje onírico del *Diccionario de Sueños* viene adjunto a su respectivo número.

Presagios numéricos

A continuación se presenta una lista con los presagios semanales que corresponden a cada número.

Uno

Será una semana favorable para los inicios, nuevos trabajos y actividades novedosas. También habrá tres o cuatro días bastante agitados y todos a su alrededor buscarán su consejo o palabras de aliento. Debe ser paciente con el tráfico y sobre todo con aquellas personas que laboren en oficinas gubernamentales. Habrá encuentros con personas que no hemos visto hace tiempo y surgirán en el horizonte nuevas ilusiones románticas y flirteos desmedidos. Por otra parte, no se deben hacer apuestas, jugar a la lotería o prestar dinero, ya que el aspecto económico mostrará altibajos.

Recomendaciones: Proporcionar nuestra ayuda y colaboración a quien lo necesite, tomar las cosas con mucha calma y practicar la meditación antes de ir a dormir.

Dos

Se vaticina una semana llena de contradicciones y sobresaltos. Los planes trazados anteriormente sufrirán algún retraso y ocurrirán eventos inesperados. Se deberá evitar incurrir en gastos innecesarios que puedan comprometernos más de la cuenta. Habrá que vigilar nuestras posesiones, en especial el auto, y los aparatos electrónicos. El amor tendrá un período positivo, el romance surgirá espontáneamente y se aclararán rencillas y malos entendidos. Se aconseja no hacer viajes largos por carretera, no comer a altas horas de la noche y evitar conflictos con la familia.

Recomendaciones: Expresar buenos propósitos, escuchar nuestra música favorita, hacer deporte y entregarse de lleno a la pasión.

Tres

Se augura una semana prometedora. Todos nuestros asuntos marcharán por buen camino; los negocios no tendrán demoras, la gente se mostrará más sensata y amigable. El ambiente estará impregnado de optimismo y armonía. Será la etapa ideal para conformar asociaciones, firmar contratos, hacer viaje de negocios y lograr convenios ventajosos. Si se ha de hacer alguna compra importante, definitivamente será la semana idónea para hacerlo. Cualquier empresa o proyecto que inicie en estos días llegará a ser exitoso.

Recomendaciones: Ponernos metas a corto plazo, socializar y estrechar los lazos de amistad con nuestros amigos, entrar en contacto con la naturaleza y sobre todo, darle gracias a Dios por todas las bendiciones que derrama día a día sobre nosotros.

Cuatro

Esta semana puede traer algunas complicaciones sobre todo en los aspectos emocional y económico. Puede suceder que de pronto nos convirtamos en compradores compulsivos, tratando de escaparnos de problemas y tensiones. Por ello se aconseja no llevar mucho dinero con nosotros y dejar en casa las tarjetas de crédito. En el trabajo no contaremos con el tiempo suficiente para realizar todas nuestras labores. A los estudiantes les será muy difícil concentrarse y los enamorados tenderán a alejarse un poco debido a factores externos a la relación.

Recomendaciones: Posponer para la semana siguiente los viajes y las compras importantes, evitar las bebidas alcohólicas, los vicios y los sitios oscuros o poco concurridos. También se debe poner máximo cuidado a la hora de conducir. Además se aconseja tener mucho tacto al tratar a los demás porque cualquier palabra altisonante, podría provocar un conflicto mayúsculo.

Cinco

Semana de cambios necesarios y resoluciones oportunas. También es el período más apropiado para salir a divertirse, bailar, ir de compras, dar obsequios, cortarse el cabello y salir de lo rutinario. Las citas románticas y las declaraciones de amor, pasarán por fechas muy afortunadas. Se aconseja usar colores claros en las prendas de vestir y buscar inspiración y relajación, practicando nuestro pasatiempo preferido. Quien ande en busca de un mejor trabajo, con seguridad lo encontrará en esta semana. También se augura la llegada de nuevas amistades a nuestro entorno social.

Recomendaciones: Buscar la diversión sin descuidar el desempeño laboral, poner mayor énfasis en la realización de nuestras ilusiones y deseos, hacer alguna obra de caridad y alimentarnos de una manera más sana y natural.

Seis

Recibirá favores y obtendrá grandes logros. Si desea obtener un ascenso o conseguir una promoción, podrá hacerlo con relativa facilidad; si necesita encontrar un nuevo domicilio, pronto lo hallará. Entre todas las semanas, es la más afortunada para contraer compromisos y matrimonio. Los enfermos se recuperarán rápidamente. Si debe someterse a alguna intervención quirúrgica, el resultado será óptimo.

Recomendaciones: Debe dejarse guiar por el yo interno, confiar en sus decisiones, compartir sus talentos con los demás y prestarle mayor atención a sus corazonadas.

Siete

El número siete representa un alto grado de intuición, por tal motivo cualquier decisión que tome en este período será la más sensata. Se vislumbra una semana favorable para hacer compras especiales, como ropa, perfumes y artículos de uso personal. El lugar de estudio o trabajo se mantendrá tranquilo, sin problemas de ningún tipo y se respirará un ambiente de paz y tranquilidad. En cuestiones amorosas se experimentarán renovadas pasiones y se descubrirán nuevos placeres. Se recibirán llamadas y correos electrónicos con noticias agradables y algún miembro de la familia nos dará una grata sorpresa. Los amigos se mostrarán más condescendientes y el mundo que nos rodea parecerá como si estuviese iluminado por la buena estrella.

Recomendaciones: Respetar opiniones que parezcan descabelladas o poco realistas, poner la paz donde hubo ansiedad y falta de entendimiento y regalarle nuestra mejor sonrisa a las personas con las que entremos en contacto.

Ocho

Será la semana de la reestructuración y con ella surgirá el momento propicio para resolver problemas personales o de trabajo, ya que estaremos con una actitud serena y con la mente más despejada. No habrá sobresaltos ni situaciones complicadas que desvíen nuestra atención. Todo lo referente a documentos, trámites legales, créditos y deudas, deberá atenderse en estos días. Los eventos planeados con anterioridad saldrán incluso mejor de lo que esperábamos, si se realizan en este período. Además encontraremos el momento justo para pedir disculpas y enmendar errores o malos entendidos. También es muy probable que se nos presente la oportunidad que hemos andado buscando.

Recomendaciones: Buscar nuevas alternativas para ganar más dinero, realizar los cambios que hemos venido planeando, reorganizar papeles, cuentas y gastos, leer libros o artículos de superación personal, relajarnos entre buenos amigos y dedicar unos minutos a establecer contacto con el Creador.

Nueve

Es la semana afortunada para el romance, porque la pareja se mostrará más cariñosa y comprensiva. Los solteros serán sorprendidos por un flechazo durante esta semana. No será un lapso propicio para concretar negocios o emprender nuevas actividades, ya que surgirán inconvenientes imprevistos, especialmente de tipo financiero. Para muchos, será un período de suerte en los juegos de azar y para otros será el tiempo en el que se realizarán en el amor. La religión, la filosofía y la política serán los temas de conversación preferidos por la gran mayoría, por lo tanto se deberá tener cuidado en hacer comentarios que puedan ofender a otras personas.

Recomendaciones: Se sugiere que se hagan redecoraciones o mejoras en el hogar, revisar el mantenimiento del auto, comenzar una rutina de ejercicios, hacer planes y ponernos metas a largo plazo, y principalmente dejar ir todo aquello que ya no nos pertenece.

Cero

En una semana cero, debemos estar abiertos al cambio y a la transformación total, porque algo que nos afecta se irá de nuestra vida para siempre. Andaremos en busca de respuestas y el futuro nos parecerá más incierto que nunca. En este período tan confuso, lo mejor será guardar la calma y no cometer ningún exceso que nos pudiera perjudicar. El mejor consejo es esperar a que se dé un cambio en la energía colectiva, porque algunas veces la falta de acción se convierte en la mejor acción de todas. Surgirán problemas casi de la nada, la economía se mostrará con altibajos y el estrés se hará presente en más de una ocasión. Será sin lugar a dudas una semana de introspección en la que el autocontrol y la confianza en sí mismo jugarán un papel predominante.

Recomendaciones: Mantenernos en nuestro entorno habitual, bloquear malos pensamientos mediante la realización de acciones positivas, valorarnos más como personas y entes espirituales, luchar por nuestros ideales y principalmente tener la plena certeza que en breve vendrán días mejores.

Parte I
Por Víctor Campana

¡Oh, Inmenso azul!
Yo adoro tus celajes risueños donde van los perfumes y los sueños.

Rubén Darío —"Anánke" Azul

"Si llegara a haber un profeta de ustedes para Jehová,
sería en una visión como me daría a conocer a él.
En un sueño le hablaría".

La Biblia —Números 12:6

"Todos nuestros sueños se pueden realizar
si tenemos la determinación de luchar por ellos".

Walt Disney

Introducción

Desde el comienzo de la humanidad el hombre ha tratado de descifrar el significado de los sueños. Las visiones oníricas han sido consideradas como un misterio que sólo alguien con un don especial podía dar la debida interpretación. Encontramos en el primer libro de la *Biblia, Génesis,* Capitulo 40, la historia de José, hijo de Jacob, interpretando los sueños del rey de Egipto. El Faraón sueña con siete vacas flacas y siete vacas gordas y José interpreta como pronóstico de siete años de abundancia y siete años de hambruna que se cumplen exactamente como lo ha dicho. El documento más antiguo sobre la interpretación de los sueños es el *Libro Egipcio de los Sueños,* producido durante la doceava dinastía en los años 2000–1700 a. de C. Este libro reside en el Museo Británico. Culturas antiguas creían que los sueños eran experiencias espirituales que predecían el futuro. Los emperadores romanos no creían en la vida después de la muerte, pero creían en los sueños, y cada uno tenía su propio intérprete. Los griegos percibían los sueños como mensajes de los dioses, por lo que eran estudiados, clasificados e interpretados, y se valían de oráculos para resolver conflictos de interpretación. Aristóteles creía que los sueños surgían del corazón de quien soñaba.

En la actualidad, la investigación científica ha reemplazado la aureola fantástica y mágica de la actividad onírica con una visión objetiva y racional. Investigadores modernos se han basado en dos interpretaciones generales del contenido de los sueños, una negativa y otra positiva. La interpretación negativa dice que los sueños son un simple proceso cerebral para integrar una nueva información en la memoria y que por lo tanto no tienen significado inherente. La interpretación positiva dice que los sueños contienen verdadero significado simbolizado en una imagen idiomática que es distinta del pensamiento lógico consciente.

¿Qué significa soñar?

La acción de soñar ha sido definida como una forma de actividad mental que ocurre cuando dormimos y que es diferente de la actividad de pensar. Sigmund Freud lo describió como un "proceso primario" o mecanismo primitivo con rápidos cambios de energía y emociones, y un gran contenido sexual y agresivo derivado de la niñez. Estudios clínicos y de laboratorio sobre la naturaleza de esta actividad, muestran que los sueños son más perceptibles que conceptuales; es decir que en el sueño las cosas son vistas y oídas en lugar de pensadas. En cuanto a la actividad de los sentidos, se ha comprobado que la experiencia visual está presente en casi todos los sueños; la experiencia audible en el 40 y 50 por ciento; y el tacto, olfato, sabor y dolor en un porcentaje relativamente pequeño. Durante el sueño también se manifiestan emociones como miedo, enojo y alegría, pero en forma muy simple, diferente de las emociones complicadas que ocurren durante la vigilia. En su mayoría, los sueños se presentan en forma de historias parciales como el producto de memorias alternadas. Esta amplia definición nos dice que los sueños contienen una gran variedad de experiencias que van desde lo simple hasta lo extravagante, según se ha observado en estudios de laboratorio.

La contribución de Freud

Sigmund Freud (1856–1939), médico austriaco, fue quien desarrolló las teorías centrales para el psicoanálisis, la psicología de la sexualidad humana, y la interpretación de los sueños. Aunque sus teorías publicadas a fines del siglo XIX fueron muy controversiales durante su época, la aceptación de su trabajo se reconoció a finales de su vida. Quizás sus contribuciones más importantes se refieren a la conexión entre la aberración de la conducta humana y la mente inconsciente.

En sus observaciones, Freud encontró pruebas claras de la represión y resistencia del mecanismo mental. Él describió la represión como un artificio de defensa inconsciente para hacer inaccesible a la mente consciente el recuerdo de eventos dolorosos y amenazantes. Y definió la resistencia también como una defensa inconsciente para prevenir la ansiedad emocional que causa el conocimiento de experiencias reprimidas. Para observar la operación del proceso inconsciente, Freud usó la libre asociación del paciente para que le guíe en la interpretación de los sueños y errores de lengua. El análisis de los sueños le llevó a descubrir la sexualidad infantil y el llamado complejo de Edipo, que se manifiesta como atracción erótica del niño hacia la madre y de la niña hacia el padre, junto con sentimientos hostiles hacia la madre o el padre, respectivamente.

Freud también desarrolló la teoría de la transferencia, definida como el proceso por el cual las actitudes emocionales, establecidas originalmente hacia la figura paterna durante la infancia, son transferidas a otras personas. El trabajo más importante de Freud, *La Interpretación de los Sueños*, fue publicado en 1900. Aquí él analiza muchos de sus sueños registrados en el período de tres años de su auto análisis que comenzó en 1897. Según Freud, la mente que sueña está dominada por un proceso diferente del que rige la vigilia. Y dice que este "proceso primario" se distingue por sus mecanismos más primitivos, sus rápidos cambios de energía y emociones, y su contenido sexual y agresivo derivado de la infancia.

La contribución de Jung

Carl Gustav Jung (1875–1961), psiquiatra suizo, fue quien fundó la Escuela Analítica de Psicología. Jung manifestó durante su infancia una inclinación hacia los sueños y las fantasías, y esto influenció posteriormente en sus estudios de investigación. Jung amplió el concepto psicoanalítico de Freud interpretando los disturbios mentales y emocionales para hallar una integridad personal y espiritual. Sus estudios tuvieron reconocimiento internacional y le llevaron a una colaboración más cercana con Freud. Pero con la publicación de su obra *Psicología del Inconsciente*, Jung se separa del concepto freudiano sobre la libido o deseo sexual, por considerarlo muy estrecho y materialista. Jung demuestra que hay afinidad entre los mitos antiguos y las fantasías psíquicas, y explica las motivaciones humanas en términos de enorme energía creativa.

Jung desarrolló sus teorías basándose en su amplio conocimiento de la mitología y la historia; en las experiencias de sus viajes a Nuevo México, India y Kenya, y especialmente en los sueños y fantasías de su infancia. Su obra *Tipos Psicológicos* publicada en 1921, trata de la relación que existe entre el consciente e inconsciente y presenta los tipos de personalidad extrovertida e introvertida.

Según Jung, la gente, de todas las culturas, es parte de un inconsciente colectivo, con iguales sentimientos, pensamientos y memorias. Jung creía que las imágenes del inconsciente colectivo, llamadas arquetipos, o imágenes primordiales, se revelaban a través de los mitos. Estas imágenes se relacionan con experiencias tales como enfrentarse a la muerte o elegir una pareja, y se manifiestan simbólicamente en religiones, mitos, cuentos de hadas y fantasías.

Biología de los Sueños

Los estudios de los investigadores americanos Eugene Aserinsky y Nathaniel Kleitman que comenzaron en 1953 resultaron en el descubrimiento de la biología de los sueños. Aserinsky era estudiante universitario cuando recibió del profesor Kleitman el encargo de estudiar el comportamiento de un niño durante el sueño. En ese estudio, Aserinsky observó que el durmiente hacía girar los globos oculares bajo los párpados cerrados, aun estando el cuerpo totalmente inmóvil y relajado. Aserinsky y Kleitman decidieron usar el electroencefalógrafo, aparato que mide la actividad eléctrica del cerebro, para lograr una explicación de este fenómeno. Así llegaron a la conclusión, confirmada por los durmientes despertados en el preciso momento, que los ojos se mueven cuando el sujeto está soñando. Además, observaron que antes de ocurrir los movimientos oculares, llamados REM, Rapid Eye Movements (movimientos rápidos de los ojos), se producía una aceleración en la respiración y en el ritmo cardíaco.

Esos estudios también demostraron que, por lo general, una persona sueña cuatro o cinco veces durante la noche, ya sea que los sueños se los recuerde frecuentemente, raramente, o nunca. Además, observaron que los sueños ocurren a intervalos de aproximadamente 90 minutos con una duración de 5 a 20 minutos cada uno y en conjunto constituyen un 25 por ciento del tiempo que dormimos (hasta un 50 por ciento en un niño recién nacido). También comprobaron que estímulos tales como sonidos y contactos físicos con el durmiente pueden ser incorporados en el sueño si estos ocurren cuando la persona está soñando, y que estos estímulos, sin embargo, no inician el sueño. Y, gracias al uso del electroencefalógrafo, establecieron que los sueños se producían en cuatro diferente niveles: desde el primer estado o sueño ligero, hasta el cuarto estado o sueño profundísimo.

La contribución de yoga

El Maestro yoghi Bhagwan Shree Rajneesh en su discurso sobre la psicología de los sueños contenido en su obra *The Psychology of the Esoteric*, dice: "Tenemos siete cuerpos: 1) el físico, 2) el etéreo, 3) el astral, 4) el mental, 5) el espiritual, 6) el cósmico, y 7) el nirvánico. Cada cuerpo tiene su propia clase de sueño. El cuerpo físico es conocido en la psicología occidental como el consciente, el cuerpo etéreo como el inconsciente y el cuerpo astral como el inconsciente colectivo".

De modo que, según Rajneesh, la calidad del sueño cambia con relación al nivel de profundidad en que dormimos. Cuando el individuo está ligeramente dormido, el cuerpo físico crea sus propios sueños. Estos sueños reflejan los estados de alteración física como indigestión o excitación sexual, por ejemplo, o estímulos exteriores como frío, calor, humedad o sonidos de cualquier clase.

En los sueños del segundo nivel o cuerpo etéreo se puede viajar por el espacio a cualquier lugar sin límites de distancia. Al despertar se recuerda las imágenes como un sueño del primer nivel, pero son experiencias vividas cuando el cuerpo etéreo se desprende momentáneamente del cuerpo físico. Es posible crear visiones etéreas a voluntad mediante visualización o repitiendo como una mantra lo que se desee soñar. Los Sufis usaban perfume para crear visiones etéreas. Un perfume particular puede crear un sueño particular. En investigaciones psicológicas no se menciona el cuerpo etéreo y los sueños de este cuerpo se los atribuye al cuerpo físico.

El tercer nivel corresponde al cuerpo astral y aquí los sueños llevan a vidas anteriores. Las imágenes en estos sueños son generalmente confusas porque fluyen de los siete cuerpos que están simultáneamente activos. Pero es fácil deducir que se refieren a vidas anteriores porque en el sueño uno se encuentra en otra cultura y hablando un idioma extranjero, o en lugares extraños, con gente extraña, con seres mitológicos, o participando o siendo testigo de hechos históricos del pasado. En mi diario de sueños hay uno en el que vivía en Arabia y hablaba en arábigo; otro en el que vivía en Francia y hablaba francés. Estos idiomas no los hablo en la actualidad. Y en un tercer sueño, yo era testigo presencial de la crucifixión de Jesús.

Los sueños en el cuerpo mental proyectan visiones de vidas pasadas o futuras, pero se las percibe como acciones presentes. Quien sueña puede penetrar en su propio futuro, pero no en el de otra persona. En este nivel la percepción del tiempo y de todo lo que sucede es aquí y ahora. Si se mira hacia atrás, el presente y el futuro desaparecen, y si se mira adelante, el presente y el pasado desaparecen. Y dondequiera que se esté, la experiencia es en el presente.

Soñar en el cuerpo espiritual o quinto plano es trascender el tiempo y la individualidad para entrar en la conciencia del todo. Aquí se perciben visiones de la creación universal con símbolos que tienen la consistencia de la realidad objetiva. Las imágenes son menos fantásticas que las de los sueños anteriores. En este nivel y en los siguientes, varias personas pueden tener el mismo sueño simultáneamente. Las revelaciones de la creación universal y la existencia de Dios se atribuyen a experiencias oníricas producidas en el cuerpo espiritual. La simbología de estas experiencias puede ser Cristiana, Hindú, Judía o Islámica, pero en el fondo expresan una misma verdad.

El cuerpo cósmico produce sueños cósmicos, es decir, visiones vastas del universo totalmente consciente, harmónico y positivo. La mente y la materia se funden en una sola conciencia para producir teorías de la unidad y del infinito. Según esta definición, la creación de las grandes religiones es consecuencia de sueños cósmicos.

Finalmente viene el cuerpo nirvánico. Nirvánico se deriva de Nirvana que en Budismo significa Iluminación o Esclarecimiento. En este plano se trasciende el universo positivo para entrar en la nada infinita. Aquí los sueños son de inexistencia y de vacío, sin símbolos, sin imágenes y en silencio absoluto. Y porque la conciencia individual se funde momentáneamente en la conciencia universal, el recuerdo de la experiencia permanece latente dentro de uno como una visión fugaz e inmensa al mismo tiempo, pero es algo inexpresable.

Sueños lúcidos

Sueños lúcidos son aquellos en los que uno está consciente del sueño, es decir que uno sabe que está soñando. Este fenómeno generalmente se produce en la mitad del sueño cuando de repente el individuo reconoce que la experiencia no es una realidad física, sino un sueño. Esta lucidez se atribuye al impacto emocional que causan ciertas escenas imposibles o inverosímiles, tales como volar o encontrarse con alguien ya muerto. La lucidez también puede ocurrir sin ningún indicio y uno simplemente sabe que está soñando. El doctor Stephen LaBerge, profesor de la Universidad de Stanford, en su libro *Lucid Dreaming* menciona que aproximadamente un diez por ciento de los sueños lúcidos ocurren cuando el sujeto retorna directamente al sueño luego de haberse despertado sin que se haya quebrado la conciencia reflexiva.

También es posible despertarse y continuar soñando sin volverse a dormir. Uno puede despertarse en la mitad de un sueño, levantarse de la cama para iniciar el nuevo día y el sueño continúa activo por varios minutos y luego se desvanece. Lo peculiar de esta experiencia es que uno está consciente de estar despierto y soñando al mismo tiempo.

Aunque el sueño lúcido es un fenómeno básicamente simple, éste se manifiesta en varios niveles de percepción. Bajo una percepción aguda o alta, uno sabe que está acostado y dormido en la cama, que las acciones del sueño son producto de la mente y que, por lo tanto, no ofrecen ningún peligro durante el sueño o al despertar. Además, se puede tener absoluto control del sueño, manipulando las escenas, los protagonistas y las acciones personales como arte de magia.

Con la percepción de bajo nivel uno es testigo de las acciones del sueño y puede manipularlas en cierto grado, pero no se está suficientemente consciente para darse cuenta que las personas son representaciones del sueño, que uno no puede sufrir ningún daño físico, o que uno está realmente en la cama.

Más adelante daré n ejemplo de sueño lúcido producido en serie bajo el título "Reconciliación con mi padre muerto", tomado de mi diario de sueños.

Habilidades que se aprenden

Algunos sueñan lúcidamente en forma espontánea y otros tienen una clara memoria de lo que han soñado. Cualquiera puede adquirir estas habilidades mediante técnicas apropiadas. Todo lo que se necesita es el deseo de aprender. Las siguientes técnicas son simples y efectivas.

• El primer paso es aprender a recordar los sueños. Al despertar, se mantiene acostado e inmóvil sin abrir los ojos. Aquí se trae a la mente las imágenes de lo soñado. A medida en que aparecen, el recuerdo se hace más claro y se fija en la memoria. Después es fácil describir la experiencia y anotarla en un diario de sueños.

• El siguiente paso es aprender a soñar lúcidamente. Para esto se fija en la mente la idea de que se va a soñar lúcidamente. Cuando uno se acuesta a dormir se estira de espaldas con los brazos a lo largo del cuerpo y se respira rítmica y profundamente hasta relajarse. Luego se repite mental o verbalmente, como una mantra, hasta quedarse dormido: "Voy a soñar lúcidamente y voy a recordar el sueño cuando despierte". Estos ejercicios se los practica todos los días hasta obtener resultado, después, uno se habitúa a ellos y entonces se producen espontáneamente.

Pesadillas y como remediarlas

Las pesadillas son sueños que hacen sentir intenso temor, horror y angustia, y generalmente despiertan al individuo, por lo menos parcialmente. La experiencia más común de las pesadillas es sentirse perseguido: los adultos por un hombre y los niños por animales o un fantasma. Casi todo el mundo ha sufrido una pesadilla, pero los niños entre las edades de tres y ocho años son los más afectados, lo que indica que este fenómeno es parte del desarrollo normal. Estudios han demostrado que las pesadillas son menos comunes en los adultos, pero hay quienes las sufren de vez en cuando. Entre un cinco y diez por ciento de adultos tienen pesadillas una vez al mes o más frecuentemente.

Soñar lúcidamente puede ser la base de la terapia más efectiva contra las pesadillas, según explican LaBerge & Rheingold en su obra *Exploring the World of Lucid Dreaming*. Si se sabe que se está soñando, es lógico entender que las escenas del sueño no pueden causar ningún daño. Entonces, al eliminar el miedo se elimina la pesadilla.

La interpretación de los sueños

No existe una teoría en el método de interpretar o analizar los sueños. Por lo que hemos visto, se concluye que las visiones oníricas pueden ser expresiones de sentimientos y deseos reprimidos durante la vigilia o proyecciones de los otros cuerpos del individuo donde los sueños aparecen como experiencias supernaturales, proféticas y advertencias de acontecimientos inminentes que pueden causar dolor o felicidad. Naturalmente, todo esto se manifiesta en forma simbólica cuyo significado necesita interpretación. Por esta razón siempre han existido intérpretes de sueños. En la actualidad estos intérpretes ofrecen su talento, por lo general, a través de libros, como lo demuestra el presente volumen.

El más completo Diccionario de los Sueños, de este autor, abarca casi toda la gama de sueños imaginable, ofreciendo así una tremenda ayuda para quienes quieren vislumbrar el misterio que encierra nuestra vida. Por supuesto que los significados presentados en este diccionario de sueños no tienen aplicación universal, pues eso es algo imposible, pero, como formas de referencia, ofrecen un agudo indicio para que cada persona descifre los símbolos de su sueño de acuerdo con su estado anímico y circunstancial dentro de su entorno. Y aquí es necesario indicar que, en definitiva, la persona que sueña es el mejor intérprete de su propio sueño, porque sólo ella puede relacionar los símbolos con los aspectos íntimos de su personalidad.

Reconciliación con mi padre muerto —Anécdota

Vivíamos en Quito, Ecuador, y tenía yo 14 años de edad cuando mi padre se sintió gravemente enfermo y tuvo que hospitalizarse. Estaba sufriendo de una úlcera en el estómago causada por la inhalación del vaho del kerosén en la práctica de su oficio de joyero. En su época, allá en los años treinta, la antorcha que se usaba para soldar joyas consistía de una lámpara de kerosén y un tubo de metal largo y delgado curvado en la punta a través del cual, soplando con la boca la llama de la lámpara, se producía el fuego necesario para derretir la soldadura.

Un día muy de mañana recibimos la noticia de que mi padre se estaba muriendo. Toda la familia, mi madre y mis hermanos fueron al hospital, excepto yo. Me quedé esperando la llegada de un amigo de la familia, procedente de Guayaquil, que debía venir más o menos a esa hora para ir juntos a visitar a mi padre. Luego de esperar en vano cerca de una hora, corrí al hospital. Cuando llegué ya era demasiado tarde. Mi padre había muerto hacía unos quince minutos.

Mi madre, llorando y abrazada a mí, me dijo, "Sufrió mucho antes de morir porque estaba esperando por ti". Además del tremendo dolor que me causaba ver a mi padre muerto, sentía que como una puñalada se clavaba en todo mi ser el sentimiento de culpa por mi irresponsabilidad. Y este sentimiento se arraigó dentro de mí para atormentarme todo el tiempo. Cada vez que pensaba en mi padre, recordaba que no estuve presente a la hora de su muerte. Llorando le pedía perdón, pero no lograba disipar mi culpabilidad y creía que así iba a vivir por el resto de mi vida.

Cuando llevaron a la morgue el cadáver de mi padre, yo fui con él y permanecí allí haciéndole compañía hasta que dos hombres llegaron por la tarde para trasladar el cadáver a nuestra casa para su velorio. Colocado en un simple ataúd negro, con mi ayuda lo pusimos en una carroza tirada por un caballo y comenzamos nuestro viaje a través de la ciudad. Yo era el único acompañante, caminando cabizbajo unos pasos detrás del carruaje. Debíamos haber causado un espectáculo triste porque la gente se paraba para vernos pasar y algunas mujeres lloraban.

En 1975 comencé a estudiar filosofía oriental y yoga con el maestro hindú Swami Muktananda Paramahansa y estuve con él por algún tiempo en la India. Entre otras cosas, quise alcanzar un claro entendimiento sobre el misterio de la muerte y el más allá. Mi propósito era encontrar un medio de comunicación para lograr una reconciliación con mi padre. En abril de 1977 tuve el primer sueño lúcido con él. Estaba durmiendo y me desperté al oír que alguien tocaba la puerta de mi dormitorio. Me levanté, abrí la puerta y allí estaba mi padre que regresaba de la tumba para hospedarse en mi casa como un muerto viviente. Se veía exactamente como yo lo recordaba, vistiendo un traje de tres piezas, su sombrero Fedora y su bigote hitleriano, pero no traía su perenne bastón con puño de plata. Le invité con la mano a que entrara y luego nos miramos sin cruzarnos una sola palabra. En ese instante tuve plena conciencia de que estaba soñando, sin embargo, mi reacción emocional era como si estuviera normalmente despierto. Aunque no hubo comunicación verbal, comprendí claramente que había venido para ayudarnos mutuamente. El amor que sentía por él en ese momento no era lo suficientemente fuerte para vencer el temor que su presencia me causaba. Mejor diría que el temor que me sobrecogía no daba lugar para ningún otro sentimiento.

Cuando desperté en la mañana me encontré empapado en sudor y aun temblando. Aunque estaba profundamente impresionado y las imágenes del sueño permanecían claras en mi mente, no hice ningún comentario con mi familia o con otra gente. Íntimamente sabía que el sueño tenía un profundo significado y trataba de descifrarlo mediante la meditación, pero sin ningún resultado.

Una semana después se repitió el sueño. En realidad fue la continuación del anterior. Esta vez acomodé a mi padre en un dormitorio disponible y agregué una silla para él en el comedor junto a la mía. No me agradaba su presencia en mi casa como un muerto viviente, pero se me hacía imposible pedirle que se fuera. Y lo más raro de esta situación era que mi familia, mi esposa y tres hijos, no se percataban de su presencia. Yo era el único que lo veía y atendía.

En mis ejercicios de meditación contemplativa se manifestaban en forma viva y dramática las imágenes de los últimos días de su vida, especialmente del último, y las percibía en un elevado nivel de conciencia. Entonces comencé a entender, no intelectual sino emocionalmente, que la muerte es parte inevitable de la vida y que las causas que la rodean tienen su razón de ser en cada caso individual. Y así, gradualmente comprendí que mi experiencia traumática de haber llegado tarde para despedirme de mi padre cuando se iba de esta vida, sirvió, fundamentalmente, para hacerme más responsable de mis obligaciones y, finalmente, fue motivo poderoso e inevitable para que yo buscara el medio de comunicarme con él espiritualmente.

Cuando el sueño se repitió unos días más tarde, comprendí que mi padre y yo habíamos entrado en un proceso de reconciliación. El temor que me causaba la presencia de él desapareció y entonces pude expresarle mi amor. Durante el tercer sueño nos hablamos por primera vez y le dije que él era bienvenido en mi casa y que me sentía feliz de que estuviéramos juntos otra vez. A partir de ese momento, en el sueño, toda mi familia se enteró de su presencia, nos pareció que era algo natural que alguien ya muerto estuviera en el mundo de los vivos, y lo aceptamos como un miembro activo de nuestro hogar.

El sueño se repitió unas dos veces más como continuaciones del anterior y cada vez eran más reales y significativos. En una de nuestras conversaciones a la hora de la cena, mi padre explicó que no había sido feliz desde el día en que dejó este mundo porque me extrañaba mucho, especialmente porque yo no había llegado a tiempo para despedirnos a la hora de su partida. "Fue una experiencia muy dolorosa", dijo, "porque no pude abrazarte antes de morir". Luego vio que esa era la causa que nos atormentaba y que la única solución era cruzar la puerta que separa la vida de la muerte para encontrarnos de nuevo. Y finalmente halló la oportunidad de encontrarme en el sueño cuando mi conciencia estaba lista para aceptar esta clase de experiencia.

Todo lo que vivía en el sueño se reflejaba positivamente en mi estado de ánimo durante la vigilia. Así, el pesado sentimiento de culpa desapareció, me torné más amigable, más cariñoso, más feliz, y es que mi percepción de la vida en general era más clara, más alegre, más bella. Con este cambio de actitud, la muerte dejó de ser misteriosa y temible, y se convirtió en parte de mi vida ya que estaba viviendo con ella personificada en mi padre. Y esta aceptación y entendimiento de la muerte hizo que el amor entre mi padre y yo fluyera nuevamente como cuando él estaba en su cuerpo material.

Aunque nuestra relación afectiva se había restablecido, no hubo contacto físico entre los dos. Sólo en el último sueño, cuando nos pusimos a recordar los momentos felices que disfrutamos durante mi niñez, pudimos trascender la barrera que nos separaba y nos abrazamos. Y este abrazo, postergado por tantos años, marcó el momento en que mi padre debía retornar al mundo de los espíritus para continuar allí su vida.

La fuerza del amor abrió el camino del encuentro, hizo posible nuestra reconciliación y cicatrizó nuestras heridas emocionales. Aunque mi padre vive al otro lado de esta vida, permanecemos unidos a través del amor. No hay barreras para el amor, y la muerte es sólo una línea imaginaria entre dos mundos, como la línea que separa las aguas territoriales de dos países.

Parte II
Diccionario de los Sueños

"Cuando el cuerpo duerme, vela el espíritu".

Hipócrates

"En cada uno de nosotros existe un desenfrenado e impetuoso caudal de deseos que parece revelarse en el sueño".

Platón

"El futuro les pertenece a aquellos que creen en la belleza de sus sueños".

Eleanor Roosevelt

Abad: Si usted está observándolo, le augura la pronta recuperación de un malestar físico. 75.

Abadesa: Deberá actuar con gran seguridad ante una prueba muy difícil que deberá enfrentar. 34.

Abanderado: Su carácter noble gana la confianza de muchas personas, pero tenga mucho cuidado con aquellos que pretenderán sacar provecho de usted. Aléjelos llevando consigo un pequeño cristal de cuarzo rosado. 18.

Abandonado: Si sueña que está abandonado, le espera una época de gran prosperidad. 8.

Abandonar: Si usted es el que abandona, estará poniendo en práctica su lealtad, pero debe hacerlo con gente que le aprecie. 23.

Abanico: Recibirá una noticia que le causará gran alegría. 67.

Abatido: Si sueña que está abatido, indica que no debe cometer errores que pudiera lamentar, especialmente cuidando malgastar el dinero o pérdida de valores materiales. 22.

Abdicar: Le indica que salga de la rutina y tome la iniciativa en solucionar un problema inmediato. Si se siente deprimido dése un baño con agua de pétalos de girasol. Hágalo el domingo. 12.

Abdomen: Si se muestra sano y firme, le augura que contará con la protección de un guía espiritual. Si está flácido y descuidado, deberá cuidarse de contraer enfermedades contagiosas. Si es así, rece el salmo 23 durante nueve días consecutivos. 50.

Abdominales: Si sueña que está haciendo abdominales, es señal que comenzará a gozar de un atractivo físico especial. 90.

Abecedario: Le indica que tendrá la asistencia legal necesaria para resolver un problema judicial de momento. 14.

Abejas: Si usted las observa, le auguran ganancias y buenas nuevas. Si lo que usted observa es un panal, le anuncia dinero. Si lo pican, es una advertencia para que modere su carácter. 40.

Abejorro: Alguien quiere acercarse a usted y su familia para sacarles dinero. Riegue agua de ruda en la puerta de entrada de su casa y así lo alejará. 69.

Aberración: No le tema al futuro porque será prometedor para usted y sus seres queridos. 31.

Abertura: Domine sus impulsos antes que los demás conozcan sus debilidades. 12.

Abeto: Soñar con este tipo de árbol es un augurio de larga vida. 88.

Abismo: Si sueña que se encuentra al borde de un abismo, significa que a pesar de las grandes dificultades que está enfrentando, logrará salir adelante. Si cae al abismo, esto le indica que necesitará la ayuda de varias personas, para salir de un problema. 34.

Ablandar: Será necesaria su intervención para aclarar un malentendido entre dos de sus amigos. 29.

Abnegación: Le previene que no sacrifique su tiempo y energía por personas que no lo estiman en lo absoluto. 17.

Abochornar: Le está avisando que usted critica demasiado a los demás y no presta atención a sus propias fallas. 58.

Abogado: Con inteligencia y paciencia resolverá el problema que le preocupa, pero no comente sus planes con nadie. 94.

Abolengo: Deje a un lado sus prejuicios para vivir más tranquilo. 62.

Abominar: Una persona que le ofendió le pedirá disculpas. 49.

Abono agrícola: Muy pronto disfrutará del fruto de su esfuerzo. 11.

Aborigen: Un desconocido le dará un valioso consejo. Si observa a varios aborígenes, predice que hará amistad con personas excéntricas. 30.

Aborto: Si una mujer se observa abortando, le augura una decepción en el amor. Si observa a otra mujer abortando, desconfíe de una nueva amiga. Si un hombre sueña que presencia un aborto, indica que debe alejarse de lugares de dudosa reputación antes de verse envuelto en un delito. 4.

Abotonar: Le está indicando que ha elegido la ocupación correcta. 33.

Abrazos: Cuando atraviese por momentos de angustia, siempre podrá contar con el apoyo incondicional de un buen amigo. Cuenta con pocos amigos, sin embargo los dos o tres que tiene, valen por mil. 2.

Abrelatas: Si está abriendo algo con este instrumento le está indicando que se solucionará un problema económico. 15.

Abreviaturas: No haga las cosas apresuradamente porque no le saldrán como usted desea. Deberá tener paciencia. 78.

Abrigo: Cuenta con la protección divina de un Ángel guardián. 60.

Abrir: Atrévase a dejar la timidez y realice los cambios necesarios para mejorar su vida sentimental. 50.

Abrochar: Le aconseja guardar un secreto que le confiarán, y deberá tener mucha reserva. 26.

Abuelos: Verlos predice prosperidad. Hablarles indica que debe pensar antes de decir ciertas cosas. Si los abraza, señala que cuenta con buenas amistades. 45.

Abundancia: Este sueño es un buen un buen augurio, significa que sus oraciones han sido escuchadas. 10.

Aburrimiento: Le está aconsejando que sus energías no deben ser malgastadas en un trabajo sin futuro. 96.

Abusar: Le augura que tenga paciencia con su pareja porque no está pasando por un buen momento.43.

Abuso sexual: Será víctima de una calumnia. Si usted es el abusador el sueño le aconseja ser más justo en sus apreciaciones. 13.

Academia: Si usted se encuentra en una academia, le augura progreso y buena suerte. 7.

Acalorado: Tenga cuidado con lo que va a comentar al día siguiente, si no lo hace podría lamentarlo. Indica problemas momentáneos. 90.

Acampar: Reflexione, porque la mala interpretación de las acciones de sus parientes se debe a otros inconvenientes. 36.

Acantilado: Debe tener mucho cuidado con los aparatos eléctricos y con el fuego y cualquier cosa que lo produzca. 63.

Acaparar: Adquirirá algo valioso por un valor de oportunidad, algo material, propiedades o adquisiciones. 42.

Accesorios: Tenga cuidado con ofertas engañosas. Debe tener precaución de posibles fraudes. 39.

Accidente aéreo: No viaje, no haga negocios ni confíe en nadie, porque existe un peligro latente a su alrededor. Si toma en consideración estas precauciones durante unos tres meses, nada sucederá. 13.

Accidentarse: Maneje con extrema precaución en el transcurso de un mes y observe cuidadosamente sus pasos mientras camina por la calle. Rocíe un poco de agua bendita en sus zapatos. 55.

Accidente: Si usted observa, le augura que recibirá una mala noticia respecto a las finanzas. Si usted es el que auxilia a los accidentados, el sueño presagia que pronto se curará un familiar enfermo. 74.

Aceite: Si se observa derramado en el suelo o en cualquier superficie, señala una posible pérdida de dinero. Si lo ve envasado, augura aumento de bienes materiales. Si es aceite de cocina, indica que perderá las llaves de su casa. 21.

Aceitunas: Le será de gran ayuda documentarse sobre los beneficios de la aromaterapia. 32.

Acelerar: Es un buen indicio que le augura que siga su camino, porque va avanzando en el sentido correcto. 5.

Aceptación: Si alguien lo acepta, augura felicidad en el amor. Si aceptan su propuesta, señala la realización de un importante negocio. 99.

Acetona: Le está diciendo que tome precaución. No es recomendable la automedicación. 51.

Ácido: Le preocupa algo. Tiene un sentimiento de culpa, por algo que no ha hecho. No se culpe. 72.

Aclamar: Discutirá por cosas sin importancia. Si usted es la persona aclamada, significa que gozará de buena reputación dentro de su comunidad. 96.

Aclaración: Escucharla indica que tiene debilidad de carácter, y darla indica que no está actuando con honestidad. 20.

Acné: No se desespere por menudencias o problemas que se pueden resolver fácilmente. 44.

Acompañar: Si acompaña a alguien, augura que pronto recibirá visitas agradables. 38.

Acordar: Tendrá un encuentro con una amistad de la niñez que le producirá felicidad. 38.

Acoso sexual: Ser la víctima augura enemistad con una persona vengativa. Ser el acosador indica que descubrirá la traición de un falso amigo. Coloque un diente de ajo debajo de su cama. 53.

Acostarse: Necesita es descansar para recuperarse de una fuerte emoción que sufrió recientemente. 71.

Acreedor: Le previene que se cuide de no meterse en deudas ya que después no las podrá pagar. 0.

Acres: Hará un paseo por el campo o la playa con alguien que le agrada ó en compañía de un nuevo amor. 36.

Acróbata: Aléjese de personas que se dedican a actividades ilícitas. 80.

Acrópolis: Dentro de un año hará un viaje al extranjero. 13.

Acta: Si está firmando un acta, deberá mantenerse alerta y cuidarse de gente sin escrúpulos, porque intentarán estafarle. Si la lee, no crea en ofertas que le parezcan demasiado buenas. 22.

Activista: Un dinero inesperado, algo que no pensó, llegará a sus manos a fin de mes.30.

Actor o Actriz: Saldrá bien un negocio que tiene en mente. Hablarles indica vanidad. Si observa un buen número de actores, el sueño le augura que participará en actividades culturales. 37.

Actuar: Atravesará una angustiosa situación y deberá mantener la calma y disimular que nada ocurre, así evitará rumores mal intencionados. Encienda tres velas blancas el día martes y su situación mejorará. 28.

Acuarela: Sueño positivo. Tendrá una semana muy satisfactoria. 47.

Acuario: No permita que los recuerdos del pasado le conviertan en una persona nostálgica o ermitaña. 98.

Acueducto: A lo largo de su vida alcanzará un patrimonio que le producirá estabilidad y seguridad. 88.

Acusación: Evite tratos con personas escandalosas. Alguien cercano que no se lleva bien con usted pretende hacerle daño. 60.

Acusado: Debe ser prudente cuando hable o comente con desconocidos. Guarde mucha discreción. 43.

Acusador: No actúe guiado por la cólera, debe relajarse y pensar objetivamente de muchas cosas que le ocurren por esa actitud. 12.

Acusar: No guarde resentimientos, no le hace bien. Debe sacar rencores de su mente, cuídese de actitudes vengativas. 71.

Adán y Eva: Soñar con la primera pareja le pronostica que después de haber sufrido problemas familiares y decadencia económica, por fin llegará la calma y la prosperidad a su vida. 58.

Adelgazar: Si ofendió a alguien lo mejor que puede hacer es arrepentirse de lo que hizo y pedir disculpas. 36.

Aderezo: Le harán un obsequio generoso que le halagará. 92.

Adiós: Decir adiós en un sueño significa que llegó la hora de comenzar una nueva etapa en su vida. No mire hacia atrás. 61.

Adivinación: Si consulta algún método de adivinación predice que descubrirá un secreto que durante años guardó uno de sus padres. 40.

Adivino: No olvide la ley del karma, si hace bien recibirá bien y si hace mal recibirá mal. 6.

Administrador: Cuide lo que posee y no malgaste en cosas que no necesita en este momento. 49.

Admirar: Si admira a otra persona, tendrá contratiempos pasajeros. Si lo admiran, le augura éxito en su profesión. 9.

Adonis: Debe darse cuenta que el aspecto físico es importante, pero los sentimientos lo son aún más. 3.

Adopción: Los cambios serán benéficos para su futuro. 11.

Adoración: Sea más positivo consigo mismo y verá realizados sus planes en poco tiempo. 70.

Adornar: Realizará un viaje lejos del lugar que habita ó al extranjero, que le hará mucho bien. 57.

Adornos: No acumule objetos que ya no utilizará. 95.

Aduana: Se verá en problemas pero los solucionará. Vencerá un difícil obstáculo en su trabajo. 20.

Adular: Le indica que es el momento de decir la verdad porque las mentiras piadosas no dejan de ser mentiras y le crearán problemas tarde o temprano. 2.

Adulterio: Necesita con urgencia un cambio de actividades laborales. Prepárese para una renovación. 5.

Adversario: No confíe en las promesas de esa persona que dice ser su mejor y gran amigo. 90.

Aerolito: Si acepta la proposición que le han hecho, en unos meses le dará gracias al cielo. 63.

Aeropuerto: Si lo observa, indica que no debe dejar las cosas para último momento. Si se sueña haciendo fila, le aconseja a no darse por vencido ante la primera dificultad que se le ha presentado. 26.

Aerosol: Será testigo de un penoso incidente social. 48.

Afeitarse: Este sueño augura buen acierto para los comerciantes y buena estrella para los que deciden seguir estudiando. 77.

Afilar: Le está previniendo que no juzgue lo que no conoce. 61.

África: Soñarse en países africanos presagia que en el transcurso de su vida conocerá lugares misteriosos y exóticos. 70.

Afrodisíacos: Nuevas y excitantes experiencias sentimentales. 33.

Agencia de viajes: Le está presagiando un descanso. Su espíritu está preparado para tener unas estupendas vacaciones. 99.

Agencia: Adquirirá nuevo mobiliario para su hogar. Se comprará algo nuevo que ayudará a lucir su casa remodelada. Es un buen momento para cambios. 7.

Agenda: Los pequeños detalles le harán sobresalir en su centro de estudio o trabajo. 10.

Agente: Revise bien sus cuentas y facturas porque tratarán de cobrarle algo que usted ya pagó. 41.

Aglomeración: Si pone en orden sus prioridades alcanzará sus metas con mayor rapidez. 8.

Agonía: No permita que personas negativas influyan en su ánimo. 74.

Agonizar: Sonríale a la vida y la vida le sonreirá a usted. 9.

Agradecer: Cosechará el fruto de sus buenas acciones. 97.

Agricultor: Anuncia abundancia de trabajo. 11.

Agricultura: Le augura prosperidad. Le está pronosticando que le pagarán una deuda. 4.

Agua: Si sueña con agua clara, augura avance y buena salud. Si es usted quien bebe agua fresca, pronostica felicidad en el amor. Ver el agua de diferentes colores presagia que conocerá una isla o un país lejano. Si el agua es turbia o huele mal, advierte peligro de contraer una enfermedad. Si ese es el caso, debe darse enjuagues con agua de coco después del baño diario durante una semana. 30.

Aguacero: Recibirá la mejor noticia del año. 34.

Aguardiente: Emplee su tiempo productivamente y de seguro sentirá una gran satisfacción. 98.

Aguarrás: Placer peligroso. 68.

Aguas termales: Vivirá emociones fuertes. Espere lo inesperado porque le llegó la buena fortuna. 65.

Aguijón: Tendrá que visitar en breve al dentista. 6.

Agujas: Preocupaciones y desequilibrio económico. Siembre plantas de menta en el jardín o en una maceta y su suerte mejorará. 24.

Agujero: No debe darse por vencido ni pierda las esperanzas, lo que le conviene llegará con total seguridad. Tenga fe. 42.

Ahijado: Será invitado a un importante compromiso social. 62.

Ahogarse: Lamentará la desgracia de un amigo cercano. Sentirá un dolor ajeno como suyo propio. 17.

Ahorcado: Ver un ahorcado indica temor al futuro. Ahorcar a alguien señala deseos de venganza. Si es usted el ahorcado, augura que enfrentará problemas con los impuestos. 91.

Ahorrar: Gozará de tranquilidad en su edad avanzada. 99.

Ahumar: Deje a un lado el egoísmo porque sus seres queridos pueden alejarse de usted. 3.

Aire acondicionado: Tenga cuidado del engaño de una mujer astuta. 44.

Aire: Si es puro y fresco, es augurio de paz y felicidad. Si está viciado, le advierte que tenga cuidado con alimentos contaminados. Si el aire tiene un olor agradable, presagia que pronto se enamorará. 5.

Aislamiento: Reconciliación con un amigo de quien estuvo alejado por mucho tiempo. 9.

Ajedrez: Si juega ajedrez con alguien, romperá su amistad con esa persona. Si el tablero y las piezas aparecen en orden, predice que le abundará el dinero, y si aparecen en desorden, es que le faltará. 22.

Ajo: Le está indicando que las relaciones por conveniencia nunca llegarán a buen fin. 0.

Ajuar: Debe usar lo apropiado y no ser víctima de la moda. 21.

Alacrán: Mucho cuidado. Alguien se le acercará con el único propósito de robarle lo que usted más aprecia. Rece la oración a San Miguel Arcángel y nada le sucederá. 9.

Alambre: Deje a un lado los malos hábitos alimenticios. No coma cosas de la calle. 75.

Alarido: Sufrirá fuertes molestias estomacales, no se automedique. Será mejor que visite un médico. 67.

Alarma: Si escucha el ruido de una alarma, esto le indica que no está poniendo de su parte para superar la situación en la que se encuentra. 43.

Albañil: Siga adelante y no le haga caso a gente envidiosa. 80.

Albergue: Evite trasnochar, desvelarse y los excesos. Si no lo hace, su organismo padecerá las consecuencias. 98.

Alboroto: Observarlo o formar parte en él le augura ascenso de posición y mayores ingresos. 77.

Álbum de fotos: Debe escuchar los consejos que le dará una persona mayor y ponerlos en práctica, más tarde lo agradecerá. 64.

Alcalde: Se verá envuelto en trabajos comunitarios. 95.

Alcaldesa: No se haga falsas ilusiones, ni crea verdades a medias. Debe tomar precaución acerca de un asunto. 27.

Alcaldía: Le previene que coloque sus documentos más importantes en un lugar seguro. 21.

Alcancía: Podrá comprar lo que tanto ha deseado tener. 31.

Alcohol: Sea fuerte y no se deje llevar por debilidades. 29.

Alcohólico: Ver un alcohólico en el sueño presagia peligro de accidentes. Ver un grupo de alcohólicos augura incidentes con pandilleros. Queme incienso de iglesia y rece tres Padre Nuestros y el augurio se disipará. Hágalo el día martes. 51.

Alegría: Llegó el tiempo para divertirse y gozar. 40.

Alergia: No comente los rumores que carecen de fundamento y que ha escuchado por ahí. 19.

Alfabeto griego: Incrementará en gran medida sus conocimientos culturales. 28.

Alfabeto: Es posible que se interese sentimentalmente por alguien que viene de otra cultura. 70.

Alfombra: Le viene una época de tranquilidad y estabilidad económica. Si la alfombra luce sucia o gastada, el sueño le indica que debe actualizar su vestimenta. 39.

Algodón: Pida una segunda opinión médica sobre el problema de salud porque hubo una equivocación con el diagnóstico actual. 10.

Allanamiento: Su mejor amigo es su peor enemigo. 97.

Alma: Si es blanca o clara, indica que su fe le librará de cualquier peligro. Si es oscura o negra, le advierte que uno de sus amigos practica la magia negra. 56.

Almacén: Encontrará un objeto que había extraviado. 85.

Almanaque: Llevar una vida ordenada augura una vejez saludable. 6.

Almejas: Sea humilde con toda la gente. 2.

Almizcle: Desconfíe de personas que se muestren demasiado bondadosas con usted. 13.

Almohada: No desperdicie su tiempo frente al televisor, recuerde que el ocio es el padre de todos los vicios y de la pobreza. Debe buscarse una actividad productiva. 7.

Alpiste: Quien da de comer al necesitado recibirá la infinita bendición de Jesucristo. 9.

Alquiler: Pagarlo presagia solvencia económica y deberlo augura que le cobrarán una deuda. 89.

Alquitrán: Le augura altibajos en su economía doméstica. 76.

Altar: Estar en presencia de un altar presagia la realización de un deseo. Si crea un altar, augura que alcanzará una brillante posición. 6.

Alud: No es buen momento para hacer inversiones porque podría perder su dinero. Espere al menos dos meses para hacerlo o consulte a un experto en astrología para que lo oriente. 84.

Alumno: Indica que su pareja le es completamente fiel. 77.

Amamantar: Recibirá bendiciones. Sabe comprender el dolor ajeno. 5.

Amanecer: Comenzarán a aclararse todos sus caminos. 21.

Amapola: Cuídese de no caer en vicios porque estos podrían entorpecer el buen curso de su destino. 1.

Amar: Recibirá la bienvenida en su nuevo lugar de trabajo. Si ama a dos personas al mismo tiempo, augura que alguien le será infiel. 9.

Amargura: No permita que la timidez domine su vida. Ponga 21 pétalos de una rosa blanca debajo de su almohada durante una semana y verá como cambia de actitud en corto tiempo. Comience el día viernes. 64.

Amatista: Actúe con prudencia porque en sus manos se encuentra el futuro de algunas personas. 18.

Ámbar: Le espera una grata reconciliación amorosa. 90.

Ambición: Buen augurio para los que desean triunfar en sus carreras. También predice acierto en los negocios y éxito a los estudiantes que recién comienzan en la universidad. 7.

Ambulancia: Aléjese de personas violentas y de ambientes ilícitos. 66.

Amenaza: Recibirla augura pleitos y hacerla desengaños. 50.

América: Soñarse en algún país americano le está presagiando el logro de todas sus metas. 21.

Amigos: Si los observa saludables y contentos, augurade buena suerte. Si los ve tristes o enfermos, le augura que le darán una noticia desagradable. Si pelea o discute con ellos, presagia que tendrá líos amorosos. 8.

Amnesia: Padecerla señala inexperiencia y desánimo. Si es otra persona la que padece, indica falta de sentido común para el soñador. 4.

Amortiguador: Encontrará la ayuda en el momento preciso. 92.

Ampollas: Use protección en sus relaciones íntimas. Peligro de contagio. 35.

Amputación: No descuide lo que tanto sacrificio le costó obtener porque si lo pierde, difícilmente podrá recuperarlo. 12.

Amuleto: Dele gracias a Dios por la buena suerte y la abundancia que le llegará a usted y a su familia. Si observa varios amuletos, juegue a la lotería con el 8,17 y el 21. Compre el boleto el día martes. 42.

Analfabeto: Si es usted, indica que se deja engañar con facilidad. Si se trata de otra persona, señala que se ha vuelto demasiado conformista. Despierte. 45.

Anchoas: No confíe en lo desconocido. Tome conocimiento primero sobre las cosas. 34.

Anciano: Concretará todos sus proyectos. Ver a un grupo de ancianos pronostica que se verá envuelto en una campaña política. 78.

Ancla: Su futuro económico está asegurado. También significa progreso para las personas que realizan actividades marítimas. Para los biólogos marinos este sueño les augura un importante descubrimiento. 70.

Andamio: Si sube en uno indica progreso y si baja, decadencia. 13.

Andrajos: Sufrirá pérdidas por la incompetencia de otra persona. 86.

Anemia: Si es mujer, cuídese de un embarazo no deseado. Si es hombre, debe cuidarse de enfermedades que se contagian sexualmente. 45.

Anestesia: No ponga en riesgo su salud usando medicamentos de dudosa procedencia. 91.

Ángeles: Un verdadero amigo le ayudará a salir adelante. Ver a un ángel volando presagia que ocurrirá un feliz acontecimiento en su familia. Si observa un grupo de ángeles, tendrá salud, dinero y amor. 5.

Anguila: Descubrirá la hipocresía de alguien a quien consideraba una persona honorable. 73.

Angustia: Tendrá penas y congojas causadas por hijos o hermanos. 40.

Anillo de compromiso: Si lo ve delicado y reluciente, anuncia que tendrá un matrimonio feliz. Si lo observa roto, descolorido o sin brillo, augura ruptura sentimental o distanciamiento con un amigo. 90.

Anillo: Recibir un anillo de regalo anuncia la llegada de un nuevo amor. Ver anillos en manos de otras personas indica que llegarán nuevas amistades a su entorno. Si en el sueño observa anillos de gran valor, significa que pronto mejorará su situación económica. Si encuentra un anillo, augura que conseguirá un mejor trabajo, y si lo pierde, presagia que lo quieren despojar de algo que usted valora mucho. 14.

Animales salvajes: Una persona atractiva se le acercará para tratar de perjudicarlo. Si los animales lo atacan, cuídese de la mala voluntad de sus competidores. 59.

Animales: Soñar con animales domésticos presagia que gozará de buena salud. Si sueña con un animal en especial, predice que recibirá buenas noticias de un familiar que le preocupaba. Si les da de comer, tendrá éxito en todos sus planes. 60.

Aniversario: Festejar un aniversario presagia que ocurrirá un problema económico imprevisto. 11.

Ano: Este sueño presagia que llegará a sus manos una cantidad de dinero que no esperaba. Momento de cosecha. 31.

Ansiedad: Cambio de suerte y solución de problemas financieros. 31.

Antena parabólica: Contará con la buena amistad de un político. 1.

Antena: Escuchará una importante información que le ayudará a ganar más dinero. 88.

Anteojos: No se deje engañar, recuerde que no hay peor ciego que aquel que no quiere ver. 68.

Antepasados: Si sueña constantemente con sus antepasados, le aconseja rezar por ellos y ofrendarles una vela blanca por lo menos una vez al mes. Un espíritu protector lo está acompañando. 37.

Antibióticos: Recuperación para el que está enfermo y alegría para quien se encuentre deprimido. 85.

Anticonceptivos: Se arrepentirá por una decisión que tomó sin pensar. Su falta de criterio y la poca cordura que ha venido mostrando perjudicará a otras personas. 54.

Anticuario: Le darán un regalo de gran valor. 55.

Antídoto: Le encontrará la solución a todo, incluso a problemas que parecían irremediables. 99.

Antifaz: Conocerá las verdaderas intenciones de sus amigos. 62.

Antigüedades: Auguran para usted una larga vida. 27.

Antílope: Tome las malas experiencias del pasado como parte de su evolución personal y no como fatalidades. 14.

Antorcha: Si está encendida, augura que gozará de gran popularidad. Si la ve apagada, presagia soledad. 6.

Antro: Necesita salir a divertirse para liberarse del estrés. No se encierre en casa, con eso no soluciona nada. 18.

Anzuelo: Tendrá un mes de buena suerte. 53.

Año Nuevo: Viene un cambio decisivo a su vida. Todo mejorará. 46.

Apache: Muestra interés por culturas e idiomas extintos. Le apasionará la historia. 70.

Apagar: Si se observa apagando fuego, enfrentará una decadencia pasajera. Si apaga la luz, indica depresión o malestares nerviosos. 8.

Aparatos eléctricos: Se pondrá al tanto con los últimos adelantos en la tecnología. 95.

Aparición: Una mala energía está siendo enviada hacia usted o su familia, para anularla rocíe agua bendita por toda su casa, encienda tres velas rojas, queme incienso de iglesia y rece el salmo 91 durante 21 días consecutivos. Comience el día domingo. 31.

Apartamento: Evite las discusiones con sus amigos por asuntos poco importantes. 4.

Apellidos: Auguran la firma de un importante contrato. 48.

Aperitivos: Controle su dieta y no se deje llevar por la gula. 41.

Apostar: No gaste su dinero en extravagancias. 26.

Apóstol: Un familiar le ayudará a salir de un apuro. 93.

Aprendiz: Busque un trabajo más acorde con sus aptitudes. Tiene que poner más energía en las cosas que hace. 59.

Árabe: Desconfíe de sus socios o de un negocio que le van a proponer. 24.

Arado: Su constancia y su esfuerzo tanto en el trabajo como en su hogar, le traerá una gran recompensa. 33.

Araña: Dependiendo del tamaño, así será su buena suerte. Si ve telas de araña, le augura una ganancia imprevista. Si mata una, presagia disgustos en el trabajo. Si observa muchas arañas, presagia suerte en los juegos de azar. 3.

Arañazo: Tenga mucho cuidado con las mascotas ajenas. 68.

Árbitro: Evite entablar pleitos judiciales porque sólo le traerán gastos y deudas. 47.

Árbol de Navidad: Logrará su meta mucho antes de lo imaginado. 50.

Árbol: Si el árbol es sano y frondoso, le augura una excelente salud. Si está talado o quemado, presagia pérdidas materiales. Si se cae de un árbol, predice pérdida del empleo. Si recoge frutas o flores de un árbol grande, indica que recibirá una herencia. Ver un árbol de buena sombra y lleno de frutos significa que tendrá hijos fuertes e inteligentes. Ver muchos árboles pronostica que tendrá numerosa descendencia. Trepar un árbol augura un ascenso y grandes ganancias. 8.

Arbusto: No base todas sus esperanzas en un sólo objetivo. 36.

Arca: Mantenga organizados sus billetes, no los doble, no los porte en el bolsillo, ordénelos por orden de denominación y todos viendo hacia el mismo lado. Si lo hace, en corto tiempo notará que el dinero le rinde más. 64.

Arco iris: Es un estupendo augurio en general. Predice recuperación de la salud para los enfermos, libertad para los presos, progreso para los comerciantes, felicidad a los recién casados y triunfo a los artistas. 34.

Arco: Tendrá fama y prestigio en su profesión. 29.

Ardilla: Le llegará la oportunidad de realizar un buen negocio. 66.

Ardor: Deberá decidir entre la amistad de dos personas. 58.

Arena: Este sueño augura tristeza y melancolía. Dése cinco baños con agua de lavanda y todo volverá a la normalidad. 96.

Arena movediza: Una persona sin escrúpulos intentará envolverlo en negocios relacionados con drogas o contrabando. Actúe con cautela y aléjese de ella lo más pronto posible. 5.

Aretes: Señalan un logro importante en su profesión o trabajo. 8.

Arepas: Ocurrirá un feliz suceso en su ciudad natal. 43.

Aristócratas: Personas a quienes consideraba como buenos amigos le defraudarán, entonces se dará cuenta que le buscan por interés. 80.

Armas de fuego: Debe cuidarse en no tener problemas con la justicia. No infrinja las leyes. 75.

Armas nucleares: Una vida superficial no le hará feliz. Ponga los pies en la tierra y vuelva a la realidad. 10.

Arpón: Enemigos ocultos quieren perjudicarle. Coloque un pequeño espejo en el techo de su casa y así estará con protección. 40.

Arqueología: Descubrirá que alguien le ama en secreto. 84.

Arquitecto: Le propondrán un negocio aparentemente fabuloso, pero se trata de una idea utópica, que debe rechazar en el acto. 38.

Arrabal: No camine por lugares peligrosos y callejones oscuros porque podría ser asaltado. 20.

Arresto: Si lo arrestan, vencerá cualquier dificultad. Si arrestan a otra persona, cuídese de un robo en su propiedad. 82.

Arrodillarse: Se le concederá lo que ha solicitado, pero deberá ser más humilde de ahora en adelante. 45.

Arroyo: De agua cristalina augura pureza de espíritu. De agua turbia señala peligro de contraer una enfermedad. Si observa peces, predice que obtendrá lo que siempre ha soñado. Si sebaña en el arroyo, presagia que vencerá una gran dificultad. 9.

Arroz: Este sueño augura progreso y bienestar. Para los agricultores y los granjeros anuncia ganancias y negocios prósperos. 95.

Arrugas: ¡Cuidado! Está a punto de cometer el mismo una vez.más 23.

Arsenal: No se deje guiar por las fantasías de los demás. 73.

Arte: Usted es una persona creativa e inteligente y ya es tiempo que ponga en marcha sus ideas. Tome la iniciativa. 67.

Artesanías: Recibirá obsequios de una persona poco conocida. 92.

Artesano: Hará amistad con personas que viven en el extranjero. 69.

Artista: Sabrá sacarle provecho a una buena oportunidad que se le presentará en corto tiempo. 54.

Artritis: Le avisa que no debe abusar de su condición física. 94.

Arzobispo: Alguien con un cargo importante quiere ponerle obstáculos a sus planes, pero usted vencerá todas las pruebas. Para ayudarse deberá regar un poco de arroz crudo en la puerta de entrada de su casa (por fuera) Hágalo el día jueves. 99.

Asador: Realizará trabajos laboriosos que le dejarán extenuado. 72.

Ascensor: Si sube, tendrá la mejor suerte del mundo, y si baja, enfrentará todo tipo de problemas. Si es así, coloque una rama de pino debajo de su cama durante 10 días y el mal augurio se disipará. 42.

Asesinato: No entre en discusiones con gente violenta. No preste atención a intrigas mal intencionadas. 51.

Asesino: No confíe en aquellos que se muestran ante usted como buenos samaritanos, porque detrás de esa máscara de solidaridad se esconden actitudes hipócritas y de maldad. 22.

Asfixia: Trate de pagar la deuda que le agobia para que pueda vivir con más tranquilidad. 60.

Asia: Evite darle mucha confianza a quienes trabajan o con usted. 44.

Asilo: Las buenas obras que haga en el presente, se convertirán en bendiciones para el futuro. 87.

Asma: Necesita respirar aire puro. A los fumadores les advierte que padecerán problemas respiratorios. 74.

Asno: No crea que siempre tiene la razón. Reflexione. 2.

Asociación: Si busca ayuda para resolver un problema legal, es conveniente que acuda con gente seria y no con estafadores que le prometan el cielo y las estrellas. 7.

Aspiradora: Deshágase de cosas que ya no utilizará más porque están acumulando energía negativa que a la larga producen estancamiento. 12.

Aspirina: Solucione pronto sus asuntos y no trate de escapar de sus obligaciones y responsabilidades. 13.

Asteroide: Una inesperada noticia solucionará en gran parte el problema que le ha estado quitando el sueño. 89.

Astros: Entre más grandes y luminosos sean, mayor será su suerte. 1.

Astrólogo: Sea más positivo con usted mismo porque le espera un mejor porvenir. 32.

Astronautas: No confíe en aquello que aún no conoce. 31.

Atardecer: No deje para otra ocasión lo que puede hacer hoy, porque después no se le presentará la misma oportunidad. 78.

Ataúd: Predice pleitos entre familiares, angustia y grandes penalidades. Acaricie un cristal de cuarzo rosado y después colóquelo cerca de su cama durante ocho días, de ese modo evitará el augurio. Hágalo en luna nueva. 76.

Ático: Conocerá un interesante y misterioso lugar. 15.a

Aterrizaje forzoso: No viaje en avión en el transcurso de cuatro meses. No haga ese viaje, porque no le conviene en lo absoluto. 11.

Atletas: Su cuerpo le está pidiendo que practique el ejercicio físico con mayor frecuencia y que lleve una dieta más saludable. 65.

Atletismo: Una buena apariencia es como un imán que atrae la buena suerte, sin embargo no debe convertirse en una obsesión. 57.

Atomizador: Su mundo está lleno de ilusiones y muchas de ellas se harán realidad. 63.

Atornillar: Le espera un trabajo bien remunerado. 90.

Atropellar: Debe respetar las decisiones y opiniones de los demás, aunque no las comparta. 35.

Atún: No se sienta mal si escucha críticas negativas respecto a su carácter, recuerde que nadie es monedita de oro. 52.

Audición: Tendrá la oportunidad de su vida. Aprovéchela. 61.

Auditor: Recibirá una visita molesta. Alguien le sacará de sus casillas. 22.

Aullar: No sea negligente con usted mismo. 16.

Aullido: Escuchará comentarios terribles y sabrá noticias desagradables. Pero no le afectarán en lo más mínimo. 30.

Aura: Si es clara y luminosa, le augura éxito en todo. Si es tenue, presagia contratiempos de salud. Si es oscura, advierte que existe una mala influencia a su alrededor. Para alejarla debe esparcir 21 hojas frescas de hierba buena en su habitación. Déjelas allí por nueve días. Recoja las hojas que diseminó y las entierra juntas, lejos de su casa. 66.

Aureola: La vida le tiene reservadas grandes sorpresas, especialmente en cuestiones de dinero. 81.

Aurora: Olvide lo malo que le sucedió, porque el presente y el futuro es lo importante y que le ayudará a salir adelante con sus sueños. 81.

Autobús: Encontrará dificultades en el viaje que realizará, pero con la ayuda de un desconocido las vencerá. 17.

Autógrafo: Hará amistad con un funcionario de gobierno. 9.

Automóvil: Si corre a alta velocidad, presagia aventuras románticas peligrosas. Si se descompone, augura que tendrá que hacer un gasto imprevisto. Si es nuevo, anuncia regalos y dinero. Si es antiguo, le aconseja que se conforme con lo que tiene. No se queje demasiado de su situación actual. Pronto vendrán tiempos mejores. 18.

Automóvil convertible: Si es extrovertido tiene una gran cualidad, pero no debe exagerar, porque ningún extremo es bueno. 28.

Autopista: Manténgase activo y evite a personas que carecen de responsabilidades y de futuro. 40.

Autopsia: Durante cinco meses atravesará una etapa de transición. Después de ese período las aguas volverán a su cauce. 24.

Autor: Ver a un autor señala que conocerá a un importante personaje relacionado con el mundo del arte. Para un pintor augura éxito en una exposición. A un comerciante le presagia la realización de un importante trámite legal. A los estudiantes les vaticina que descubrirán su verdadera vocación. 5.

Auxilio: Si pide auxilio en un sueño, indica que debe liberarse de viejos remordimientos. Si alguien le pide auxilio, predice que le pedirán dinero prestado. 33.

Avalancha: No haga la inversión o el negocio que tiene en mente porque no saldrá bien y puede perderlo todo. No compre el automóvil que le han ofrecido a tan bajo precio porque se trata de una estafa planificada. 82.

Avaricia: Sea justo con los demás y así podrá modificar positivamente su karma. 76.

Avenida: Asistirá a una grata reunión familiar y verá a parientes que no veía desde hace años. 64.

Aventuras amorosas: A los solteros les anuncia un encuentro de amor lleno de felicidad. A los casados les augura un reencuentro con la pasión. 41.

Avergonzar: No se debe juzgar a nadie por simple apreciación. 15.

Aves de corral: Le presagia el inicio de una pequeña empresa. 46.

Aves grandes: Tales como águila, avestruz, cóndor, garza, flamenco o halcón, auguran una época de gran prosperidad económica. A los políticos les predice que ganarán una elección. 8.

Avión: Sea paciente, porque todo llegará en su preciso momento. Es probable que realice un viaje. 10.

Avispas: Si lo pican, presagia que sentirá celos y cólera. Si únicamente las observa, le advierte que alguien que está a su servicio vigila todo lo que usted hace. 99.

Ayudar: Personas a quienes subestimó en el pasado le ayudarán a resolver un serio problema financiero. 50.

Ayuno: Cumpla con las promesas que ha hecho, especialmente si son de carácter religioso. 71.

Azafata: Nunca es demasiado tarde para comenzar de nuevo. Tenga fe, porque logrará salir adelante. 96.

Azotar: Si azota a alguien, indica falta de tacto al tratar a los demás. Si usted es azotado, señala que pedirá disculpas por algo que dijo sin pensar. 13.

Azotea: Luche por salir adelante y no se conforme sólo con vivir el momento. 24.

Azúcar: En pequeña cantidad, pronostica que sentirá simpatía y atracción física por alguien a quien acaba de conocer. En gran cantidad, indica que se está enamorando. 95.

Azufre: Tenga cuidado con alimentos contaminados, bebidas adulteradas y medicinas vencidas. 2.

Azulejos: En su futuro se augura riqueza, buena salud y armonía familiar. Haga una obra de caridad y dele las gracias al Creador. 76.

Baba: Le invitarán a asistir a un evento deportivo en el cual entablará nuevos contactos. 85.

Babosa: Desconfíe de los aduladores que le rodean. Debe tener precaución y no ser tan confiado. 46.

Bacalao: Su situación financiera mejorará si actúa con sentido común, escuchando el consejo que le dará un experto. 76.

Bacterias: Una persona que lo frecuenta padece una enfermedad contagiosa. Tenga cuidado y, por precaución, dése un baño con agua de flores de limón. Hágalo durante tres días consecutivos, comenzando el martes por la mañana. 42.

Bailar: Vivirá momentos de pasión y felicidad junto al ser amado. 88.

Bailarina: Encontrará la ayuda profesional que necesita. Escuche los consejos de los que entienden. 44.

Bailarines exóticos: Sea prudente al frecuentar ciertos sitios porque su reputación puede verse afectada. 21.

Bajar: Bajar peldaños y escaleras anuncia apuros de dinero. Para mejorar su situación coloque tres monedas de 25 centavos (o las que correspondan a la moneda de su país) en tres sitios diferentes, una en un banco, otra en un supermercado y la otra en un edificio público. En menos de tres semanas su economía mejorará. 94.

Balanza: Si actúa de buena fe, la justicia divina estará de su lado. 2.

Balas: Sea cuidadoso al transitar por calles oscuras. Si sueña con balas de cañón, el sueño le aconseja que sea más diplomático con personas que tienen creencias diferentes a las suyas. 83.

Balazo: Si lo recibe, le darán una pésima noticia. Si balea a alguien, está guardando demasiados resentimientos contra una persona. 71.

Balcón: Presagia que le darán una feliz respuesta romántica. 39.

Ballena: No haga esa compra o lo lamentará. No invierta en negocios que parecen dudosos. 30.

Balneario: El subconsciente le está advirtiendo que necesita tomarse un descanso lo más pronto posible. 87.

Balón: No se oponga ante situaciones adversas que no puede dominar. Sea paciente. 18.

Balsa: Navegar en una balsa indica que está tomando decisiones sin sentido. Piense bien las cosas. 41.

Bálsamo: Se curará de un mal, ya sea físico, emocional o espiritual. 56.

Bambú: Protección contra el mal. Si sueña con una plantación de bambú, augura que uno de sus hijos será su mayor bendición. Objetos de bambú indican buena suerte con el sexo opuesto. 22.

Banano: Presagia disgustos con la pareja causados por otras personas. 4.

Bancarrota: Marca el final de una época de incertidumbre. Una luz al final del camino. 61.

Banco: El arrepentimiento y el perdón traen calma al espíritu. Sea justo y acepte que se equivocó. 49.

Bandeja: Tendrá buena suerte en sus proyectos, especialmente si la bandeja es plateada o de plata. 80.

Bandera: No crea en todas las personas sólo por lo que dicen. Los hechos son los que cuentan. 73.

Banquero: Es probable que necesite solicitar un préstamo. 34.

Banqueta: La diversión excesiva termina convirtiéndose en ocio y vagancia. Todo tiene su tiempo. 15.

Banquete: Si asiste a uno, el sueño presagia que le vienen siete años de buena suerte. 92.

Banquito: Le harán propuestas engañosas y mal intencionadas, sin embargo logrará darse cuenta a tiempo, porque la persona en cuestión es conocida por todos como una tramposa. 11.

Bañarse: Llegó la hora para empezar de nuevo y tomar la iniciativa. Haga borrón y cuenta nueva. Nueva vida, renovación. 69.

Baño: Si el baño se muestra limpio augura avance, y si está sucio, le indica estancamiento. 26.

Bar: No se comprometa en amoríos con personas que acaba de conocer. 8.

Barba: La lección ha sido dura. La enseñanza recibida le hará madurar. 98.

Barbacoa: La reconciliación con un pariente con quien discutió recientemente, le hará sentirse mejor. 7.

Barbero: Tratarán de desanimarlo con respecto a su nueva ocupación. No haga caso a palabras necias. Siga su camino. 17.

Barco: Si ve el barco de lejos, acertará en todo lo que haga. Si está a bordo, indica alegría y placer. Si ve que un barco se hunde, tenga cuidado con los ladrones. Si ve muchos barcos, indica que hará un viaje. 97.

Barnizar: No se atreva a cometer acciones ilícitas porque será descubierto al primer intento. 16.

Barómetro: Valore a las personas por lo que son y no por lo que poseen. 19.

Barranco: Peligro de persecución social o política. 99.

Barrer: Si está barriendo, hay claridad espiritual a su alrededor. 89.

Barriga: Si es la propia, le señala holgazanería. Si es la de otra persona, le advierte que tiene malas compañías. 12.

Barril: Si desea salir adelante, póngase manos a la obra y olvide el percance que le ocurrió. 36.

Barrio: No se meta en asuntos ajenos que no son de su incumbencia. Deje malos comentarios a un lado. 28.

Barro: Llenarse de barro presagia retrasos con el dinero y problemas conyugales. Si resbala en el barro, vaticina que pasará una gran vergüenza. Si recoge barro o lo deposita en recipientes, pronostica que será dueño de un negocio. 70.

Basílica: Asistirá a un evento que tendrá fines benéficos y podrá ayudar a gente necesitada. Hará una obra de caridad. 1.

Bastón: Está descuidando su salud y su aspecto físico. 74.

Basura: En el lapso de tres meses no preste ninguna de sus pertenencias porque no le serán devueltas. 95.

Basurero: Peligro de enfermedad, hágase un chequeo médico. 47.

Bata: Noticias sobre un amor del pasado. Un recuerdo le persigue. 89.

Bate: Podrá defenderse de sus agresores. Se sentirá protegido. 78.

Batería: Le espera una gratificación por su buen desempeño laboral. A los adolescentes les predice que vivirán su primer amor. 50.

Batracios: Anuncian que llegará la riqueza y comodidad a su vida. 61.

Baúl: Antes de hacer una gran inversión se recomienda que consulte a un experto. Si ve un baúl lleno de billetes, monedas o piedras preciosas, le augura que recibirá una inesperada y extraña herencia. 14.

Bautismo: Alguien quiere hacerle cambiar de religión. 45.

Beato: Preste atención al consejo que le dará su padre o su madre. 77.

Bebé: ¡Alégrese! Comenzará una nueva etapa de felicidad en su vida. 33.

Beber: Si bebe agua, augura paz interior. Si es licor, presagia pasiones efímeras. Si es otro tipo de bebidas, predice el inicio de una buena amistad. 68.

Beca: Una gran sorpresa llenará de alegría a toda su familia. 62.

Beeper: La inocencia es una virtud admirable, pero cuando es excesiva se convierte en tontería. 66.

Béisbol: No se deje impresionar por las apariencias, recuerde que no todo lo que brilla es oro. No se deje llevar por banalidades. 23.

Bejuco: En su vejez contará con la protección de un familiar lejano. 43.

Berenjena: Recibirá un llamado de atención por una falta que cometió. 82.

Besos: Si besa a su pareja, le augura fidelidad en su relación y buena suerte con los amigos. Si a usted lo besan, presagia honores y reconocimiento. Si un enemigo lo besa, le advierte que debe cuidarse de la traición de quien dice ser su amigo incondicional. Si besa a un desconocido, el sueño revela que está atravesando problemas emocionales. 22.

Betún: Ahorre porque se avecinan tiempos difíciles. 40.

Biberón: Anuncia el nacimiento de un nuevo miembro en la familia. A las mujeres casadas les augura embarazo, y a las solteras un próximo compromiso matrimonial. 46.

Biblia: Verla indica estabilidad y leerla señala que ha tomado la decisión correcta. Sabiduría. 63.

Biblioteca: Cuanto más profundice en los temas que le interesan, más optimista será su actitud ante la vida. 42.

Bicarbonato: Necesita hacer un cambio en su vida social. Sepárese de gente superficial que sólo busca divertirse a costa de los demás. 51.

Bíceps: Si estos son voluminosos, tendrá suerte con el sexo opuesto. Atractivo personal. 29.

Bicicleta: Si la conduce cuesta arriba, es progreso, si va cuesta abajo, lo contrario. Dar un paseo en bicicleta le indica añoranza de la niñez. 48.

Bigotes: Largos y espesos auguran avance. Cortos o ralos predicen que alguien intentará despreciarle en público. 14.

Bikini: Para un hombre augura que atravesará por un acertijo sentimental. Se interesará por dos personas al mismo tiempo y no sabrá por cual decidirse. A una mujer le predice un período de insatisfacción sexual. 69.

Billetera: Le está augurando una situación económica sólida. Si la pierde, presagia ruptura de una amistad. Si encuentra una billetera ajena tirada en el suelo, augura que le contarán un secreto bochornoso. Si está llena de billetes o tarjetas de crédito, le anima a jugar a la lotería. 17.

Billetes: Anuncian un cambio favorable de trabajo y de posición. Si se trata de dólares, libras o euros auguran que le llegará una época de bonanza económica. Billetes de a cien presagian riqueza y acierto en proyectos o negocios. 1.

Biografía: Conocidos hay muchos pero amigos verdaderos hay muy pocos. Proteja lo que tiene. 80.

Biólogo: Será testigo de un acontecimiento emocionante. 91.

Bisnieto: Es augurio de longevidad. 57.

Bizcocho: Tendrá problemas con la presión sanguínea. 86.

Blusa: Una blusa nueva presagia alegrías. Vieja o sucia, predice cóleras y malos ratos con los que le rodean. 37.

Boa: Peligro de traición. No comente sus proyectos e ideas con nadie, ni siquiera con aquellos que los considera como sus mejores amigos. Si mata una boa, el sueño predice que superará todos sus problemas. 9.

Boca: Sea más reservado y no haga comentarios que puedan afectar a terceras personas o a usted mismo. 64.

Bocina: No comente sus logros hasta que los vea hechos realidad. 25.

Boda: Presagia un cambio de posición muy importante. Si es su boda, augura que le preocupará el delicado estado de salud de un familiar. 47.

Bodega: No ingiera la bebida que le ofrecerá un desconocido porque trae consigo una mala intención. 72.

Bohemio: Enfrentará problemas con uno de sus acreedores. 52.

Bola de cristal: Una extraña premonición se convertirá en realidad. 9.

Boleto: Tendrá suficiente dinero para comprar lo que quiere. 6.

Bolígrafo: Alguien quiere involucrarlo en un problema legal. 87.

Bolsa: Si está llena, le anuncia recuperación económica. Si está vacía, presagia aflicciones. Si está sucia o rota, pronostica una visita al doctor. 59.

Bolsa de valores: Aunque los vientos que soplan en este momento no le sean favorables, este sueño presagia que su economía comenzará a marchar por el camino ascendente. 80.

Bomba: Vigile el lugar adonde deja estacionado su automóvil. 5.

Bombillo: Encendido, indica inteligencia y grandes ideas. Si está apagado, indica falta de sentido común. 53.

Bombón: Presagia que tendrá un encuentro erótico. 8.

Bondad: Cuenta con dos amigos que de verdad le aprecian. 35.

Boquilla: Sea más flexible, o comenzará a sentir el rechazo de los demás. 49.

Borrachera: La imprudencia que cometió no dañará a nadie, mucho menos a sus seres queridos. 54.

Bosque: Después de la tempestad viene la calma. Mejora una situación. 38.

Bostezar: Dará el pésame a un amigo. Alguien le necesita. 81.

Botánica: Entrar en una augura que atravesará una situación preocupante. Permanecer en ella indica solución. Salir de ella presagia alivio. 90.

Botella: Si está llena, augura celebraciones. Vacía o rota, presagia ruptura amorosa. Si es transparente, señala originalidad y predice que gozará de buena suerte. 23.

Botica: No compre artículos de dudosa procedencia. 31.

Botiquín: Vienen tiempos complicados y situaciones delicadas para muchas personas que usted conoce. 56.

Botones: En buen estado auguran que su vida seguirá un rumbo ascendente. Si están viejos o descoloridos, anuncian un inesperado cambio en la vida de pareja. Si pierde uno o varios botones, le alertan a tener cuidado con la pérdida de su billetera. 85.

Boxeador: Una persona de alto nivel económico le ofrecerá una magnífica oportunidad de trabajo. 10.

Boxear: Controle su temperamento y no explote por cosas insignificantes. Mejor guarde su energía para asuntos más relevantes. 20.

Brazos: Sanos indica que le encontrará solución al problema de su pareja. Sucios, flácidos o flacos son augurio de una grave enfermedad. Si observa brazos hinchados o más grandes de lo normal, el sueño presagia riqueza. Si pierde un brazo, pronostica que alguno de la familia enfermará. Para anular los malos augurios de este sueño deberá encender tres velas color rosa y colocar junto a ellas un racimo de uvas y dos vasos con agua bendita. Hágalo durante una semana comenzando el día miércoles. 26.

Brebaje: Le harán una proposición muy ventajosa, acéptela. 14.

Brillante: Actúe de igual manera porque tiene el éxito asegurado. 21.

Brindis: Importante celebración en su centro de trabajo o en su casa. 18.

Bromear: Sea noble con los demás, pero todo tiene un límite. 24.

Broncearse: Cuando presta atención a su presentación y a su físico es cuando mejor se siente. Siga haciéndolo. 98.

Bruja (o): Una persona sin escrúpulos tratará de engañarlo para sacarle dinero. No se deje sugestionar. 8.

Brujería: Practicarla señala debilidades y bajas tentaciones. Observar que la practican presagia penas y lágrimas. Lávese la cara con azúcar refinada y se librará del augurio. 9.

Brújula: Ahora que ya encontró su camino, no se desoriente pensando en lo que pudo o no pudo ser. 32.

Bucear: No trate de indagar en la vida privada de sus amigos. 19.

Buda: Augura prosperidad total y cinco años de buena suerte. 88.

Buey: Si es robusto, presagia abundancia, y si es flaco, desgracias. 21.

Búfalo: La paciencia es la llave para vencer la adversidad. 99.

Bufete: Actúe honestamente con todo el mundo, recuerde que la vida tiene muchas vueltas. Sea sincero. 11.

Bufón: No trate de quedar bien con todos porque no lo conseguirá. 75.

Búho: Quien sueñe con un búho nunca sufrirá una enfermedad grave. 67.

Buitre: Alguien frustrado y mal intencionado quiere obstaculizar su camino y tratará de deprimirlo con juegos psicológicos. No le preste atención porque se trata de la envidia disfrazada como una leal amistad. 55.

Bullicio: No dude en buscar ayuda legal si siente que la necesita. 58.

Burdel: Uno de sus amigos está envuelto en negocios turbios. 4.

Burla: Hacerla presagia enemistades, y sufrirla presagia decepciones. 34.

Búsqueda: No se obsesione con situaciones que no pueden ser. 76.

Busto: Recibirá un bono o un aumento. A los adolescentes les está vaticinando que harán un viaje romántico. 84.

Butaca: Si se une con su familia y trabajan por un bien común, el auge económico será más fácil de alcanzar. 92.

Buzo: Analice a fondo las personas que frecuentan su casa porque alguien quiere robarle un objeto de valor. Esa persona viste colores exagerados. 88.

C

Cábala: Si consulta la cábala, augura que en corto tiempo tendrá que hacer grandes cambios en su vida entre los que se encuentran un largo viaje, un cambio definitivo en el trabajo y quizás la ruptura de una relación que ya no funciona. Todos los cambios serán para su bien. 23.

Cabalgar: Durante algún tiempo se sentirá contrariado y no sabrá qué decidir. Dése un baño con agua de ruda y en corto tiempo observará cómo su camino se aclara. 45.

Caballería: Anuncia la solución a un asunto legal pendiente. 56.

Caballero: Encontrará la paz que necesita. Sentirá protección. 27.

Caballo: Si el caballo le observa, predice que hallará lo que había perdido. Si monta uno, augura éxito seguro. Si baja de un caballo, predice el final de una mala época. Ver un grupo de caballos presagia que encontrará aliados importantes. 30.

Cabaña: Le brindará su ayuda a un amigo que se encuentra en una situación delicada. 35.

Cabello: Saludable y abundante predice que gozará de estabilidad económica. Si lo nota descuidado o despeinado, advierte que está dejando a un lado sus responsabilidades y eso le causará serios problemas. Si se le cae, presagia que padecerá un resfriado. Si lo tiene de otro color, significa que le han estado mintiendo. Si le cortan el cabello, deberá ajustar su presupuesto. Cortarse el cabello uno mismo señala la necesidad de orientación psicológica. Si lo tiene más largo de lo normal, predice que le viene una ganancia inesperada. 2.

Cabeza: Si ve la propia, indica que con inteligencia saldrá de la crisis que lo tiene agobiado. Si es la de otra persona, significa que hay alguien que le quiere ayudar. Una cabeza herida anuncia una pena moral. 1.

Cabina telefónica: Encuentro dichoso con el padre o la madre. Le augura armonía familiar. 3.

Cable: Trabajo mal remunerado. 11.

Cabras: Una sola, señala aburrimiento en su actual empleo. Muchas, auguran nuevas oportunidades. 16.

Cabrito: Está presagiando que recibirá ayuda financiera. Vienen momentos buenos a su vida. 98.

Cacao: Augura la realización de un negocio. 90.

Cacatúa: Una mujer desagradable tratará de enredarlo en una pelea. 59.

Cacería: Ir de cacería augura que enfrentará sospechas mal intencionadas. Si ve a un cazador, presagia negocios sin ganancias. Si caza varios animales, predice que tendrá problemas con un hermano o con un hijo. 70.

Cactus: No pase tanto tiempo solo. Busque compañía. 75.

Cachorro: Le brindará ayuda y asistencia a una persona que está convaleciente. Será complaciente con sus amistades. 7.

Cadáver: Si lo observa en un ataúd, anuncia desorden, pleitos y decadencia familiar. Si lo ve en otra parte, presagia tristeza y soledad. Para bloquear el augurio deberá rociar una botella de agua florida por toda su casa, comenzando de adentro hacia afuera, posteriormente queme incienso de sándalo y mirra. Finalmente rece tres Padre Nuestro. Hágalo los días lunes durante dos meses consecutivos. 4.

Cadena: Esta sufriendo la actitud injusta de alguien que no lo quiere, pero que finge hacerlo. Si es usted quien se libera de unas cadenas, indica que dejará atrás los sufrimientos que le afectaron en el pasado. 14.

Caderas: Sentirá desconfianza en la persona que ama. 70.

Caer: Si actúa precipitadamente sin escuchar las advertencias de sus seres queridos, estará destinado al fracaso. Caer y levantarse augura que tendrá una nueva oportunidad. 84.

Café (bebida): Si ha soñado que bebe café, el sueño presagia que vivirá una obsesión romántica. 34.

Cafetal: Le augura progreso y buena fortuna. Observar una plantación de café anuncia paz y tranquilidad para su hogar. Caminar por un cafetal indica avance económico. 19.

Caja: Si está vacía, presagia que tendrá que hacer un gasto bastante fuerte. Si está llena, augura que superará una crisis económica. Si está cerrada, será testigo de problemas ajenos. 77.

Cajero automático: Está gastando más de lo que su presupuesto le permite. Tiene una adicción por el dinero. 16.

Calabaza: Encontrará al amor de su vida. Estará en un tiempo preciso para encontrar una persona que servirá de compañía a su soledad. 58.

Calabozo: Piense bien las cosas antes de hacer algo que pudiera perjudicarle toda la vida. Los problemas le parecen sin salida. Debe preparar un baño de pétalos de rosas para que sienta paz y tranquilidad. Hágalo cada viernes por tres semanas. 57.

Calambres: Cuídese de sufrir una indigestión. Debe visitar el doctor para revisar su sistema sanguíneo. 53.

Calavera: Sufrirá una leve enfermedad. A los padres de jóvenes adolescentes, el sueño les recomienda que observen los amigos de sus hijos. Alguna mala influencia puede causar separación en la familia. 86.

Calcetines: Debe reducir sus gastos. Si no lo hace podría enfrentar la bancarrota. Un problema de dinero le preocupa. 66.

Calcomanía: No trate de vivir las fantasías de los demás. Mejor viva sus propias ilusiones y acepte su realidad. 12.

Calculadora: Tendrá la visión necesaria para ganar más dinero. A los estudiantes indecisos les pronostica el éxito en una carrera relacionada con economía y finanzas. 31.

Caldero: Está desperdiciando su tiempo y sus buenos sentimientos en alguien que no lo aprecia. 60.

Caldo: Logrará su deseo si aprende a compartir lo que tiene con los demás. Si tiene hermanos, no los olvide. 87.

Calendario: Pague las deudas que tiene y que se le han acumulado. Debe organizar mejor su presupuesto. 42.

Caligrafía: Es muy perfeccionista y esto pudiera alejarlo de sus seres queridos. Sea menos exigente y acepte las personas con sus defectos o virtudes. 71.

Cáliz: Sentirá atracción por los temas religiosos. Viene una paz reconciliadora a su espíritu. Si el cáliz es brillante, felicidad. 52.

Calmante: Asume problemas de forma muy intensa. Cálmese o enfermará de los nervios. Recuerde que para todo existe una solución. 33.

Calor: Augura que le cumplirán una promesa que le hicieron. Tiene ansiedad por un ofrecimiento que no ha sido cumplido. 67.

Calumnia: Si está en su contra, le presagia que un amigo lo defraudará. Si es usted el calumniador, le advierte que podría sufrir un desequilibrio emocional. Debe cuidarse de traiciones. 41.

Calvicie: Será tentado por una baja pasión. Se siente sin prejuicios. 83.

Calle: Si es ancha e iluminada, señala progreso económico. Si es estrecha, predice que tendrá dificultades en el trabajo. Si está oscura o solitaria, vaticina que la persona en quien más confía le negará un favor. Si la observa muy transitada, augura que lo visitará un pariente que viene de lejos. 77.

Callejón: Si tiene salida, presagia que resolverá un dilema familiar. Si no tiene salida, indica que alguien quiere desprestigiarlo. 25.

Callos: Tendrá disgustos pasajeros. Si los elimina, señala que hará una limpieza en su entorno social. 6.

Cama: Estar acostado en una cama augura problemas con la salud. Si está ordenada, predice honor y renombre. Si la observa en desorden, predice que será descubierto su más íntimo secreto. 43.

Camafeo: Un pariente cercano pasará por un momento difícil. 69.

Cámara fotográfica: Recordará ciertos episodios de su niñez que nunca antes había recordado. Revivirá momentos que jamás olvidará. 63.

Cámara grabadora: Noticias agradables y sorpresas. Buen augurio para los comerciantes y los viajeros. Le harán sentir importante. 37.

Camarero: Después de tanto trabajo y esfuerzo, llega la diversión y la alegría que le brindará satisfacción y placer. 22.

Camarón: Se interesará en temas poco convencionales. 89.

Cambalache: La primera impresión es importante, pero más vale viejo conocido que nuevo por conocer. Debe valorar lo que tiene. 91.

Cambio de sexo: Piense bien lo que quiere hacer porque puede cometer el peor error de su vida. Reflexione. 40.

Camello: Se sentirá con atracción en investigar más sobre la reencarnación. Tendrá curiosidad por los temas ocultos. 50.

Caminar: Si lo hace acompañado presagia que ha encontrado a su alma gemela. Si lo hace individualmente, predice que hará amistad con una persona viuda. 73.

Camino: Ha llegado el momento que tanto había esperado. Anímese y no vea hacia el pasado. Siga adelante. 81.

Camisa: Si es nueva, anuncia buena suerte para los próximos meses. Si la observa limpia, augura que solucionará un problema doméstico. Si la ve rota o sucia, indica que debe reparar un grave error que cometió. 36.

Camisón: Dedica demasiado tiempo a la vanidad. Debe cuidar su aspecto, pero no descuide su interior. 29.

Campamento: Le llega una racha de buena suerte, prepárese para lo inesperado. Una sorpresa le espera. 47.

Campana: Si la observa, predice que asistirá a un servicio religioso. Si la escucha, indica que será testigo de un pleito. Si sueña que está en un campanario, señala que realizará trámites burocráticos. 68.

Campo: Tendrá buena salud y abundancia de trabajo. Prosperidad para usted y los suyos. 45.

Campo nudista: Si cuenta el secreto que le confesaron, perderá la amistad de la persona que se lo contó. 9.

Campo sembrado: Indica progreso y buena salud. Tendrá nuevas ideas que deberá poner en práctica para sacar adelante un proyecto que tiene en mente. 22.

Canas: Ver su cabello cubierto de canas pronostica que deberá enfrentar un grave problema relacionado con la ley. Si observa las canas de otra persona, le aconseja que evite intrometerse en problemas ajenos. 17.

Canasta: Si la lleva consigo, le indica que debe cuidar sus intereses. Si la observa vacía, es momento de trabajar duro para conseguir sus objetivos. Si la lleva otra persona, sus anhelos deben esperar un tiempo. Tiene que gastar menos y trabajar más. 82.

Cáncer: Si sueña que padece de cáncer, ha sufrido una severa depresión. Si otra persona lo padece, predice que se enterará de la pena que está sufriendo alguien cercano a usted. Si en el sueño está enfermo y luego se cura, su vida dará un giro hacia la dicha y la felicidad. 24.

Canción: Si la escucha, indica que su amor es correspondido. Si la canta, predice un importante logro en el estudio o trabajo. Si la compone es augurio de triunfo 65.

Candado: Siente que está atado sentimentalmente a una persona a quien usted no ama. Una preocupación le atormenta. 79.

Candela: Encendida significa pasión y amor. Apagada señala un amor mal correspondido. Si la llama oscila o la observa tenue, le pronostica dificultades antes del triunfo. 88.

Candelero: Deberá abandonar una amistad que no le conviene. Si el candelero tiene muchas velas, superará una dura etapa de su vida. 74.

Canela: Augura una noche de pasión. Tiene un erotismo que no ha sacado a relucir. 9.

Cangrejo: No mire hacia atrás y olvide a esa persona que le hizo tanto daño. Debe continuar su camino ante la adversidad. 26.

Caníbal: Le harán una proposición morbosa e inusual. Siente temor ante una aventura peligrosa. 51.

Canoa: Realizará un viaje de emergencia, pero todo le saldrá bien. 62.

Cansancio: No se dé por vencido, ha perdido una batalla pero ganará la guerra. Se mostrará agobiado, pero es temporal. 76.

Cantante: Le augura seguridad económica para la vejez. Tendrá tranquilidad en el futuro. 80.

Cantar: Recibirá buenas noticias de personas que viven lejos. Alegría. 96.

Cantimplora: Alivio momentáneo. Tiene capacidad para enfrentar ese problema. 54.

Cantina: Problemas causados por la negligencia de otras personas. Solidaridad con los suyos. 28.

Caña: Dificultad para conseguir dinero, problemas en el trabajo. Para anular el augurio se recomienda exponer a la luz del sol, durante ocho días, todos los relojes que tenga en su casa. Hágalo diariamente por dos horas. Comience el día viernes. 40.

Cañaveral: Tendrá que hacer un trabajo que no le agradará. Le es difícil adaptarse a circunstancias imprevistas. 76.

Cañería: Será necesario que haga ciertas reparaciones en su casa. Cuide sus intereses. 93.

Cañón: Discutirá con sus familiares debido a las intrigas de un pariente lejano que no lleva su misma sangre. 20.

Caos: La mala suerte no le deja salir de problemas. Lo que necesita en este momento es hacerse una limpieza. En día martes, enjuáguese con agua de manzanilla después de bañarse, luego encienda tres velas blancas frente a un espejo. Cuando las llamas de las velas aviven, siéntese frente a ellas y medite durante veinte minutos. Seguidamente escriba en un papel blanco todo lo que le afecta, quémelo y esparza las cenizas en un río o en el mar. 85.

Capa: No permita que culpen a otra persona por el error que usted cometió. Debe actuar con honestidad. 18.

Capilla: Ha decidido seguir el camino correcto. Tendrá mucha tranquilidad espiritual. 36.

Capitán: Alguien está tratando de dominar su vida. 92.

Capucha: No se mezcle sentimentalmente con una persona que conoció en un bar porque no le conviene para nada. 72.

Cara: Dependiendo de las expresiones que observe en su sueño, así se reflejarán en su estado de ánimo. Si observa caras diferentes, señala que gozará de gran popularidad. 48.

Caracol: No ingiera comidas ni bebidas de la calle porque corre el peligro de contraer una infección. 23.

Caracoles: Si le leen los caracoles, comenzará a tener visiones que le revelarán gran parte de su futuro. Si usted los lee a otra persona, es augurio que se librará de una mala influencia o de un mal espíritu. 21.

Carapacho: Su situación empeorará si sigue escondiéndose de sus acreedores. Mejor enfréntelos con la verdad. 41.

Caravana: Le augura negocios rentables. Una posibilidad de compra y que le significa progreso se acerca. 62.

Carbón: Si están encendidos, anuncian recuperación económica o física. Apagados, le indican falta de interés en sus propios asuntos. 2.

Carburador: Desista de la idea que tiene porque no resultará. No siga por el mal camino. 87.

Cárcel: Estar en una cárcel presagia opresión por parte de su familia. Si se ve rodeado de presos, augura que puede caer en malos pasos. Si sale de la cárcel, triunfará en todos sus planes y lo contrario si entra. 31.

Cardenal: Cuando conozca a alguien, conozca primero sus sentimientos primero. No confíe ciegamente en personas que juren amarlo. 73.

Caricatura: Un niño le alegrará el día. Recibirá buenas noticias. 25.

Caricias: Augura una noche de amor y momentos de felicidad. Conocerá una persona que le estimará. 97.

Caries: Señala que necesita ingerir más líquidos. Tiene ansiedad. 10.

Carnaval: Beberá más de la cuenta y debe fijarse bien lo que hace porque podría verse obligado en un compromiso que no desea. 39.

Carne: Si es roja, anuncia un embarazo en la familia. Si es carne blanca, predice la curación de un enfermo. Si es negra, le advierte que alguien quiere jugarle sucio. 40.

Carne podrida: Sabrá del fallecimiento de un conocido. Una mala noticia le dejará deprimido por un par de días. 68.

Carné: Augura la visita a un hospital. Una persona le necesita. 66.

Carnicería: Conocerá a una persona con adicciones extrañas. Cuídese de malos hábitos. 27.

Carpa: Antes de cometer un disparate piense en las consecuencias que esto ocasionaría. Sus actos tienen que ser medidos. 2.

Carpintero: Si quiere prosperar, necesita encontrar otro empleo y salir del estancamiento en el que se encuentra. 21.

Carrera: Un familiar le mostrará ingratitud. 64.

Carretera: En buen estado indica que contará con la solidaridad de sus amigos. Oscura o en mal estado predice que está a punto de cometer un error que le puede costar mucho dinero. 96.

Carretón: Se ha quedado a la deriva del progreso voluntariamente. Tiene que demostrar dinamismo. Trabaje duro y saldrá adelante. 58.

Carroza: Hará un viaje largo y calmado en el futuro. Cambios en su vida. 49.

Carruaje: Se inicia una sociedad, ya sea de negocio o solidaridad que le brindará prosperidad. 22.

Carta: Si recibe una carta, le señala que se enterará de una situación que le beneficiará. Si la envía, será usted el portador de una gran noticia. 7.

Cartas: Si juega a las cartas, indica que ha estado perdiendo su tiempo en actividades sin futuro. Si le echan las cartas, augura que saldrá de una duda. 50.

Cartera: Podrá cumplir con todas sus responsabilidades. 15.

Cartero: Recibirá la noticia que ha estado esperando. A las personas solteras les augura novedades gratificantes. 29.

Casa: Buenas perspectivas en general. Si se cambia de casa, predice avance. Ver una casa nueva presagia bonanza económica. Una casa antigua presagia dinero inesperado o una pequeña herencia. Edificar una casa vaticina la realización de una ilusión. Si se encuentra en una casa desconocida, indica que vendrán situaciones desagradables que deberán ser tomadas con serenidad y madurez. Una casa descuidada o en ruinas le augura pérdidas. 86.

Cascada: Noviazgo duradero o un matrimonio feliz. Ha escogido a la pareja indicada. Tiene una compañía que le agrada. 77.

Cáscara: No derroche el dinero porque después le hará falta. 30.

Cascarón: Alguien le está presionando injustamente. 19.

Casco: Se está haciendo falsas ilusiones con una persona comprometida. Tiene que evitar el meterse en problemas. 51.

Casino: Le viene un año de buena suerte. Porvenir venturoso. 66.

Caspa: Se está dejando vencer por los problemas. Reaccione, todavía está a tiempo. Tiene miedo al fracaso. 14.

Castañuelas: Paseará con una persona que le interesa sentimentalmente. 16.

Castillo: Debe ser más humilde en sus actitudes y todo lo que ha soñado vendrá como merecido regalo del destino. 71.

Catacumbas: Vivirá una dura experiencia que le enseñará el verdadero significado de la vida. Será más espiritual. 34.

Catalepsia: Ha mentido mucho. Cuando diga la verdad, nadie le creerá. 28.

Catálogo: No desee lo que poseen otras personas, muy pronto tendrá lo suyo. 42.

Catarro: Sentirá temor de enfrentar el cambio que se avecina. 47.

Catecismo: Sentirá el asedio de los proselitistas religiosos. 32.

Catedral: Para alcanzar el favor que desea, necesitará de la ayuda divina. Rece con mucha fe. 94.

Catedrático: Tendrá la oportunidad de enseñar lo que sabe. Comparta sus conocimientos. 61.

Caucho: Señala pérdida de tiempo y de dinero. 4.

Cavar: Vuelve alguien del pasado. 46.

Caverna: La vida sedentaria es perjudicial para cualquier persona. Una vida solitaria le perjudica, busque compañía. 74.

Cavernícola: Se ha estado portando de una manera injusta con la persona que más le ayuda. 67.

Caviar: Su gusto refinado le hará ganarse críticas injustas. Siente que merece algo mejor en la vida. 11.

Cebra: No busque el peligro porque podría sufrir un accidente. 12.

Cedro: Su vida será larga y cuando llegue a una edad avanzada vivirá contento y rodeado de sus seres queridos. 38.

Ceguera: Siente que alguien le está traicionando y usted todavía no ha tomado conciencia de esta traición. Desilusiones. 75.

Ceiba: Sentirá deseos de involucrarse en actividades y rituales espirituales que le ayudarán a mejorar su vida. 84.

Cejas: Personas frustradas tratarán de afectar su autoestima con palabras. Ignórelas y no escuche comentarios mal intencionados. 68.

Celda: Tiene que meditar antes de tomar la decisión que cambiará el rumbo de su vida. 33.

Celebridades: Curioso encuentro con un personaje importante o con un funcionario del gobierno. 89.

Celos: Si los padece, augura pleitos con el ser amado. Si a usted lo celan, predice reconciliación. 60.

Células: Deberá someterse a un control médico. 1.

Cementerio: Una prolongada situación muy difícil del pasado llega a su fin. A un soltero el sueño le augura que se casará dos veces. 78.

Cemento: Se opondrán las personas que menos imagina. Traición. 99.

Cena: Una seria discusión con un amigo le producirá mal humor. Si observa flores o frutas en la cena, la discusión será con su pareja. 5.

Ceniza: Este sueño augura penas, pérdidas materiales y toda clase de inconvenientes. Para liberarse del augurio se recomienda colocar una piña cerca de la puerta de entrada de su casa (por dentro) durante dos semanas. Después la entierra junto a un árbol que tenga un ramaje frondoso y buena sombra. Finalmente deje allí tres monedas de diferente denominación y rece un pasaje de la Biblia. Comience en día martes. 18.

Censo: No es recomendable que opine sobre política o religión porque siempre encontrará oposición y crítica a sus ideas. 3.

Centauro: Presagio de felicidad y tiempos de prosperidad. 8.

Centavos: Le auguran dificultades económicas. Una cantidad de dinero que parecía perdida, será recuperada. 1.

Centro comercial: Debe buscar esparcimiento en diversiones sanas y no en placeres efímeros. 60.

Cepillo: Tiene que ponerse al día con los nuevos adelantos tecnológicos. Así ahorrará tiempo y ganará más dinero. 82.

Cera: Será testigo de las malas intenciones de un conocido. 53.

Cerco: Vencerá un obstáculo difícil. No le cuente a nadie su triunfo hasta que esté completamente seguro. 17.

Cerdo: Gordo y saludable augura abundancia económica y facilidad para ganar dinero. Flaco o demasiado pequeño señala que alguien lo está usando. Si come carne de cerdo, presagia que se entregará a un placer carnal. Si observa muchos cerdos, indica que tendrá mucha suerte con el sexo opuesto. 68.

Cereal: Se avecinan tiempos mejores. 9.

Cerebro: Decida con la cabeza y no con el corazón. 81.

Ceremonia: Sentirá devoción por una divinidad de otra cultura. 24.

Cereza: Notará la poca sinceridad que demuestra la mejor amiga de su pareja. Si están agrias, indican angustia. 80.

Cerillos: No se deje llevar por arranques de cólera. Es un momento que necesita dominar sus emociones al máximo. 3.

Cerradura: Durante los próximos dos meses cuide al máximo sus posesiones porque corre el riesgo de perder algo de gran valor. 60.

Cerrar: Si se sueña cerrando puertas, predice el final de un romance. Si cierra una ventana augura cambio de ocupación. Cerrar una gaveta presagia la ruptura de una vieja amistad. 44.

Certificado: El mayor atributo de su ser amado es la honestidad. 20.

Cerveza: Le propondrán un trabajo buenísimo. Debe tomarlo en el acto porque si lo piensa mucho podría escaparse de sus manos. 15.

Cesta: Encontrará dinero tirado en la calle. 56.

Cetro: Sea justo con las personas que trabajan para usted. 93.

Cicatriz: Se sacrificará por alguien a quien usted ama y vivirá semanas difíciles, sin embargo el sacrificio valdrá la pena. 13.

Ciclista: Asistirá a un evento deportivo y conocerá a una persona que le atraerá enormemente. 40.

Ciclón: Su vida cambiará radicalmente. Gozará del éxito, pero antes tendrá que vencer duras pruebas. 57.

Ciego: Soñarse ciego indica que está permitiendo que cualquier persona abuse de su buena voluntad. Si observa a un ciego, predice que un amigo acudirá a usted en busca de ayuda. 88.

Cielo: Despejado y azul es anuncio de grandes noticias. Cubierto de nubes blancas augura el inicio de un magnífico proyecto. Nublado o sombrío presagia una pena de amor. Si está rojizo, señala una pena para la familia. 63.

Científico: Le encontrará solución a un grave problema. 95.

Ciervo: Alguien tratará de agredirlo verbalmente. 65.

Cigarra: Anuncia una época de vacaciones. 90.

Cigarro: Si lo fuma, es indicio que necesita un cambio de ambiente. Si lo apaga, predice que le perderá la confianza a alguien cercano a usted. Si observa a otra persona fumando, el sueño le aconseja que evite situaciones violentas. 83.

Cigüeña: Anuncia novedades y pasatiempos agradables. A una mujer le predice embarazo o que sabrá de una amiga que está embarazada. 76.

Cine: Le está otorgando poca importancia a problemas que requieren de toda su atención. 20.

Cintura: Gran logro. Alcanzará un objetivo que se había trazado y que le parecía difícil. 79.

Cinturón: Necesita disciplinarse si quiere llegar a la meta que se ha trazado. Tome confianza en sus actos. 26.

Cinturón de seguridad: Si conduce, es probable que le pongan una infracción de tránsito. Si no lo hace, tendrá un mal momento causado por un vecino. 12.

Ciprés: Sabrá del sensible fallecimiento de un familiar lejano. 71.

Circo: La felicidad se hará presente en su hogar. Se cumple un sueño. 6.

Círculo: Le faltan aspiraciones. Le está anunciando que se ponga alerta y que se forje un futuro. 87.

Cirugía: Todo saldrá justo como lo ha planeado. 24.

Cirugía plástica: Si otra persona se ha hecho la cirugía, aprenda a valorar a sus amigos por lo que son y no por lo que poseen. Si sueña que le están practicando una cirugía cosmética, en breve consultará a un médico. 83.

Cirujano: Este sueño le advierte que tiene una deficiencia vitamínica, especialmente de calcio y vitamina E. 36.

Cisne: Quien sueñe con un cisne está predestinado a ser un triunfador que logrará todo lo que se proponga. 9.

Cisterna: El ahorro del pasado le sacará de apuros en este momento. 62.

Cita: Le será otorgado lo que ha pedido. 15.

Ciudad: Si es una ciudad grande y cosmopolita, cambiará de residencia. Si es pequeña, vendrán tiempos mejores. Una ciudad desierta predice problemas para los casados y desengaños para los solteros. Una ciudad antigua pronostica un viaje al extranjero. Encontrarse en una capital o en una ciudad famosa vaticina éxito en una actividad comercial. 81.

Clandestinidad: Problemas con la ley. No le gustan las ataduras. 44.

Clarividente: Encontrará en un nuevo conocido, la verdadera amistad que había estado buscando. 0.

Claveles: Elogiarán su talento o su físico. 66.

Clavos: Deberá tomar una resolución respecto a su futuro laboral y económico. Si son clavos grandes, es presagio que todos sus proyectos se cumplirán en su totalidad. Clavos pequeños auguran limitaciones de dinero. 82.

Clérigo: Recibirá noticias alentadoras de sus seres queridos. 93.

Clientes: A los comerciantes les augura buen porvenir. A los profesionales, triunfo en sus carreras. A los que trabajan en diversas ocupaciones les vaticina el inicio de una pequeña industria. A los estudiantes les predice que obtendrán buenas calificaciones. 95.

Clima: Vivirá una excitante y a la vez peligrosa aventura pasional. 32.

Cloaca: No se deje rodear por personas de reputación reprochable. 13.

Clonación: Le indica el fin de un ciclo. El fin de una enfermedad. 43.

Clóset: Se está deprimiendo por un problema de fácil solución. 77.

Club: Conocerá a un nuevo grupo de amigos. 22.

Cobardía: Alguien pretende pasarse de listo con usted. Cuando llegue el momento estará preparado para esquivar a esa persona. 55.

Cobros: Si a usted le cobran, experimentará atrasos y dificultades económicas. Si es usted el que cobra, pronostica que alguien que le debe no le quiere pagar. 31.

Cocer: Hará un cambio necesario en su actual estilo de vida. 74.

Cocinar: Llegará una buena noticia que le aliviará el estrés que ha estado sufriendo los últimos días. 49.

Cocinero: Escuchará muy pronto un comentario desagradable acerca de uno de sus mejores amigos. 7.

Coco: Si el coco está fresco, augura que se quitará un gran peso de encima. Si el coco está seco, señala que sufrirá un desengaño por causa de un mal amor. Tomar agua de coco predice que gozará de perfecta salud. Si alguien le da un coco, indica que cuenta con un amigo excepcional. Bañarse con agua de coco presagia curación para un enfermo y felicidad para el que está sano. 52.

Cocodrilo: Una persona que conoció hace poco tiempo es una pésima influencia y podría involucrarlo en asuntos ilícitos y en el peor de los casos en un crimen. Retírese de ella lo antes posible y en el transcurso de un mes use su ropa interior al revés y coloque en su billetera cuatro hojas frescas de menta. A los siete días las tira en la basura. De ese modo logrará alejarla para siempre de su vida. 10.

Coctel: Tiene que ponerle un alto a un hábito reprochable. 33.

Coche: Soñar con un coche antiguo predice que le obsequiarán una pintura o un objeto de gran valor. 86.

Codicia: Le falta empuje para salir adelante. Anímese, reaccione. Debe darse impulso y proteger su autoestima. 67.

Codo: La avaricia es uno de los defectos que más oscurece el alma de cualquier ser humano. 2.

Codorniz: Vivirá un día de incertidumbre por causa de un conflicto familiar. Encienda tres velas azules y junto a ellas coloque un vaso con cubos de hielo. En pocas horas las cosas se calmarán. Hágalo después del medio día. 14.

Cofre: No trate de abarcar mucho porque puede quedarse sin nada. Si el cofre está lleno de monedas o joyas, augura que llevará a cabo un proyecto que le dará cuantiosas ganancias. 21.

Cohete espacial: Un hecho imprevisto remediará una mala situación. 47.

Cojear: Las cosas no saldrán como lo ha planeado. 18.

Cola: Le reprocharán injustamente la mala actitud de un pariente. 69.

Colador: Debe escoger mejor a sus amistades. 88.

Colcha: Podrá ayudar económicamente a sus familiares. 63.

Colchón: Le hará una visita a un amigo que está enfermo. 37.

Colección: Se convertirá en el confidente de varias personas. 16.

Colegial: Una fotografía le hará recordar a un amor del pasado. A los adolescentes les augura que asistirán a su primera cita romántica. 8.

Colegio: Recibirá la orientación profesional que necesita. 46.

Cólera: Le esperan problemas y pruebas difíciles. Los podrá superar con paciencia apoyándose en su fe interior. Para ayudarse, encienda tres velas rojas los días martes durante un mes. Comience en luna nueva. 54.

Colgado: No firme documentos, no haga viajes ni realice ningún negocio hasta dos semanas después de haber tenido este sueño. 42.

Colibrí: Vivirá una gran pasión, pero de corta duración. 26.

Cólico: Pleitos entre familiares. No reaccione con violencia. 71.

Coliflor: Padecerá temores injustificados. 64.

Colina: Hará amistad con personas que se dedican al arte. 25.

Colirio: Molestias en los ojos le harán visitar al oculista. 72.

Comadre: Escuchará comentarios desagradables acerca de una persona a quien conoció hace poco. No crea todo lo que le digan. 27.

Colmena: Abundancia de trabajo y crecimiento económico. 35.

Colmillos: Alguien en quien confía tratará de causarle problemas con su pareja. 29.

Colores: Cada color tiene un significado particular:

Acua: Augura una larga vacación. 15.

Amarillo: Inicio de una nueva etapa después de años difíciles. 1.

Anaranjado: Grandes oportunidades llegan pocas veces. Aproveche lo que le está sucediendo. 11.

Azul: Tranquilidad, armonía, seguridad en el trabajo y paz. 21.

Blanco: Predice buena salud, pureza, protección y el cumplimiento de una promesa. 8.

Café: Predice que será escuchada su petición. Favores otorgados. 70.

Celeste: Augurio que se cumplirá uno de sus sueños. 84

Dorado: Anuncia buena suerte en las finanzas, realización. 57.

Escarlata: Advierte que debe terminar una práctica inusual. 40.

Gris: Señala la necesidad de un cambio de vida. 4.

Negro: Sea más positivo consigo mismo. El aislamiento no es la solución. Pídale a Dios. 9.

Plateado: Asistirá a una boda, un aniversario o un bautizo. 25.

Rojo: Recuperación física, pasión, será correspondido por quien ama. 6.

Rosado: Encuentro del gran amor. Conocerá a un verdadero amigo. 88.

Verde: Solución de problemas económicos, ganancias, tendrá un mes de buena suerte. 14.

Violeta: Está siendo protegido por su ángel guardián. También le predice recuperación de algo que parecía perdido. 7.

Colorear: Se realizará uno de sus máximos deseos. 8.

Colores nacarados: Se está dejando dominar por un vicio. 76.

Colores fluorescentes: Le advierten que está gastando demasiado. 30.

Columnas: No preste la cantidad de dinero que le han solicitado porque no se lo devolverán. 43.

Columpio: No permita que sus amigos se aprovechen de usted. Aprenda a decirles "no". 39.

Collar: Si lleva uno, augura que alguien se está aprovechando de usted. Si lleva varios, presagian amores de corta duración. Un collar de piedras preciosas, predice que hará un magnífico negocio. Un collar de perlas, señala que un pariente cercano le pedirá dinero prestado. 91.

Comadreja: A un hombre le augura que una mujer astuta pretenderá sacarle dinero. A una mujer le previene sobre un conocido que tratará de acosarla sexualmente. 11.

Comandancia: Ganará un pleito judicial. 17.

Combate: No meta las manos al fuego por personas poco conocidas. 4.

Combustible: Despertará de un largo período de letargo. 28.

Comedia: Será bien recibido en su nuevo centro de trabajo. 64.

Comediante: Lo culparán de algo que usted no ha hecho. 23.

Comer: Le vienen siete años de buena suerte. 82.

Comerciante: Le harán el favor que ha solicitado. 46.

Comercio: Se presentará una alternativa para ganar más dinero. 87.

Cometa (juguete): Uno de sus amigos pretende desprestigiarlo. 6.

Cometa: Incidentes políticos afectaran temporalmente la economía de su país. 34.

Comezón: Molestias causadas por visitas inesperadas. 96.

Comida: Entre más abundante sea la comida, mayor será el monto de sus futuras ganancias. 73.

Comida para mascotas: Tiene que alimentarse de una manera más sana y natural. 13.

Comida rápida: Las personas que no tengan pareja encontrarán el amor de la manera más insospechada. A los casados les pronostica la compra de una propiedad. 19.

Comisario: Deberá pagar una multa o una deuda. 40.

Comodín: No todo es suerte, ponga también de su parte. 56.

Competencia: Ganarla augura éxito y buena cosecha. Perderla presagia indignación y desengaño. Observarla predice que asistirá a una celebración popular. 41.

Cómplice: Un amigo que ya no lo es, divulgará sus secretos. 12.

Comprar: Se ha endeudado porque gasta más de lo que gana. Economice o tendrá que trabajar el doble. 83.

Comprobante: No crea en todo lo que le han prometido. Deje que los hechos muestren la realidad. 58.

Compromiso: Con sus comentarios recientes, se ha ganado la antipatía de varias personas. Retráctese, todavía está a tiempo. 29.

Computadora: Le viene una oportunidad única. Aprovéchela porque de ello depende su futuro económico. 78.

Concha: No se aleje de sus seres queridos, o se quedará totalmente solo. 87.

Concierto: Tendrá la oportunidad de asistir a conferencias interesantes. 38.

Concreto: Está siendo orgulloso con la persona que más lo quiere. 25.

Concurso: Observarlo augura que serán reconocidos sus méritos. Ganarlo presagia triunfo sobre las dificultades. Si pierde un concurso, predice que debe elevar su autoestima. Si se ve como jurado, pronostica que le pedirán un consejo. 3.

Condena: Los remordimientos no lo dejan vivir tranquilo y a veces siente que no puede más. Pida perdón y demuestre que está arrepentido. 68.

Condenar: Contrólese, porque sus acciones irreflexivas pueden provocar la ira de varias personas. 92.

Conducir: A una velocidad moderada indica que va en el camino correcto. Si conduce demasiado rápido, le advierte que está cometiendo errores que le pueden salir muy caros. Si conduce demasiado despacio, señala que se está dejando influenciar por gente pesimista. Si otra persona conduce, significa que alguien quiere dominarlo. 84.

Conejo: Le presentarán a alguien que llegará a ser su mejor amigo. 65.

Conferencia: No se deje intimidar porque es pura palabrería. 79.

Confesor: Tiene que poner en orden varios aspectos de su vida, especialmente el de su vida sentimental. 50.

Confeti: Predice que asistirá a una fiesta de cumpleaños. 48.

Confiar: Si confían en usted, saldrá adelante con todos sus planes. Confiar en otra persona indica que está actuando con demasiada ingenuidad. 94.

Confitería: Recibirá una sorpresa de alguien muy inesperado. 61.

Confusión: Haga una revisión de sus facturas porque tratarán de cobrarle más de la cuenta. 85.

Congestionamiento: Guarde la calma porque le viene una semana bastante complicada. 57.

Congresista: Una promesa que le hicieron será cumplida a medias. 78.

Congreso: Si asiste a uno, augura que entablará importantes relaciones que le serán de gran ayuda dentro de seis meses. 60.

Conjuro: Si lo hace, señala que sus acciones lo están convirtiendo en su peor enemigo. Si observa que otra persona lo hace, predice que alguien quiere manipularlo. 20.

Consejo: Dar un consejo es el inicio de una buena amistad. Pedir un consejo presagia que experimentará confusión en su vida sentimental. 80.

Conserje: Se está volviendo demasiado conformista y no se atreve a subir al siguiente escalón. 94.

Consigna: No se burle de lo que le sucedió a un conocido porque lo mismo podría ocurrirle a usted. 45.

Consolar: Consolar o ser consolado presagia que le dará sus condolencias a un amigo. 5.

Constelación: Cuenta con el amor y la fidelidad de su pareja. 97.

Construir: Una persona inteligente y profesional reconocerá su talento y le ayudará a subir de posición. 18.

Cónsul: Precisa ponerse al día con ciertos documentos. 18.

Consulado: Tendrá que hacer varios trámites legales que se demorarán más de una semana. 26.

Consultorio: Deberá hacerse algunos exámenes médicos, especialmente de sangre y el corazón. 81.

Contador: Atrasos económicos y falta de solvencia para pagar sus cuentas. Para que las cosas mejoren dése un baño con agua de romero, encienda dos velas verdes y rece el salmo 65. Hágalo durante tres martes consecutivos. 31.

Contagio: Si sueña que se ha contagiado de alguna enfermedad le advierte que el peligro lo anda rondando. Para librarse de ello, se aconseja que lave su cara con agua bendita durante tres noches consecutivas. Comience el día domingo. 23.

Contaminación: Advierte que no está llevando una dieta adecuada. 4.

Contar: Todos los sueños en los que se observe contando cualquier cosa, auguran la realización de una ilusión. Si sueña contando dinero denota ambiciones desmedidas. 65.

Contestadora automática: Si escucha mensajes, presagia que será positiva la respuesta que ha estado esperando. Si está guardando mensajes, le recomienda tomarse unas cortas vacaciones. Si escucha mensajes en un idioma que no entiende, le previene sobre una persona que lo quiere confundir. 50.

Contorsionista: La suerte nunca se apartará de su lado. Por más difíciles que sean los problemas y las situaciones que deberá enfrentar, siempre saldrá bien librado de todo. 9.

Contrabandista: Uno de sus amigos anda en muy malos pasos y usted ya sabe de quien se trata. Lo mejor que puede hacer es retirarse de él antes de verse involucrado en algo feo. 48.

Contraseña: Se incorporará a una interesante agrupación. 79.

Contratiempos: Sufrirá una indisposición estomacal. 34.

Contribución: Si es usted quien otorga una contribución, predice que algo bueno le sucederá esta semana. Si la recibe presagia que un desconocido le hará un gran favor. 11.

Controlar: Está abusando de su posición actual. Si a usted lo controlan, indica que las cosas no le salen como desea porque las comenta con todo el mundo. 52.

Convalecencia: Augura recuperación económica o física. A una pareja joven le pronostica el nacimiento de un hijo varón. A un estudiante le aconseja esforzarse más en una materia difícil de su clase. 40.

Convencer: Si convence a alguien, predice que le concederán lo que ha solicitado. Si es a usted quien le convencen, señala que se está dejando imponer por ideas ajenas. 29.

Convenio: Augura noviazgo, compromiso o matrimonio para usted. 68.

Convento: Demuestre hospitalidad a una persona allegada a su familia porque más adelante usted necesitará que le hagan el mismo favor. 95.

Convicto: Señala que está viviendo una vida demasiado disipada. 37.

Convulsión: Padecerá los síntomas de una enfermedad respiratoria. No se automedique, mejor visite al médico. 76.

Copa: Las dificultades que ha tenido últimamente se resolverán en menos de dos semanas. 59.

Copias: No compre lo que le han estado ofreciendo porque saldrá perdiendo. Recuerde que lo barato sale caro. 7.

Copo de nieve: Recibirá buenas noticias sobre un familiar que radica en el extranjero. 88.

Coquetería: Ha estado jugando con los sentimientos de dos personas. Si lo sigue haciendo se quedará completamente solo. 91.

Corales: Presagia que vivirá una ilusión romántica que le hará olvidar viejos desencantos. 62.

Corazón: Por su manera de ser, muchas personas desean tener su amistad. Un corazón herido augura una pena de amor. Si sueña que está enfermo del corazón, indica que debe ejercitarse con mayor frecuencia y controlar la cantidad de grasa y azúcar en su alimentación. 58.

Corbata: Si se la pone, predice que le encomendarán una gran responsabilidad. Si se la quita, indica que otra persona resolverá uno de sus problemas. Si la observa, señala la falta de incentivos económicos en su actual ocupación. 71.

Corcel: Su falta de responsabilidad está angustiando a los miembros de su familia. 97.

Corcho: Con su habilidad para las finanzas ayudará a varias personas a salir adelante.32.

Cordero: Este animalito es un símbolo de prosperidad en un futuro muy cercano. Buenas noticias. 19.

Corneta: Se le presentará una magnifica oportunidad laboral. 43.

Cornudo: Si es usted el afectado, le predice que tendrá una aventura sentimental desagradable. Si se trata de otra persona, el sueño le advierte que se cuide de la obsesión que alguien siente por usted. 69.

Coro: Presagia el fin de una mala época. 15.

Corona: Si es de oro, predice que una persona influyente le ayudará a cambiar de posición. Si es de plata, logrará una de sus metas. Si es de otro metal, señala que se está haciendo falsas ilusiones financieras. Si es una corona de flores, presagia que volverá a enamorarse. Si en su sueño aparece una corona mortuoria, pronostica que asistirá a un funeral. 74.

Coronación: Se cumplirá uno de sus sueños. Fin de un proyecto. 44.

Corral: Está haciendo una tormenta en un vaso de agua. No se angustie demasiado porque su problema ya está por resolverse. 3.

Corregir: Si a usted le corrigen, el sueño le aconseja que modere su carácter. Si usted corrige a otra persona, presagia que observará la pena de alguien que quiso hacerle daño en el pasado. 54.

Correo: Recibirá la noticia que ha estado esperando. 38.

Correo electrónico: Enviar un correo electrónico (e-mail) augura que se le ocurrirá una idea que puede cambiar para bien el rumbo de su vida. Si recibe uno, predice que le otorgarán una petición o que aceptarán una propuesta que usted hizo. 86.

Correr: Presagio feliz. Si el que sueña está enfermo, pronto se curará. Si está preso, saldrá en libertad. Si se cae mientras corre, atravesará una crisis económica. Si sueña que quiere correr y no puede, significa que la inseguridad en sí mismo está truncando su camino. Si corre junto a otras personas, indica que cuenta con buenos amigos. Si corre al lado de su pareja, predice que nada ni nadie podrá separarlos. 24.

Correspondencia: Si la envía, augura buenas nuevas. Si la recibe, predice que tomará la decisión correcta. 51.

Corrupción: Si es la víctima, indica que alguien quiere estafarlo. Si es usted el corrupto, presagia que enfrentará problemas legales. 75.

Corsé: Tendrá suerte si aprende a ser más disciplinado. 18.

Cortar: Momento ideal para hacer cambios definitivos en su vida. 22.

Cortejar: Recibirá una inesperada y agradable visita. Sorpresas agradables en su vida cotidiana. 39.

Corte: Debe ponerse al día en todas las cuentas atrasadas. Tiene que tener orden en su economía. 83.

Cortesana: Tendrá muy buena suerte y ganará más dinero. También predice buena suerte para los negocios. 14.

Cortina: Si está corrida, indica la honradez de su mejor amigo. Si está cerrada, señala que le están ocultando un secreto. Si está sucia o rota, presagia la pérdida de una larga amistad. Si está limpia, predice que llegará una bendición a su hogar. 55.

Cortocircuito: Augura una pérdida de poca monta. Tiene que tener precaución con sus valores. 84.

Cosas usadas: Necesita esforzarse más para poder salir adelante. 0.

Cosecha: Cuantiosas ganancias. Sorpresivas visitas con buenas noticias. 10.

Coser: Con paciencia y sentido común logrará unir a su familia. 57.

Cosméticos: Tendrá una semana llena de aventuras agradables. 28.

Cosquillas: Si le hacen cosquillas, pronostica que le viene una gran felicidad. Si usted le hace cosquillas a otra persona, predice que le dará una buena noticia o un regalo a alguien especial. 20.

Costal: Lleno anuncia bienestar familiar. Vacío o roto predice problemas en el hogar por falta de recursos económicos. 72.

Costilla: Enfrentará una época de limitaciones y escasez. Para mejorar su suerte escriba la palabra abundancia en un repollo fresco y expóngalo al sol durante cinco días seguidos. Al quinto día colóquelo junto a la puerta de entrada de su casa durante tres horas. Después lo lleva a un monte y lo deja allí. Comience el día jueves. 41.

Costurera: Comience a ahorrar, porque en menos de tres meses necesitará una buena cantidad de dinero para salir de un apuro. 63.

Cotorra: No crea la calumnia porque todo es pura falsedad. 44.

Coyote: Una persona que visita su casa siente envidia de su progreso y bienestar. Para hacerla cambiar de parecer se aconseja que llene un recipiente de vidrio con hojas frescas de eucalipto. Después debe colocarlo en un lugar donde nadie lo vea. Hágalo en luna llena. 80.

Cráneo: Experimentará retrasos en sus planes, sin embargo logrará llevarlos a la práctica en el transcurso de cuatro meses. 35.

Creador: Los sueños relacionados con Dios predicen que serán escuchados todos sus ruegos y peticiones. 9.

Crecer: Oportunidad única. Aprovéchela y déle gracias a Dios. 10.

Credenciales: Personas conocidas pondrán en duda su palabra. 98.

Crédito: Tener buen crédito augura un próspero futuro. Si lo pierde, presagia que tendrá problemas con el auto o con aparatos eléctricos. Si lo solicita, vaticina que realizará trámites legales. Si se lo niegan, advierte que está tomando decisiones demasiado precipitadas. 25.

Crema: Si la observa, indica que le harán una falsa promesa de amor. Si la come, presagia que algo negativo se alejará de su vida. 64.

Cremación: Sabrá del fallecimiento de una persona que estaba ligada a un pariente cercano. 33.

Crías: Cosechará el fruto de todas sus acciones. Llegó el tiempo para que se cumpla la ley del karma. 6.

Criminales: Personas que lo rodean tratan de usarlo y hasta de robarle. Para alejarlas de su camino se aconseja que ponga 21 ajíes rojos en una bolsa plástica, luego hágale ocho nudos y coloque la bolsa en el techo de su casa. Déjela allí durante seis meses. Hágalo un día martes al mediodía. 42.

Cripta: Asistirá a una reunión familiar en la que se recordará a seres queridos que ya partieron. 13.

Crisis: Enfrentar una crisis augura que le encontrará solución a todos sus problemas. 67.

Cristales: Estos sueños se asocian al deseo de encontrar amigos fieles y sinceros. Si observa una variedad de cristales, conocerá a personas muy cultas dedicadas al arte o a la política. Si rompe un cristal, no realice proyectos demasiado arriesgados, porque puede perderlo todo. No abuse de la suerte ni haga especulaciones fantásticas. 90.

Críticas: Hacer críticas indica que le da demasiada importancia a lo que opina la gente. Si lo critican, augura que enfrentará oposición a sus ideas. 60.

Cronista: Señala una amistad por interés. 29.

Croquis: Descubrirá que ha sido victima de una gran mentira. Debe tener precaución de los especuladores. 53.

Crucero: Vivirá una época alegre y sin problemas. Relajación. 49.

Crucifijo: Este sueño le aconseja orar por familiares y amigos que ya fallecieron. Aunque ellos no estén presentes físicamente, lo siguen acompañando desde otra dimensión. 99.

Crucigrama. Se verá obligado a realizar labores que no le agradan. 56.

Crueldad: Se ha vuelto demasiado materialista y no valora lo que otras personas hacen por usted. 1.

Crustáceos: Le darán un regalo bastante raro. 92.

Cruz: Saldrá bien librado de un penoso incidente. Si carga una cruz, el sueño presagia infelicidad en el matrimonio. Observar más de una cruz señala sufrimientos del pasado que debe tratar de olvidar. 85.

Cuaderno: Se aficionará a una actividad cultural. A los estudiantes les aconseja divertirse menos y estudiar más. 36.

Cuadro: Pintado con colores vivos presagia que sentirá gran pasión por alguien. De colores oscuros le aconseja que no se deje llevar por un mal sentimiento. Un cuadro antiguo augura que se encontrará con una amistad del pasado. 27.

Cuarentena: Advierte que alguno de la casa puede enfermar seriamente o recaer si ya está enfermo. La persona en cuestión ha estado cometiendo demasiados excesos. 16.

Cuaresma: Tendrá los recursos necesarios para ayudar a una persona que se encuentra en una delicada situación económica. La buena acción de hoy se convertirá en recompensa para el futuro. 45.

Cuartel: En un determinado momento de su vida se le presentará la oportunidad de hacer algo valioso por su país. 21.

Cubeta: Una cubeta llena simboliza la abundancia que lo rodeará en el futuro. Si está vacía, presagia falta de suerte y pobreza. Para bloquear el augurio se recomienda que consiga 17 hojas frescas de palma, las amarra con hilo verde y las coloca discretamente cerca del comedor de su casa. Hágalo sábado o domingo. 27.

Cubo: Se someterá a un encierro voluntario. 90.

Cucaracha: Un enemigo oculto quiere perjudicarle. Para neutralizar sus intenciones se aconseja que porte un poco de mirra en el bolsillo izquierdo o en la billetera. 87.

Cuclillas: No permita que el egoísmo frene su camino al éxito. 30.

Cuchara: Nunca faltará un plato de comida en su mesa. 8.

Cucharón: Trate de ser más sincero con alguien que le está ayudando. 70.

Cuchillo: Augura discusiones sin sentido. Si observa muchos cuchillos, presagia que será victima de una calumnia o una emboscada. 2.

Cuello: Alguien a quien usted ha subestimado le dará una gran lección. 12.

Cuento: Un sueño de muchos años se hará realidad. 26.

Cuerda: Avanza por el camino correcto y no debe prestarle atención a los comentarios mal intencionados que hará un falso amigo. 35.

Cuerno: Lleva una vida demasiado aislada de los demás. 74.

Cuernos: Sospechas de infidelidad. Descubrirá que su pareja no le ama lo suficiente. Necesitará valor y tiempo para salir de la confusión. 96.

Cuero: Indica carácter firme y justo. A las parejas de enamorados les predice que harán planes de boda. 56.

Cuerpo: Si está desnudo, actúe siempre con total honestidad. Un cuerpo robusto augura riqueza; uno esbelto vaticina una importante victoria; uno flaco o flácido señala que debe esperar un momento más propicio para llevar a cabo sus proyectos, especialmente si se trata de dinero. Un cuerpo obeso le aconseja que no deje todo para último momento. 18.

Cuestionario: Deberá superar una difícil prueba. Para quienes buscan trabajo el sueño predice que lo encontrarán en menos de diez días. 31.

Cueva: Tenga sumo cuidado porque alguien quiere ponerle una trampa. No confíe en nuevos conocidos, no hable sobre asuntos íntimos o delicados por teléfono y no comente sus planes con nadie. Tome en cuenta estas precauciones por lo menos en los próximos dos meses. 46.

Cultivos: Un aspecto planetario beneficiará enormemente su situación económica. 99.

Culto: Si asiste a un culto, presagia que conocerá a una persona que le ayudará a liberarse de la mala energía que le ha estado rodeando. 3.

Cultura: En pocos días se liberará de una gran responsabilidad. 68.

Cumbre: Alcanzará su meta más importante, pero antes tendrá que neutralizar a alguien que quiere bloquear su camino. 43.

Cumpleaños: Le viene un año de buena suerte tanto en el dinero como en el amor. También su salud estará mejor que nunca. 24.

Cuna: Debe proteger a un ser querido que está pasando por una angustiosa situación. A las mujeres recién casadas les predice embarazo. 15.

Cuneta: Aléjese de esa persona que le hace perder tiempo y dinero. 76.

Cuñados: Un familiar quiere aprovecharse de su situación económica. No permita que abusen de sus buenas intenciones. 58.

Cupido: Recibirá la mejor noticia en lo que va del año. A los solteros les pronostica un encuentro pasional. 22.

Cúpula: Se liberará de una persona que lo estaba oprimiendo. 19.

Cura: Encontrará alivio después de haber tenido una mala experiencia. 84.

Curandero: Hallará el remedio para curarse de un extraño mal. 20.

Curar: Le gusta ayudar al necesitado y cooperar con todo el mundo, sin embargo, ha estado olvidando de ayudarse a sí mismo. 40.

Currículum: En su horizonte se vislumbra un cambio favorable de trabajo o una importante promoción. Se le presentará una magnífica oportunidad. Aprovéchela porque de ello depende gran parte de su futuro inmediato. 16.

Curva: Está a punto de alcanzar su meta, pero antes deberá vencer la última prueba. 79.

Cúspide: Su futuro será mejor de lo que se ha imaginado, pero nunca se olvide de las personas que ahora le están dando una mano. 32.

Custodiar: Guarde en un lugar seguro sus documentos importantes y objetos de valor porque está corriendo el riesgo de extraviar algo. 21.

Cutis: Sano y hermoso augura que le abundarán buenas propuestas de trabajo. Opaco o pálido presagia que un cruel desengaño le ha deprimido. Un cutis grasoso predice que siempre aparentará menos edad. Si está reseco, le aconseja ingerir más vitaminas, especialmente E y B. Soñar que tiene el cutis marchito o enfermo señala que las preocupaciones no le dejan dormir. 5.

Chacal: No actúe guiado por un deseo de venganza, porque todo podría volverse en su contra. Reflexione y piense bien lo que va hacer. 31.

Chacras: Su organismo está bajo de energía y necesita limpiar su aura para sentirse mejor. Para hacerlo, consiga un litro de agua de mar, un litro de agua de río y uno de agua de lago. Luego mézclelos, deposítelos en un recipiente. Será necesario que la exponga tres horas a los rayos del sol y una hora a la luz de la luna. Al siguiente día use la mezcla como enjuague final después de bañarse. En un par de días se sentirá renovado y cargado de una energía nueva y vibrante. Si no puede conseguir uno de los tres tipos de agua, utilice agua mineral. Practique este ritual en luna llena. 58.

Chal: Llevarlo puesto augura que podrá disfrutar de lujos y comodidades. Si compra uno, predice casamiento con una persona importante. Si está roto o sucio, indica ruptura sentimental. 76.

Chaleco: No guarde su dinero en casa o lugares inseguros. Mejor deposítelo en el banco. Recuerde que más vale prevenir que lamentar. 95.

Chalupa: Sentirá una obsesión por alguien que no corresponderá a sus sentimientos. 48.

Champaña: Tendrá motivos para celebrar y sentirse feliz. 30.

Champiñones: Cometerá una indiscreción que le hará ganarse la antipatía de una persona rencorosa. 17.

Chance: No se de por vencido ante el primer tropiezo. Si alguien le pide una nueva oportunidad, augura que un desconocido le hará un gran favor. 83.

Chantaje: Se sentirá agobiado por las deudas. 52.

Chapa: Tenga cuidado con perder las llaves de su casa o con olvidar la llave de su auto adentro del mismo. Siempre cuente con un duplicado. 59.

Chaqueta: Anuncia la solución a un problema de índole familiar. 84.

Charco: Se acerca una crisis económica. Ahorre. 71.

Charla: Entre dos personas, se preocupará la penosa situación que atravesará uno de sus mejores amigos. Charla entre varias personas, será víctima de las malas intenciones de un farsante. Para evitar el augurio debe portar ocho trocitos de mirra en el bolsillo izquierdo durante nueve días. 77.

Charlatán: Una persona inescrupulosa quiere estafarlo tratando de venderle algo que funcionará solamente un par de días. 42.

Charro: Asistirá a un evento popular. 63.

Chatarra: No vale la pena llegar a una posición elevada, si antes tiene que pasar por encima de todo el mundo. 15.

Chatear: Tiene deseos de salir adelante, es inteligente y cuenta con una buena educación académica, pero le es difícil tomar una decisión y no le da oportunidad de encontrar nuevos horizontes. Reaccione. 45.

Cheque: Le pagarán lo que le deben. Recompensa del karma. 21.

Cheque sin fondos: Un falso amigo se comporta ante usted como un hermano, sin embargo, está esperando el momento para traicionarlo. 28.

Chicharrones: Comprará algo que no le servirá. 13.

Chile: Le viene un año de buena suerte. Prosperidad. 20.

Chimenea: Después de una época conflictiva y llena de problemas de toda índole, ahora le llega un ciclo de paz y abundancia para usted y toda su familia. Una chimenea encendida es augurio de riqueza. 70.

Chimpancé: Visitará un circo o un zoológico. 59.

Chinches: Buena suerte para todo tipo de juegos de azar, juegue a la lotería, participe en sorteos y rifas. Salga al encuentro de la buena suerte. 84.

Chino: Alégrese porque tendrá la oportunidad de concretar un magnífico negocio. 3.

Chiquillo: Está delegando responsabilidades que son suyas. Ya tiene suficiente edad para ser más independiente. No se refugie en los brazos de otra persona. 18.

Chisme: Presenciará una discusión o un pleito en el cual no deberá intervenir por ningún motivo. 36.

Chismoso: No juzgue a la ligera. Vea las cosas más profundamente y se dará cuenta que ha cometido un gran error. 25.

Chispa: En lugar de lamentarse por su actual situación, ponga su ingenio a trabajar y verá como sus asuntos comienzan a mejorar. Muévase. 28.

Chiste: Viva su vida con optimismo. Recuerde que hasta de las situaciones más caóticas siempre se saca algo positivo. 5.

Chivo: Sufrirá un cruel desengaño. 0.

Chocolates: Verlos, habrá paz en el hogar. Beberlo, viene una etapa feliz, con incentivos y logros económicos. Si los ofrece, le harán una propuesta inusual. Si se los obsequian, buena suerte con el sexo opuesto. 11.

Chofer: Augura un futuro estable. Si se observa como chofer, indica que su vida cambiará de rumbo en menos de un año. 9.

Chorizo: Verlos anuncia que le vienen gastos imprevistos. Hacerlos predice que iniciará un próspero negocio o una pequeña empresa. A los jóvenes les augura que vivirán una gran pasión. A las personas de edad avanzada les pronostica que se aliviarán de una enfermedad. 90.

Chorro de agua: Encontrará la suerte por medio de una labor social. 7.

Choza: Si sigue perdiendo el tiempo enfrentará la pobreza y el rechazo de los demás. Si está iluminada, augura que deberá cambiar de domicilio. 13.

Chuleta: Se está dejando llevar por la gula. Debe comer menos y hacer más ejercicio. 40.

Chupa cabras: Entre sus conocidos, uno de ellos tratará de involucrarlo en un negocio ilícito. Tenga mucho cuidado y evite a esa persona. 13.

Chupete: No se involucre con gente vulgar porque se verá afectado moral y socialmente. 43.

Churro: No se comprometa a realizar labores que no va a poder desempeñar con satisfacción. Todavía está a tiempo de retractarse. 54.

Dados: Buen momento para hacer apuestas y jugar a la lotería. La buena fortuna en los juegos de azar le acompañará durante un mes. 33.

Daga: Cuídese de caer en la trampa de sus enemigos. Si alguien trata de herirlo con una daga y no puede, triunfará ante cualquier prueba. 71.

Dama: Una mujer influyente le ayudará a llegar un cargo importante. 50.

Damas: Si juega a las damas y pierde, indica que no está calculando bien sus proyecciones económicas. Si gana, predice que recuperará una cantidad de dinero que daba por perdido. 63.

Dandy: A una mujer le augura que un hombre la despreciará. A un hombre le advierte que una mujer pretenderá sacarle dinero. 22.

Dañar: Si le causa daño a alguien, indica que se deja llevar por lo que dicen los demás. Si alguien le daña, augura que una persona a quien usted ofendió quiere vengarse de una manera cruel. 45.

Danza: Cometerá un error que le costará dinero. 38.

Dardo: Se enterará que un amigo se ha expresado mal de usted. 32.

Dátiles: Si están en la mata, anuncian la llegada de tiempos mejores. Si los come o los corta, auguran incremento de la potencia sexual. Si están verdes, predicen que le viene una gran oportunidad dentro de dos años. 82.

Debilidad: Padecerá una corta enfermedad. 98.

Debut: Observar un debut presagia que gente interesante llegará a su vida. Si es usted el debutante, le vaticina que tendrá éxito en una nueva actividad laboral. 62.

Decepción: Es probable que se comprometa sentimentalmente con alguien a quien no ama. 41.

Decidir: Aprenda a decir no, de lo contrario nadie lo respetará. 26.

Declamar: No le cuente a nadie lo que le está pasando porque será motivo de burla. 9.

Declaración: Si es favorable, augura suerte en los negocios. Si es desfavorable, le advierte sobre una posible pérdida material. Si es así, coloque siete tréboles debajo de su cama durante siete días y podrá evitar el augurio. Hágalo el día martes. 40.

Decorar: Está haciendo especulaciones demasiado fabulosas. Ponga los pies en la tierra. 4.

Dedal: Revise bien sus cuentas porque tratarán de cobrarle un servicio que usted no utilizó. 19.

Dedos: Limpios y sanos, se verá libre de preocupaciones por largo tiempo. Sucios o dañados, con la familia y desajuste financiero. Si tiene más dedos de lo normal, se asociará con otras personas. Si los observa heridos o quemados, vaticinan la pérdida de un amigo. 15.

Defecar: Su situación económica mejorará notablemente. 8.

Defensor: Alguien le pedirá dinero prestado. 61.

Deficiencias físicas: Augura el fallecimiento de un conocido. 66.

Deformidades: Si actúa con ira, se arrepentirá para siempre. 43.

Degollar: Le pondrá punto final a una situación injusta. Si lo degollan en el sueño, le advierte que debe cuidarse de una enfermedad crónica. 88.

Deidad: Se sentirá muy atraído por la religión. Será testigo de un suceso sorprendente. 30.

Delantal: Vivirá una etapa confusa y no sabrá qué camino tomar. Busque el consejo de personas que tienen mayor experiencia. 74.

Delegado: Tendrá que resolver un delicado asunto legal. Asesórese por una persona competente. 94.

Delfín: Indica la nobleza de un buen amigo. Para los que están libres, recibirán la llegada del verdadero amor. 1.

Delgadez: No permita que los comentarios mal intencionados afecten su autoestima. 81.

Delincuente: Una persona trepadora quiere quedarse con lo que es suyo. No le preste su auto a nadie porque se lo devolverán en mal estado. 90.

Delirar: No siga sufriendo por la amarga experiencia que vivió. Recuerde que la vida tiene que continuar. Dése ocho baños con agua de lavanda y verá como en pocos días se siente mejor. 20.

Delito: No se comporte injustamente con la persona que más le ha ayudado. Tiene que agradecer algunos favores. 52.

Demanda: Ganarla augura la solución a sus problemas. Presentarla, no contraer deudas que después no podrá pagar. Perderla predice que lo traicionará una persona en la que usted confiaba ciegamente. 97.

Demencia: Atravesará por dos semanas de mala suerte. Lave sus manos y su cara con agua bendita durante tres días consecutivos. Así evitará que algo malo le suceda. Comience al día siguiente de haber tenido este sueño. Hágalo antes de acostarse. 99.

Dentista: Pida ayuda para solucionar una situación que se le ha escapado de las manos. No sea negligente y acepte que se ha equivocado. 10.

Denuncia: Si la hace, le decepcionará la actitud injusta de un familiar. Si es denunciado, señala que un falso amigo intentará desmoralizarlo. 53.

Departamento: Quizás tenga que cambiar de trabajo o de residencia. 17.

Deportación: Enfrentarla, debe analizar conscientemente el rumbo que tomará su vida, porque podría estar a punto de cometer un grave error. 83.

Deportes: Estos sueños están relacionados con la vida social, el romanticismo, el dinero, los viajes y otros aspectos importantes de la vida. Por ejemplo, el fútbol es augurio de superación y buena suerte en actividades comerciales. El básquetbol se asocia a la satisfacción sexual. El automovilismo augura suerte en apuestas y ganancias extras. La natación vaticina buena salud. El polo predice la realización de un viaje. El patinaje señala la necesidad de ir en busca de aventuras sensuales. El tenis le aconseja ser puntual y directo en todas sus citas. La cultura física le anima a llevar una vida más saludable. El ciclismo presagia un cambio en su estilo de vida. La lucha libre indica que está siendo brusco cuando trata a los demás. El alpinismo señala que se puede comprometer en una situación peligrosa. Si está esquiando, tendrá las mejores vacaciones en años. Si observa o es parte de una pelea de box, alguien quiere dañar su imagen. Vivirá noches inolvidables junto al ser amado. La gimnasia vaticina la solución de un grave incidente relacionado a las finanzas. Si es ganador, indicará triunfo; si es perdedor, recibirá una mala noticia o tendrá que enfrentar retrasos y todo tipo de obstáculos. Si se observa como fanático, se deja llevar por sus pasiones y eso podría causarle problemas desagradables. Si es espectador, vivirá momentos emocionantes. 11.

Deportista: Un amigo le dará el consejo que usted necesita en este momento de su vida. Escúchelo y póngalo en práctica. 89.

Depósito: Evite utilizar lo que le van a regalar porque ello trae una mala intención. 47.

Depravación: Ha hecho amistad con una persona que no le conviene para nada. Aléjese cuanto antes. 29.

Depresión: Su vida en este momento es un completo desorden, tiene que organizarla y fijarse metas productivas, de lo contrario se quedará estancado y enfrentará una serie de frustraciones. Despierte de ese mal sueño. 31.

Derrame: Se siente feliz con lo que hace, pero si quiere ganar más dinero deberá buscar otra ocupación más rentable. 54.

Derretir: Si observa que algo se derrite, indica que alguien le confesará que lo ama. 35.

Derrochar: Tendrá que renunciar a una actividad que le hará perder tiempo y dinero. 93.

Derrota: Atravesará por una crisis económica. Si derrota a alguien indica éxito en un negocio arriesgado. 72.

Derrumbe: Está en peligro de perder dinero, propiedades o pertenencias valiosas. No tome ninguna decisión definitiva, ni firme documentos legales o acuerdos comerciales en el lapso de tres meses. Debe analizar con detenimiento cada paso que va a dar. Para prevenir cualquier situación negativa, rece el salmo 19 durante diez días consecutivos. 13.

Desafío: Presagia rivalidades con familiares o pleitos con amigos. 36.

Desagüe: No busque en los vicios el escape a sus problemas, con ello sólo empeorará su situación. 73.

Desalojo: Abra bien los ojos porque alguien quiere despojarlo de lo que es suyo. Un competidor desea quitarle su trabajo. 56.

Desamparado: Ver a un desamparado augura que su sentido de humanidad será puesto a prueba. Si el desamparado es usted, predice que le será negado el favor que solicitó. 48.

Desaparecer: Algo o alguien negativo se alejará de su vida del todo. 39.

Desastres naturales: Corre algún tipo de riesgo físico, psicológico o económico. En un enferma puede indicar que su situación empeorará si no se cuida. A los comerciantes les advierte que no hagan ningún negocio de mucho dinero. A personas de edad avanzada les aconseja tener máximo cuidado en sus desplazamientos porque podrían sufrir un accidente. También se aconseja no entablar ningún litigio judicial, por lo menos durante los próximos dos meses. A los casados, vivirán una crisis que los puede llevar al divorcio. A los jóvenes, deben evitar tener relaciones íntimas con personas que acaban de conocer porque pueden contraer una cruel enfermedad. Si alguien necesita una operación, se aconseja que pida una segunda y tercera opinión médica antes de tomar una decisión definitiva. A los motociclistas, tengan cuidado al conducir. Es un llamado de advertencia en general. Actúe con cautela. Espere un momento más propicio para llevar a cabo actividades y planes. Tome precauciones en los próximos tres meses. 85.

Desayuno: Recibirá una noticia que le alegrará el día. 96.

Descalzo: Sentirá que nada en su vida tiene sentido. Esto sucede porque necesita darle un nuevo rumbo a su existencia. Todavía está a tiempo de comenzar una nueva vida y ser feliz. 70.

Descansar: Se sentirá indispuesto por un par de días. 64.

Descender: Manténgase al margen de problemas que no son de su incumbencia. A una mujer embarazada le presagia que tendrá algunas complicaciones en los dos últimos meses de gestación. Si desciende de una montaña, predice quebranto en la salud. 67.

Descifrar: Una persona justa y comprensiva le ayudará a salir de una penosa situación económica. 42.

Desconfianza: Augura pesares causados por parientes. Si alguien desconfía de usted, indica la honradez de un colaborador. 55.

Desconocidos: Si únicamente los observa, le advierte a no prestar dinero u objetos personales porque no le serán devueltos. Si habla con ellos, augura el inicio de una gran amistad. Tener tratos o relaciones amorosas con ellos indica que deberá enfrentar un acontecimiento imprevisto. 16.

Desconsuelo: Deterioro de una relación por falta de amor. Problemas en el trabajo a causa de un desafortunado descuido. 32.

Descubrir: En cuestión de tres meses su vida dará un giro inesperado. Recuerde que no hay mal que por bien no venga. 75.

Desdicha: Llegó el fin de una de las etapas más duras de su vida. Todo comenzará a marchar por buen camino. 93.

Deseos: Debe ser más paciente. Las cosas que tardan en llegar duran más, especialmente las relacionadas con el amor. 69.

Desembarcar: Querrá huir de las consecuencias de sus actos. 0.

Desempleo: Si está desempleado, se verá afectado por una crisis económica que ocurrirá en varios lugares. Si el sueño persiste más de dos veces, le convendría hacerse una limpieza porque augura que le sobrevendrán graves problemas financieros. Tome un huevo blanco y páselo por todo su cuerpo desnudo, rezando al mismo tiempo un salmo bíblico. Al finalizar lo quiera y lo deja ir en el baño. Hágalo el día martes al mediodía. 45.

Desengaño: Tendrá un día cargado de dificultades e imprevistos. 79.

Desenterrar: Retornará una situación que quedó inconclusa hace algunos años atrás. Vuelve alguien del pasado. Visitará un lugar al que no había ido en años. 100.

Desertar: Gasta más de lo que debe. 80.

Desertor: Noticias de alguien que se marchó sin dar explicaciones. 61.

Desesperación: Entre más desesperado se observe, mayor será la buena suerte que le espera. Si observa a alguien desesperado, predice que ayudará a uno de sus amigos a salir de un problema. Ver desesperado a un ser querido augura felicidad para él. 24.

Desfalco: Si es víctima de un desfalco, presagia que hará una mala inversión. Cometer un desfalco augura que tratarán de venderle un objeto de dudosa procedencia. 58.

Desfile: Será criticada su manera de proceder. A los novios y casados les predice celos causados por la intriga de una tercera persona. 95.

Desgracia: No se deje sugestionar por una persona que le hará una trágica predicción, porque detrás de ese augurio se esconderá un interés monetario. Ver a otros en desgracia presagia buenas noticias para ellos. 76.

Deshidratado: Observarse deshidratado en el sueño indica que tiene una deficiencia de vitamina C en su organismo. 4.

Deshielo: Buenas nuevas respecto a dinero, trabajo y negocios. 91.

Desierto: Mal augurio. Predice conflictos, escasez económica y problemas sociales. Para neutralizar su efecto se recomienda quemar siete clases de incienso durante siete días consecutivos, hacerlo en el orden siguiente: incienso de iglesia, mirra, sangre de dragón (nombre de una hierba), sándalo, copal, pino y ámbar. Comience el día martes al mediodía. 40.

Desilusión: Feliz presagio para los enamorados. Vienen grandes cambios para los casados. 7.

Desinfectar: Resolverá un lío familiar. Para los enfermos es curación. 21.

Deslizarse: Cumplirá la meta de ser su propio jefe. Augura que le vienen buenas ganancias. 34.

Desmayo: Augura que visitará a un enfermo. 84.

Desnivel: Discutirá con un amigo o colaborador. No se deje imponer ideas poco realistas. 28.

Desnudez: Pasará una vergüenza debido a su imprudencia o falta de carácter. Si ve desnuda a otra persona augura que descubrirá una intriga que fue fraguada en su contra. 2.

Desnutrición: Debe economizar al máximo porque le viene un gasto inesperado. Se trata de una buena suma de dinero. 22.

Desobedecer: No crea que siempre tiene la razón. Reflexione porque está a punto de cometer una gran injusticia. 42.

Desorden: Promoverlo augura insuficiencia de ingresos para cubrir todos sus gastos. Contemplarlo predice que será testigo de la promiscuidad de alguien que le interesaba sentimentalmente. 49.

Despedazar: Habrá disgustos familiares por causa de una propiedad. Discutirá con un ser querido. 77.

Despedida: Le viene una época de avance económico, pero antes deberá resolver un complicado asunto legal. 58.

Despedida de soltero: Encuentro pasional inolvidable. 96.

Despensa: Tendrá suficientes recursos para comprar un inmueble. 78.

Despertador: Prepárese físicamente para una semana agotadora. 90.

Despertarse: Se dará cuenta de quienes son las personas que valen la pena y quienes son aquellos que sólo buscan sacar algún provecho de su persona. 68.

Desprecio: Si lo hace, augura que se ha estado comportando de una manera egoísta y poco razonable. Si le desprecian, predice que alguien le devolverá un favor. 46.

Destacar: Sin lugar a dudas logrará todo lo que se ha propuesto. 18.

Destino: Negocios que fueron malos o que estuvieron estancados, comenzarán a marchar por buen camino a partir de este día. 25.

Destitución: Una persona de baja esfera quiere provocar un escándalo en su contra. 4.

Destreza: Buenos cambios económicos. Adquisición de bienes materiales. 3.

Destrucción: Le viene un mes cargado de problemas en el trabajo, además padecerá una corta enfermedad. Para bloquear el augurio se recomienda que vista totalmente de blanco un día domingo. 13.

Desvelo: No gaste tiempo y dinero en actividades que no le atraerán nada bueno. 57.

Desvestirse: Un amigo en quien confía, le está traicionando a sus espaldas. La persona en cuestión viste generalmente con colores oscuros. 40.

Desvío: Sufrirá una crisis emocional que le hará cambiar radicalmente su estilo de vida. Debe abrirse a una nueva oportunidad. 35.

Detective: Antes de intervenir en problemas ajenos, resuelva los suyos. Debe ayudarse a sí mismo para que pueda ayudar a los demás. 62.

Detector de metales: Dedicándose a un solo objetivo logrará alcanzar lo que desea. 33.

Deterioro: Observarlo augura penas causadas por alguno de la familia. Padecerlo vaticina que tendrá que hacer varias visitas al médico. 90.

Detonación: Debe alejarse de sitios y gente peligrosa. 20.

Deudas: Si tiene muchas deudas, llegará a sus manos una buena suma de dinero con la que no contaba. Si le deben, le aconseja no hacer el favor que le han solicitado porque al final todo saldrá mal. Si alguien se niega a pagarle, le aconseja no hacer compras o inversiones en el lapso de un mes. Si le cobran, vaticina que deberá hacerle reparaciones a su auto. 38.

Devolver: Recuperarea algo que le pertenece. No vuelva a prestar dinero. 23.

Devoción: Antes de tomar una importante decisión familiar debe escuchar la opinión de todos para así evitar futuros conflictos. 67.

Día: Si sueña con la luz del día le augura un feliz pronóstico respecto al amor y al dinero. 2.

Diabetes: Trate de vivir más saludablemente y deje ese vicio porque le puede provocar una seria enfermedad. 96.

Diablo: Alguien se nos acercará para tratar de involucrarnos en actividades inmorales o ilícitas. No se deje deslumbrar por una propuesta económica que no es legal. Debe rechazar la tentación o lo lamentará. 24.

Diadema: Su altruismo será reconocido y admirado. 59.

Diagnóstico: Sentirá nostalgia por estar lejos de su ambiente habitual. Muy pronto podrá hacer el viaje que desea. Un diagnóstico de gravedad presagia que enfermará un pariente o un amigo. 16.

Dialecto: Es muy probable que decida estudiar y aprender otro idioma. Se inclinará por la música y la cultura de otros países. 60.

Diamante: Inmejorable augurio de buena suerte. Se aclaran todos sus caminos. Será feliz. 8.

Diario: Será positiva la respuesta esperada. Llega una gran noticia. 78.

Dibujar: Peligra la buena relación entre usted y un amigo. 93.

Dibujo: Debe ser más leal y sincero consigo mismo. No se siga engañando con falsas expectativas. 52.

Diccionario: Se verá atribulado por muchas presiones y compromisos. Para mejorar su situación, suba descalzo cinco peldaños de una escalera un día jueves y permanezca allí por 21 minutos. 27.

Dictador: No deje que se imponga la voluntad de otra persona. Alguien quiere convertirle en un ser sumiso, incapaz de tomar sus propias decisiones. 32.

Dicha: Observarse dichoso en un sueño augura que le vienen tres años de buena suerte. 95.

Dientes: Limpios y sanos auguran buena salud para toda la familia. Sucios y descuidados, augua enfermedad para un pariente. Si se le caen, presagian una pena en la familia. Si son más largos de lo usual, predicen que será dueño de una propiedad. Si son implantes dentales, saldrá bien de una futura operación. Si sueña que se lava los dientes, al siguiente día recibirá una llamada telefónica que le producirá enfado. 25.

Dietas: Ámese a sí mismo para poder amar a los demás. Si está obsesionado con las dietas, indica angustia y desespero. Si hace una dieta con frutas, meditación o la luna, revitalizará todo su organismo y llegará a lucir como siempre ha querido. 31.

Diezmo: Le obsequiarán una antigüedad. 46.

Dificultades: Debe estar preparado para vencer un obstáculo financiero que se avecina. 4.

Difunto: Asistirá a un servicio funerario. 27.

Diluvio: Si ve un diluvio, se verá afectado por un cambio en la política de su país. Soñar con el diluvio de Noé predice que tendrá recuerdos de una vida anterior. Morir en un diluvio, será atacado por un virus. Si sobrevive al diluvio, vaticina que logrará alcanzar su máximo sueño. 55.

Dimensión: Si sueña que se encuentra en otra dimensión indica que se sentirá atraído por una religión o culto alternativo. 12.

Dinamita: Augura incremento en la actividad sexual. 39.

Dinero: Contarlo significa una ganancia extra. Perderlo es tristeza o pérdida del empleo. Si encuentra dinero perdido, juegue a la lotería utilizando los primeros números que observe al salir a la calle. Enviar dinero, se le multiplicará por tres la cantidad que observó. Si lo observa y no lo toca le aconseja que no deje ir la gran oportunidad que se le presentará. Recibir dinero augura que en el futuro heredará de un pariente. Robar dinero presagia que le será difícil pagar una deuda. Si regala dinero, indica que está desperdiciando lo que más adelante le hará falta. Si le regalan dinero, contará con una suerte extraordinaria durante las próximas tres semanas. 88.

Dinosaurio: Deje atras épocas pasadas. Tampoco viva de recuerdos. Sea realista en este mundo moderno y viva la actualidad, conozca gente nueva y busque la felicidad en las cosas sin complicaciones. 1.

Diócesis: Alguien de la familia se dedicará a la vida religiosa. 37.

Dios: Su pureza de espíritu será recompensada con una gran bendición. 42.

Diosa: Una mujer mucho mayor se convertirá en su benefactora. 17.

Dioses mitológicos: Hermes y Afrodita auguran buenas nuevas. Apolo, Vulcano y Artemisa presagian buena salud. Ares vaticina encuentros pasionales. Prometeo predice un cambio de ciento ochenta grados en su estilo de vida. Cronos anuncia que vienen preocupaciones y duras lecciones. Zeus es augurio de victoria. Poseidón revela que se descubrirá algo que estuvo oculto por mucho tiempo. Hades marca el final de una época y le abre la puerta a una mejor etapa. Vesta trae una bendición al hogar. Ceres predice aumentos, reconocimientos, nuevas oportunidades y cosecha. Baco es augurio de fiestas, celebraciones, bebidas, vicios y carnavales. Juno presagia la aparición de alguien que cambiará su vida para siempre. Minerva es sinónimo de inteligencia, sabiduría y constancia. Palas augura protección, dignidad, fuerza de voluntad, vencimiento de obstáculos y la llegada de un pariente. 11.

Diplomáticos: Entablará buenas relaciones con gente extranjera. 23.

Diputado: Le harán una promesa que no se cumplirá por completo. 7.

Director: Llegará la tranquilidad después de un día difícil. 90.

Directorio telefónico: Una falsa apariencia podría hacerle perder una suma considerable de dinero. 43.

Disco: Recuerdos del pasado le harán vivir días de nostalgias. 61.

Disco compacto: Reconciliación. Se aclararán los malos entendidos con amigos y familiares. 8.

Discoteca: Ha trabajado mucho durante un largo período y ahora su organismo le está pidiendo un descanso merecido. 65.

Discriminación: Si es discriminado, sufrirá injusticias laborales y sociales. Si discrimina, deberá pedir perdón por una falta cometida contra un inocente. No se deje influenciar por las recomendaciones de los demás. 99.

Disculpa: Alguien que fue su adversario en el pasado se convertirá en uno de sus más fieles colaboradores. 44.

Discurso: Cuidado al cometer actos que puedan revertirse en su contra. 4.

Discusión: Augura larga vida y la llegada de tiempos mejores. 60.

Disecar: Peligro de ruina económica. 0.

Diseñador: Se ha obsesionado con los bienes materiales. Esto no trae la felicidad. Aquello sin valor monetario, es lo más valioso de la vida. 1.

Disfraz: No trate de vengarse de la persona que le dañó. Deje que la ley del karma cumpla su misión y así no saldrá afectado. 74.

Disparar: Vivirá episodios lamentables en su seno familiar. 13.

Diván: Se interesará sentimentalmente por una persona que está comprometida. 56.

Diversiones: Detenga la vida disipada. Si no decide cambiar de hábitos, la soledad y la pobreza se harán presentes antes de lo que imagina. 31.

Divinidad: Este sueño le augura éxito en todo lo que se proponga. 9.

Divorcio: A los casados les aconseja no creer las intrigas que tramará una tercera persona. A las parejas les advierte que alguien quiere separarlos. A los solteros les anuncia la desintegración de un grupo de amigos. Si el sueño persiste más de dos veces, es augurio de infidelidad por parte de su pareja. 2.

Doctor: Platicar con un doctor augura contratiempos menores con la salud. Consultarlo en una clínica u hospital presagia que alguien cercano a la familia enfermará. 54.

Documentos: Si firma documentos legales, presagia que obtendrá lo que ha solicitado. Si observa documentos, augura que una persona sin escrúpulos tratará de enredarlo en un negocio ilícito. Si lee documentos, predice que recibirá correspondencia con noticias poco gratas. 0.

Dolor: Padecer dolores es augurio de serios problemas financieros. Para mejorar su situación encienda tres velas azules una hora al día durante dos semanas consecutivas. Hágalo al mediodía o a media noche. 9.

Domesticar: Una persona ambiciosa, quiere sacar provecho económico de su amistad. 69.

Domingo: Posponga sus proyectos para la siguiente semana. 89.

Dominó: Si gana, tendrá la confianza de una persona influyente. Si pierde, se verá envuelto en una desagradable discusión. 64.

Donación: Si hace una donación, indica que le viene una época de bonanza económica. Recibir donaciones, señala que en este momento existe una persona que necesita de su ayuda monetaria. Enviar una donación presagia éxito en un arriesgado proyecto. 84.

Donación de órganos: Cualquier sueño relacionado con donación de órganos augura el fallecimiento de alguien cercano. 86.

Doping: Será testigo de un escándalo en su centro laboral. 41.

Dormir: Retrasos y contratiempos. Si duerme y se despierta en el sueño, alcanzará la meta deseada. Si duerme junto a un desconocido, desconfíe de alguien a quien conoció hace poco. Si observa a un bebé durmiendo, son buenas noticias. Si está dormido y no puede despertar, el sueño le aconseja hacerse un chequeo médico con la mayor brevedad posible. 30.

Dormitorio: Si está limpio y ordenado augura tranquilidad y buena suerte. Lo opuesto si está sucio o en desorden. 99.

Dote: Infelicidad en el matrimonio. Piénselo bien antes de casarse sin amar a su futuro cónyuge. 65.

Dragón: Si es persistente y luchador(a), logrará vencer las pruebas difíciles que está enfrentando. Recibirá la ayuda inesperada de una persona que apenas conoce. 81.

Drenaje: No es buen momento para hacer inversiones o compras que envuelven sumas considerables de dinero. No haga ese negocio porque no saldrá bien. 4.

Drogas: Enfrente sus problemas en lugar de evadirlos. Si compra drogas, augura que los remordimientos no lo dejan vivir en paz. Si las consume, indica que su forma de proceder lo está convirtiendo en su propio enemigo. Si trafica con ellas, el sueño le advierte que alguien muy cercano a usted está envuelto en negocios sucios. 17.

Drogadicto: Si es otra persona, predice que un familiar le causará graves problemas. Si es usted, cuídese de tener conflictos con la ley. 63.

Dromedario: Sea humilde y deje a un lado los prejuicios y la prepotencia. 82.

Ducha: Su buena suerte se centrará en el inicio de un proyecto entre varias personas. Cualquier acuerdo comercial debe hacerse por escrito, así evitará futuros conflictos. 19.

Dudar: Alguien desea utilizarle para causar un perjuicio a otra persona, haciéndola sentir mal. No crea en la intriga que le van a contar. 92.

Duelo: Envidia y celos de una persona frustrada. Porte en su billetera una pequeña cinta roja y de esa manera logrará alejarla de su camino. 83.

Duende: Aléjese de personas que son como aves de mal agüero. 11.

Dulce: Un presagio feliz para los enamorados. También predice la llegada de tiempos mejores. 61.

Dulcería: Los que no tengan pareja la encontrarán en menos de dos meses. Una buena persona le hará olvidar viejas amarguras. 91.

Dúo: Tendrá dos buenas oportunidades que le harán ganar dinero. 31.

Dureza: Por difícil que sea su situación, no de ni un paso hacia atrás. Con paciencia vencerá el grave problema que le está quitando el sueño. 10.

Ebanista: Es augurio de un lento progreso en las finanzas. 11.

Ébano: Le hará sentir mal la actitud injusta de un pariente. Algunos roces familiares le harán sentirse culpable. 90.

Ebrio: Soñarse ebrio augura que le vienen ocho semanas de buena suerte. Le conviene estar alerta a las oportunidades. 17.

Eclipse: Si es de sol, es la llegada de buenos tiempos. Si es de luna, corre el riesgo de contagiarse de una enfermedad. Si el sueño persiste por varios días, saldrá airoso de la crisis económica que ha sufrido por largo tiempo. 32.

Eco: Antes de tomar esa importante decisión, escuche la voz de su yo interno. No se deje llevar por el primer impulso. 45.

Edad: Tener la misma edad vaticina falta de novedad en su vida sentimental. Ser mayor augura penas y problemas que pronto aparecerán en su camino. Ser más joven predice que algo nuevo y fascinante llegará a su vida en los próximos cuatro meses. 41.

Edificar: Vivirá libre de preocupaciones económicas cuando llegue a la tercera edad. 7.

Edificio: Si ve o entra en un gran edificio, anuncia progreso en todos los sentidos. Un edificio en construcción le augura dos años de trabajo arduo. Si observa un edificio en ruinas o deshabitado, predice malos negocios, pérdidas materiales y decisiones poco acertadas. Si sueña con edificios derrumbados, presagia que será testigo de un temblor. 3.

Editar: Llegará una buena oportunidad de trabajo en un mes. 88.

Editor: Debe perfeccionar sus habilidades laborales porque tendrá que enfrentar a un fuerte competidor. 6.

Editorial: Sufrirá un gran tropiezo antes de alcanzar la meta propuesta. 12.

Educar: Si tiene un caso legal, despreocúpese porque la justicia estará de su parte. Si este sueño persiste en un niño, indica que en el futuro será maestro. A un maestro le augura tensiones causadas por un alumno problemático. A una mujer embarazada le predice que tendrá un hijo con inteligencia superior. 57.

Efervescencia: Triunfo profesional. A los comerciantes les augura la expansión de sus negocios. A una niña le predice que se casará antes de cumplir veinte años. A los artistas les presagia una época de fama y fortuna. 8.

Egoísmo: Ahorre bastante porque vienen tiempos difíciles. 90.

Ejecución: Soñar con una ejecución augura que salvará a uno de sus seres queridos de un gran peligro. 1.

Ejecutivo: Iniciará su propia empresa. 54.

Ejército: Este sueño presagia que siempre encontrará una mano amiga cuando se encuentre en problemas. Un ejército victorioso predice que vencerá futuras adversidades. Un ejército vencido le aconseja cuidar sus posesiones al máximo porque alguien está planeando robarle. Pertenecer al ejército es augurio de larga vida. 71.

Elástico: Observar un elástico indica que sus egresos se incrementarán . Trate de pagar lo que debe antes que se encuentre en un callejón sin salida. 62.

Elección: No crea en la promesa que le harán porque no se cumplirá. 79.

Elector: Alguien tratará de envolverlo en actividades que lo pueden perjudicar ante la ley. Aléjese de ese mal amigo. 53.

Electricidad: Cuidado con obsesionarse sentimentalmente por una persona que ya está comprometida. Si lo hace, su vida se volverá un infierno. Si recibe una descarga eléctrica, el sueño le aconseja que no suba al auto de personas que manejan bajo la influencia del alcohol o drogas. 66.

Electricista: Necesita encontrar la forma para ganar más dinero. Si el electricista es otra persona, recibirá una llamada telefónica desagradable. 40.

Electrocutar: Tenga cuidado porque corre el peligro de sufrir un asalto a mano armada. Para neutralizar el augurio, coloque nueve semillas de limón en una pequeña bolsa de color rojo y pórtela en el bolsillo izquierdo o la billetera durante un mes. 9.

Electrólisis: Sea original. Pare la idea de querer parecerse a alguien más. 38.

Elefante: Cualquier sueño en el que observe uno o varios elefantes es augurio de éxito, buena salud, prosperidad y abundancia. Si sueña con elefantes y sus crías es anuncio de siete años de buena suerte. Si observa una manada de elefantes, predice que podría ganar un premio si juega a la lotería. Está en el mejor momento para hacer apuestas y ganarlas. 88.

Elegancia: Mejore su aspecto y presencia y verá cómo se le abren las puertas de mejores oportunidades. 34.

Elixir: Le viene una racha de buena suerte que le ayudará a subir de nivel económico y social. 77.

Elogiar: Si elogia a alguien, predice que le será negado un favor. Si lo elogian, augura que no le devolverán algo de su propiedad que un amigo le pidió prestado recientemente. 30.

Embajada: Este sueño augura que deberá hacer un viaje de emergencia por motivos familiares. 20.

Embajador: Corre el peligro de ser engañado por un estafador que se escuda bajo la doctrina de una religión alternativa. 13.

Embalsamar: Asistirá a un servicio funerario y le dará el pésame a un amigo que perdió a un familiar cercano. 45.

Embarazo: Las mujeres que sueñen estar embarazadas se verán favorecidas económicamente. Si un hombre sueña que ha embarazado a una mujer diferente de su esposa o novia, el sueño le aconseja que evite la promiscuidad porque corre el peligro de contraer una enfermedad incurable. Una mujer joven que tenga este sueño con frecuencia debe prepararse porque será madre aunque no lo haya planificado. Para las personas que se dedican al comercio el sueño augura la realización de un gran negocio. Si se tiene este sueño días antes de contraer matrimonio, es augurio de dicha y felicidad para la pareja. 99.

Embarcación: Si navega en aguas claras y tranquilas, augura el inicio de una relación amorosa o matrimonio a la vista. En aguas tempestuosas, predice problemas con la ley. En aguas turbias, le advierte que se cuide de un padecimiento intestinal. 31.

Embarcadero: Tendrá que enfrentar la actitud injusta de una persona que cree poder arreglarlo todo con dinero. 65.

Embargo: Si sus bienes son embargados, corre el peligro de hacer un pésimo negocio o de firmar un contrato engañoso. No haga ningún movimiento económico sin antes consultarlo con un experto. Si embarga los bienes de otra persona, alguien se quedará con algo que es suyo. 58.

Embellecer: Una persona que recién acaba de conocer le ayudará a salir de una difícil situación. Si es otra persona la que embellece, indica que puede confiar en su mejor amigo. 23.

Embolia: No pierda la cordura por una persona que no lo merece. 12.

Emboscada: Alguien le envía mala energía. Para protegerse coloque debajo de su cama un recipiente con agua bendita y le añade dos trozos de alcanfor. Déjelo allí durante una semana, pasada la semana tire el agua en el baño, lave el recipiente con jabón y sal. Repita la operación durante cuatro semanas consecutivas. 61.

Embriagarse: Le falta iniciativa para salir adelante. Busque su camino hacia el éxito y la felicidad y no siga torturándose por una mala experiencia que le ocurrió en el pasado. 41.

Embrión: Augura que perderá un documento importante. Deberá realizar el mismo trámite dos veces. 53.

Embrujar: Cualquier sueño relacionado con embrujos le advierte que desconfíe de una persona que se muestra demasiado generosa con usted. Detrás de esa generosidad se esconde un negro propósito en su contra. 4.

Embudo: Deberá renunciar a una actividad laboral que le dejará más pérdidas que ganancias. 33.

Emergencia: Si sueña que tiene una emergencia y puede solventarla, augura que logrará esquivar un obstáculo financiero mayúsculo. Si le sucede una emergencia en la calle, será acusado injustamente por algo que usted no cometió. Si tiene una emergencia médica, presagia que habrá un enfermo en la familia. 12.

Emigrar: Si emigra a otro país, indica gran insatisfacción. Cambie su estilo de vida. Si emigra y es detenido o perseguido por oficiales de inmigración, atravesará por una situación económica apremiante. Si emigra y se observa próspero y feliz, la dicha y la buena fortuna pronto llegarán. 54.

Empalagarse: Se dará cuenta que ya no ama a su pareja. Perderá interés en un proyecto que tenía en mente. 6.

Emparedar: Predice que sus familiares más cercanos actuarán como sus peores enemigos. 0.

Empeñar: Si sueña que ha empeñado objetos de su propiedad, le aconseja que no contraiga grandes deudas, porque después no podrá pagarlas. Si el sueño persiste, presagia que alguien pretende demandarlo. 9.

Empequeñecer: Alguien intenta ponerlo en ridículo ante sus amigos. 43.

Emperador: Conseguirá el apoyo económico de una persona que tiene un cargo político importante. 77.

Emperatriz: No intente aparentar lo que no es, porque si lo hace será motivo de burla. 53.

Empleados: Tendrá la posibilidad de formar su propia empresa. 91.

Empleo: Si comienza un nuevo empleo, es augurio de buenas noticias relacionadas al dinero. Conseguir un empleo augura obstáculos en sus proyectos. Perder el empleo presagia que será traicionado por uno de sus mejores amigos o colaboradores. 22.

Empobrecer: Augura todo lo contrario ya que es presagio de fortuna, dinero y felicidad. El que sueñe empobrecer llegará a ser rico. 76.

Empresario: Ver o hablar con un empresario vaticina que formará parte de una arriesgada empresa que será exitosa. 45.

Enamorarse: Si se ha enamorado y es correspondido, augura el inicio de una gran amistad. Si no es correspondido, presagia el final de una larga relación sentimental. Si está comprometido y sueña que se enamora de otra persona, vaticina que alguien intentará separarlo de su actual pareja. Si se enamora de una persona desconocida, indica que sentirá atracción por alguien con quien existirá una marcada diferencia de edades. Si sueña estar enamorado de la persona a quien usted ama, es augurio de felicidad para ambos. 11.

Enanos: Vencerá los ataques de opositores y enemigos débiles. 39.

Encadenado: Si sueña estar encadenado, presagia que alguien quiere privar-lo de su libertad. No se puede amar a alguien a la fuerza. 48.

Encarcelar: Si es encarcelado, predice que pasará varios días enfermo. Si usted encarcela a alguien, indica que enfrentará reclamos por un error que cometió y que afectó a varias personas. 13.

Encendedor: Vivirá una peligrosa aventura pasional. 23.

Encender: Si enciende la luz, vaticina que triunfará sobre cualquier adver-sidad. Si enciende fósforos, augura que alguien levantará una calumnia en su contra. Si enciende el televisor, indica que está desperdiciando una gran oportunidad. Si enciende un equipo de música, vaticina que asistirá a una fiesta o celebración. Si enciende velas, le auguran nueve semanas de buena suerte. 59.

Encerrar: Procure visitar al doctor lo antes posible, porque algo anda mal en su sistema sanguíneo. 99.

Encías: Cualquier sueño relacionado con las encías predice que necesita un tratamiento odontológico. 12.

Enciclopedia: Alcanzará fama y prestigio si decide dedicarse de lleno a una actividad relacionada con el arte y la cultura. 33.

Encierro: Su actitud pesimista provocará que otras personas se alejen de usted. Debe cuidar actitudes que le pueden llevar a una depresión al que-darse sin amigos. 51.

Encoger: Si sueña que algo encoge, predice que su presupuesto para este mes será insuficiente. Es muy probable que necesite crédito. 55.

Encolerizar: Enfrentará un mes de mala suerte. Encienda ocho velas rojas el día viernes y este augurio se disipará. Hágalo antes de la medianoche. 94.

Encrucijada: Cuídese de una persona astuta que pretenderá confundirle para sacar de usted un provecho económico. 87.

Encubrir: Si encubre a alguien augura que será rechazada una petición que hará en su trabajo. Si otra persona le encubre, presagia que formará parte de un litigio judicial. 42.

Encuentro: Lamentará la pérdida de uno de sus mejores amigos. 43.

Encuesta: Se verá beneficiado por un proyecto gubernamental. 76.

Endosar: Recibirá una cantidad de dinero con la que no contaba. 89.

Endulzar: Experimentará la ilusión de un nuevo amor. Para las parejas de casados que han estado distantes o con problemas les augura una pronta reconciliación. 30.

Enemigos: Este sueño no es de mal augurio porque cuanto más lo ataquen sus enemigos, mayor será su éxito en la vida. Si triunfa sobre un enemigo, presagia que saldrá airoso de un problema legal. Si un enemigo lo vence, le vienen grandes gastos que deberá afrontar en menos de un mes. Si sospecha que tiene un enemigo oculto, señala que puede confiar en la discreción de sus amigos. 18.

Enfermedades: Si son infecciosas predicen el final de una relación sentimental. Si son terminales presagian que algo malo y negativo se irá de su vida para siempre. Si es viral, alguien cercano a usted enfermará. Si son venéreas, una mujer atravesará una crisis emocional profunda y a un hombre le predice que tendrá problemas de impotencia. Si son de la piel, alguien le traicionará por motivos económicos. Si su pareja está enferma, el amor entre ambos se está debilitando. Si padece una enfermedad típica de la niñez, algo que sucedió en el pasado le sigue afectando en el presente. 93.

Enfermera: Está atravesando una crisis personal y no sabe qué hacer o con quién acudir. Para mejorar su situación se aconseja que vista totalmente de blanco durante cuatro martes consecutivos. Este ritual actúa como un despojo espiritual. 50.

Enfermo: Si la persona enferma es usted, indica que ha llegado el momento de renovarse por dentro y por fuera. Llegó el renacimiento a su vida. Si es otra persona, augura que se asombrará al saber que alguien a quien usted conoce está en la cárcel. Si es uno de sus seres queridos, presagia buena salud para ellos. 87.

Enflaquecer: Puede contraer una enfermedad infecciosa. Lave sus manos usando una mezcla de jabón y jugo de limón. Hágalo por la mañana durante nueve días y así neutralizará el augurio. Comience el día lunes. 44.

Enfurecer: Con una iniciativa acertada logrará evitar la ruina económica de un familiar que está a punto de perderlo todo. 78.

Engaño: Si es engañado, no crea lo que le van a afirmar porque está sucediendo todo lo contrario. Si usted engaña a otra persona, augura que alguien quien era su enemigo, ahora se convertirá en su aliado. 22.

Engordar: Buenas noticias respecto a las finanzas y a su futuro económico. Está en el mejor momento para hacer inversiones, negocios y viajes que representen ganancias. Si observa que otros han engordado, presagia que le viene una magnifica oportunidad de trabajo. 10.

Engrasar: Mantenimiento mejor su automóvil. Dedique tiempo para hacer reparaciones que su casa necesita. 24.

Enhebrar: Se está sacrificando por personas que nunca se lo agradecerán. Comience a pensar en su propio bienestar. 75.

Enigma: Descubrirá un secreto que perjudicará directamente a personas que están cerca de usted. 16.

Enjambre: Comparte su vida con alguien que no lo hace feliz. 81.

Enlodarse: Alguien tratará de desprestigiarle por medio de calumnias. La persona en cuestión tiene un notorio lunar en la cara. 62.

Enloquecer: No permita que un problema de fácil solución se convierta en una pesadilla interminable. 54.

Enmudecer: Sufre pensando en el pasado porque no tuvo la oportunidad de completar una carrera profesional, sin embargo, todavía está a tiempo de hacerlo. 32.

Enojo: Ha estado sufriendo ataques paranoicos, ya que nadie quiere hacerle daño. Relájese. 29.

Enriquecer: Alégrese, porque ocurrirá un afortunado evento que cambiará su vida para siempre. Todo lo que suceda será en su beneficio. 57.

Enroscar: Un familiar adolescente necesitará de su orientación para poder salir airoso de una confusión sentimental. 35.

Ensalada: Evite gastar demasiado, porque se vislumbra en el horizonte un año de austeridad. 65.

Ensamblar: Augura un renacimiento general. También marca el tiempo justo para subir al siguiente escalón. 59.

Ensayo: Observar o formar parte de un ensayo significa un inminente cambio de domicilio. 84.

Enseñar: Le propondrán que forme parte de una asociación cultural. Su ánimo estará en alto para aprender cosas nuevas. 17.

Ensuciarse: Cambio desfavorable de posición o pérdida del empleo. Para neutralizar el augurio, encienda dos velas azules y dése un baño con agua de hierba buena. Hágalo el día jueves al mediodía. 49.

Enterrar: Es muy probable que encuentre dinero tirado en la calle. 50.

Enterrado vivo: Podría estar a punto de cometer un acto deshonroso, que acabaría con su imagen pública. Si está enterrado vivo y es rescatado, el sueño presagia que alcanzará riqueza y fama. 92.

Entierro: Si es a la luz del día, habrá una boda en la familia. Si es en la oscuridad o bajo la lluvia, augura malas noticias y el fallecimiento de una persona allegada a su casa. 69.

Entrañas: Algo no anda bien en su salud y deberá hacerse varios análisis en un laboratorio médico. 71.

Entrar: Contará con la capacidad y los contactos necesarios para alcanzar el puesto de trabajo que ambiciona. 83.

Entrega: Si recibe correspondencia o un paquete, recibirá buenas noticias de un familiar de edad avanzada que estuvo muy enfermo. Si le entregan objetos que no puede definir, alguien quiere usarle o usar su casa para realizar un negocio ilícito. 86.

Entrenamiento: No deje para otro día lo que puede hacer hoy, porque la buena oportunidad que se le ha presentado ya no será para usted. 26.

Entrevista: Conocerá a una persona que será un importante contacto en su futuro laboral. 20.

Envasar: Es magnífico que ahorre lo más que pueda para su futuro, pero no se prive de cosas que de verdad necesita. 39.

Envejecer: A un hombre le augura la disminución de la potencia sexual. A una mujer le indica que atravesará una fuerte depresión. En cualquiera de los dos casos se recomienda consultar a un médico especialista. 42.

Envenenamiento: Corre el peligro de caer en la adicción a las drogas y los estupefacientes. 19.

Enviciar: Si envicia a otra persona, augura que enfrentará un problema legal. Si es enviciado, el sueño le indica que tiene una deficiencia de hierro en la sangre. 78.

Envidia: Si usted envidia a otras personas, es un buen augurio porque anuncia la llegada de buenos amigos que harán mucho por usted. Si es envidiado, le comenzarán a preocupar los celos que muestra un amigo de su mismo sexo hacia usted. 1.

Envolver: Contará con los recursos económicos necesarios para ayudar a un pariente que está atravesando una penosa crisis. 62.

Epidemia: Lleva una vida muy desordenada, si no le pone fin, tendrá una vejez prematura. Si muchas personas que conoce han sido afectadas por una epidemia, cuídese de contraer una enfermedad sexual. 4.

Epilepsia: Augura distanciamiento entre dos familias que fueron amigas por mucho tiempo. 79.

Equilibrista: No arriesgue su futuro económico invirtiendo en negocios fraudulentos. 28.

Equipaje: Si observa poco equipaje, augura que hará un viaje del que regresará feliz. Verse rodeado de mucho equipaje, le presagia que tendrá que realizar labores desagradables. Si pierde el equipaje, enfrentará discusiones y serios problemas familiares. Si pierde el equipaje y después lo recupera, predice que será dueño de una propiedad en otro país. 11.

Equitación: Corre el peligro de ser atacado por un animal salvaje. 45.

Equivocarse: No culpe a otras personas por errores que usted ha cometido. Deje de creer que usted lo sabe todo. 9.

Erección: A un hombre le augura que vivirá una corta etapa de promiscuidad sexual. Para una mujer señala insatisfacción en su vida sexual. 30.

Ermitaño: Observar a un ermitaño indica que aunque sus finanzas se encuentran estables, no se siente feliz porque falta pasión y romance en su vida. Si usted es un ermitaño, se aconseja cambiar de actitud y dejar de criticar a todo el mundo, porque si lo sigue haciendo, nadie se le acercará y se quedará totalmente solo. 72.

Erotismo: Los sueños relacionados con el erotismo revelan que está atravesando una etapa de insatisfacción sexual. Si sigue reprimiendo sus deseos se convertirá en una persona amargada. 0.

Esbelto: Si sueña que es esbelto, considérese afortunado porque nunca padecerá una enfermedad seria. 45.

Escalar: Este sueño presagia que alcanzará prestigio y honor en su profesión. A los artistas, pintores, escultores y escritores les augura que una de sus obras alcanzará fama mundial. 70.

Escalera: Si sube una escalera, nunca le faltará trabajo o dinero. Si la observa, perderá el interés en una persona de la cual creía haberse enamorado. Si baja de una escalera, tendrá una semana pésima. Si pasa por debajo de una escalera, atravesará problemas que le causarán una gran depresión. Para evitar los malos augurios de este sueño, rocíe agua bendita en las cuatros esquinas de su habitación y rece el salmo 8. Hágalo durante siete días consecutivos. Comience el martes en la mañana. 34.

Escaleras eléctricas: Resolverá una situación desagradable con la ayuda de la persona que menos imagina. A los solteros les augura que experimentarán el amor a primera vista. 96.

Escalofrío: Si experimenta escalofríos en un sueño significa que un espíritu de luz lo está acompañando. Podría tratarse de un familiar ya fallecido que desea darle un mensaje. 71.

Escamas: Ha estado desperdiciando el tiempo en una actividad que no tiene futuro. 42.

Escándalo: Presenciar o formar parte de un escándalo le advierte que se está dejando dominar por una baja pasión. Reaccione. 87.

Escapar: Si sueña que escapa de una situación opresiva o apremiante, presagia que formará parte de una agrupación exitosa. Si huye de problemas propios o responsabilidades, augura que le falta confianza en sí mismo. Si quiere escapar y no puede, predice tres años de buena suerte en los que podrá ganar mucho dinero. 10.

Escapulario: Alégrese porque le será concedido un favor divino. 55.

Escarabajo: Las tensiones que está viviendo, le causará una corta crisis emocional. Para reponerse necesitará salir de su ambiente normal. 68.

Escarbar: Alguien a quien consideraba su mejor amigo, revelará el más íntimo de sus secretos. 80.

Escarcha: Será testigo de un incidente de violencia doméstica. Si forma parte en él, lo lamentará. 31.

Escasez: El significado de este sueño es totalmente opuesto, ya que augura un significativo incremento en sus ganancias mensuales. 76.

Escenario: No confíe en las buenas intenciones que mostrará un desconocido, porque se trata de una trampa para hacerle quedar mal. 9.

Esclavitud: Cualquier sueño en el que observe esclavos le indica que su pareja le es totalmente fiel. Si se observa como esclavo, predice que alguien tratará de explotarlo económicamente. 67.

Escoba: Se atreverá a tomar una arriesgada decisión que le hará progresar en la vida. 1.

Escombros: Serios problemas en casa debido a la falta de ingresos. Para poder salir adelante, todos tendrán que ponerse a trabajar seriamente. 46.

Esconderse: Debido a su mal proceder está logrando que se alejen de usted las personas que más le aprecian. Rectifique o se quedará totalmente íngrimo. 0.

Escopeta: No crea que tiene la facultad de regir el destino ajeno. 40.

Escorpión: Tengs cuidado de hacer tratos con personas de mala reputación. Si el escorpión lo pica, corre el riesgo de ser asaltado. 75.

Escribir: Comunique lo que le está sucediendo, de lo contrario terminará ahogando sus penas en un vicio. Si otras personas escriben, predice que recibirá una noticia que le hará sentir dichoso. 29.

Escrito: No se ilusione con algo que sabe que no puede ser. 89.

Escritor: Si se ve y habla con un escritor, augura que se le ocurrirá una magnífica idea que hará mejorar su panorama económico. Si sueña que es un escritor, presagia que obtendrá un importante triunfo cultural. Observar a un grupo de escritores anuncia su próxima participación en el ámbito político. Si un escritor joven sueña con escritores clásicos, vaticina que obtendrá en su futuro un reconocimiento internacional. 11.

Escudo: Se verá beneficiado por una ley que impondrá el gobierno de su país. 88.

Escuela: Si asiste a una escuela, logrará sobresalir en su profesión. Verse como maestro de una escuela, llegará a tener una cómoda posición económica, pero antes tendrá cinco años de pobreza y privaciones. A los estudiantes les advierte sobre un compañero que puede ser en una mala influencia moral. 66.

Escultor: Analice con detenimiento la propuesta que le han hecho, porque podría perder un buen trabajo por otro de menor rango. 20.

Escultura: Existe el riesgo de que sufra un accidente al salir de su casa. 12.

Escupir: Romperá relaciones con algún familiar. Si observa a otros escupiendo, presagia que su mejor amigo lo traicionará. 39.

Esfinge: Debido a un malentendido será amenazado por alguien vulgar. 60.

Esgrima: Los celos injustificados de su pareja le harán sentirse mal. 98.

Eslabón: Debe tener precaución, porque corre peligro de ser mordido o picado por un animal venenoso. 49.

Esmeralda: Llega una magnífica etapa en la que le será fácil ganar buena cantidad de dinero que asegurará su bienestar durante varios años. 77.

Espacio: Soñar con el espacio augura que se le cumplirá un deseo por medio de una promesa o ritual religioso. 81.

Espada: Si la espada está en su poder, presagia que logrará triunfar donde otros han fracasado. Si está en manos de un desconocido, indica que alguien quiere desprestigiarle. Si la espada es maniobrada por un amigo o conocido, augura que éste le traicionará. Si se observa rodeado de espadas, predice que se verá involucrado indirectamente en un delito. Si la espada la tiene su pareja, vaticina que usted le será infiel. 32.

Espalda: Una espalda saludable augura que su sistema inmunológico está en óptimas condiciones. Si su espalda está herida, enferma o atrofiada, se aconseja cambiar de hábitos porque puede sufrir los estragos de una enfermedad incurable o una vejez prematura. 99.

Espantapájaros: No confíe en un desconocido que le pedirá ayuda en la calle, porque su verdadera intención será robarle o hacerle daño. 85.

Espárragos: Su economía no mejorará al nivel que usted espera. Debe buscar nuevas alternativas. 66.

Especias: Viajará a un lugar desconocido donde tendrá una experiencia sobrenatural. 2.

Espectáculo: No permita que su temperamento destruya lo que ha construido con su inteligencia. 40.

Espectro: Un ser querido que ya falleció se comunicará con usted a través de un sueño. 1.

Espejismo: No busque su buena suerte en otro lugar, porque la tiene justo frente a usted y no se ha querido dar cuenta. 80.

Espejo: Si ve su rostro en un espejo, debe preocuparse más en su persona y dejar que los demás resuelvan sus propios asuntos. Si se observa en un espejo, la vanidad no le permite admirar el verdadero valor de las personas. Si ve reflejado a algún miembro de su familia, alcanzará una posición económica envidiable. Si ve a un amigo reflejado, esa persona no tardará en pedirle ayuda. Si observa a un desconocido, alguien utilizará la hechicería en su contra. Un espejo roto señala penas, tristeza, dolor o la muerte de un ser querido. Para contrarrestar los últimos dos augurios se recomienda que pase una vela roja por todo su cuerpo, luego enciéndala y déjela hasta que se acabe. La cera que quede la entierra junto a un puñado de sal en un cementerio. Hágalo el martes al mediodía. 76.

Esperar: Si espera a alguien, señala que está perdiendo el tiempo con una persona que no corresponderá a sus sentimientos. Si espera el autobús, augura que le darán una sorpresa en el trabajo. Si espera al ser amado, es señal que el amor de ambos durará para siempre. 21.

Esperma: Será acosado sexualmente por una persona que padece una enfermedad psicológica. 34.

Espía: Alguien le pedirá que cometa un acto ilícito. No lo haga ya que habrá de arrepentirse. 18.

Espiga: Este sueño augura que encontrará ese amigo especial que siempre ha deseado tener. 23.

Espinas: Se enterará que han hecho un terrible comentario en su contra. Si se pincha con una espina, indica que tendrá una terrible discusión con uno de sus familiares. Si camina por un lugar lleno de espinas, indica que está rodeado de gente perversa. 6.

Espinacas: Su organismo le indica que tiene bajas las defensas. Necesita ir a un médico para que le recete un suplemento vitamínico. 90.

Espiritista: Un familiar fallecido le transmitirá un mensaje por medio de un sueño. Si es espiritista, comenzará a tener experiencias paranormales. 9.

Esponja: No permita que todos lo utilicen como paño de lágrimas. 65.

Esposas: Augura que será rescatado de un gran peligro. 44.

Esposa: No le oculte ningún secreto a la persona que ama. 5.

Esposo: La paz de su hogar se verá ensombrecida a causa de la intromisión de sus parientes. 54.

Espuelas: Le contarán una noticia que no es cierta. 0.

Espuma: No siga pensando en el ayer y olvide definitivamente a la persona que le hizo sufrir. Ábrale la puerta a una nueva vida. 42.

Esqueleto: Será atacado por un extraño virus difícil de detectar. Para ayudarse se recomienda que le ofrende un plato de comida a la tierra. Lo que debe hacer es enterrar una porción de comida recién hecha, junto a un puñado de azúcar. Después hace oración y le rinde un breve homenaje a la madre naturaleza. Hágalo el día martes. 15.

Esquiar: Deshágase de la mala energía que está acumulada en su casa. Venda, regale o deshágase de todo aquello que ya no volverá a utilizar. 7.

Esquina: Si camina o cruza una esquina, conocerá a una persona que le hará ver la vida desde un punto de vista más práctico. 31.

Establo: A un hombre le augura seis meses de suerte en las finanzas. A una mujer le predice que tendrá habilidad para hacer negocios. 98.

Estacionamiento: Tiene que adaptarse a la situación que está viviendo actualmente ya que por el momento no hay nada que pueda hacer, únicamente esperar. 55.

Estadio: Necesita salir a divertirse para liberar todo el estrés acumulado en el trabajo. 14.

Estafa: Si es estafado augura que alguien está planeando usarle económicamente. Si es usted el estafador, predice que sentirá pasión por una persona que no vale la pena. 65.

Estampillas: Comenzará a coleccionar objetos que en pocos años llegarán a tener un atractivo valor comercial. 43.

Estanque: Le ofrecerán un novedoso artículo a un precio muy bajo, pero no lo compre porque es robado. 12.

Estatua: Tendrá que separarse temporalmente de sus allegados. 89.

Estetoscopio: Es probable que sea diagnosticado de una enfermedad que no padece. Pida una segunda opinión. 32.

Estiércol: No juegue su dinero en casinos o haciendo apuestas porque lo va a perder. 66.

Estilista: No haga comentarios acerca de personas que no conoce bien porque si lo hace se verá envuelto en líos desagradables. 67.

Estómago: Alguien que fue importante en su pasado romántico, quiere volver a su vida, sin embargo no viene con las mejores intenciones. No vuelva a ver hacia atrás. 75.

Estornudar: Este sueño señala que tiene una deficiencia vitamínica en su organismo, especialmente de vitamina C. 11.

Estrellas: Ver estrellas brillantes es augurio de éxito profesional y superación en todos los sentidos. Estrellas oscuras o con luz tenue presagian una decepción amorosa. Ver estrellas que caen del cielo predice la decadencia económica de una familia. 62.

Estrella fugaz: El significado de este sueño es totalmente afortunado. Presagia prosperidad material, buena salud, buenas noticias y especialmente el cumplimiento de un sueño largamente acariciado. 88.

Estreno: Asistir a un estreno cultural augura que iniciará el largo camino a la elevación espiritual. 6.

Estribo: Perderá en la calle un billete o un poco de dinero. 72.

Estuche: Será atacado verbalmente por una persona violenta. 50.

Estudiantes: Se encontrará con amigos y conocidos a los que no veía desde la infancia. Si los estudiantes visten con uniforme, el sueño augura que asistirá a los servicios funerarios de un pariente lejano. 94.

Estudiar: Le llegará la buena oportunidad que había estado esperando, no lo piense más y acepte la propuesta que le han hecho. Si tiene este sueño con frecuencia, indica que muchas personas lo buscarán para pedirle consejos y orientación. 32.

Estufa: En los próximos dos años se convertirá en una especie de rey Midas, porque en todos los asuntos que intervenga siempre habrá ganancias. 98.

Éter: Uno de sus amigos está comerciando con sustancias prohibidas. 96.

Etiqueta: Evite detalles cuando sus amigos le pregunten acerca de su vida privada. Mañana eso andará en boca de todo el mundo. 12.

Eucalipto: Soñar con este árbol o con sus hojas predice la curación de un enfermo y la solución de un problema económico. 45.

Eucaristía: Se liberará de un remordimiento que lo atormentaba. 91.

Euforia: Para no quedarse rezagado necesita ponerse al día con los nuevos adelantos tecnológicos. 28.

Europa: Soñar con países europeos indica progreso económico y social. 8.

Evacuación: Si forma parte de una evacuación predice que será testigo de un acto terrorista. 99.

Evangelio: Si lee o escucha el evangelio, indica que liberará su conciencia de viejas culpas. Si trata de evangelizar a otros, el sueño predice que alguien intentará hacerle cambiar de religión. 7.

Examen: Si presenta un examen y obtiene un resultado favorable, indica que su vida irá en ascenso. Si lo reprueba, augura que está yendo por el camino equivocado. 85.

Ex-amor: Si lo ve feliz, indica que le recuerda con cariño y es indicio que quiere volver a su vida, si lo ve enojada presagia que le guarda rencor. Si lo ve triste o pensativa, señala que le recuerda con mucha nostalgia y además predice que le desea comunicar algo importante. Si lo observa muerta, significa que no queda nada entre ustedes dos. 14.

Excavar: Su pareja le ha estado mintiendo desde el principio de la relación. No acepte verdades a medias. 40.

Excentricidad: Conocerá dos personas con costumbres poco aceptables. 22.

Excesos: Si los comete, no huya de los problemas, enfréntelos con valor. Si otros cometen excesos, un hijo o un hermano tendrá un gran problema. 33.

Excitación: No se arriesgue a perder una relación duradera y feliz por unos minutos de placer. 21.

Excrementos: Si ve, toca o pisa su propio excremento, abundará el dinero y las buenas oportunidades. Si alguna parte de su cuerpo está cubierta de excremento, tendrá riqueza, paz y felicidad. Si sueña con excrementos de otra persona, es probable que atraviese por una etapa muy dura. Puede experimentar traiciones, pérdidas materiales y sufriría quebrantos en la salud física y emocional. Tendrá unos diez meses de obstáculos y amarguras. Después se le abrirán las puertas del camino que le llevará al éxito. 80.

Excursión: Tendrá la oportunidad de conocer a fondo los verdaderos sentimientos de la persona que le interesa románticamente. 18.

Excursionista: Si es usted, indica que vivirá dos aventuras sentimentales al mismo tiempo. Si se trata de otra persona, cuídese, porque alguien quiere jugar con sus sentimientos. 11.

Exhibicionista: Si es un exhibicionista, será rechazado por un grupo o asociación cultural o religiosa. Si observa a exhibicionistas, señala su propio deseo de experimentar nuevos placeres sexuales. 5.

Exiliados: Trate de perdonar a sus padres por los errores cometidos en su niñez Si guarda resentimientos no podrá vivir tranquilo. 75.

Exilio: Melancolía y añoranza por una época de su vida que ya pasó. Viva el presente, porque al pasado no se puede retornar. 1.

Éxito: Soñarse gozando de éxito es augurio de cinco años de abundancia material. Si observa el éxito de otros, predice que alguien le pondrá obstáculos a sus proyectos. 45.

Exorcismo: Este sueño augura que hay una persona de bajos instintos cerca de usted. Podrá detectarla fácilmente porque intentará involucrarlo en actividades despreciables. Aléjese de esa mala influencia. 99.

Expediente: Tenga cuidado con lo que firma porque puede caer fácilmente en la trampa de un funcionario inescrupuloso. 31.

Experimentar: Llegó el momento para decirle adiós a personas y actividades que no le están aportando nada positivo en la vida. No permita que otras personas frenen su desarrollo intelectual. 3.

Explosión: Romperá relaciones definitivamente con una persona que le ha estado jugando sucio. Si resulta herido o lastimado augura que alguien está tramando una venganza en su contra. 59.

Explotación: Si es explotado, predice que la persona que jura amarlo, le está engañando con su mejor amigo. Si explota a otros, el sueño presagia que familiares cercanos lo defraudarán. 63.

Exportar: Recibirá la valiosa colaboración de un extranjero. Hará negocios con gente que no ha nacido en su tierra. 77.

Exposición: Asistir a una exposición cultural, augura que tendrá éxito en un trabajo que nunca antes había desempeñado. 25.

Exprimir: Está perdiendo su tiempo inútilmente si cree que puede modificar la manera de pensar de otras personas. 68.

Éxtasis: Si sueña que está en un estado de éxtasis, indica que está atravesando una etapa de insatisfacción sexual. La persona que se encuentra a su lado es demasiado fría para su gusto. 71.

Extensiones de cabello: Ha tenido pésimas experiencias con antiguas amistades y ahora tiene temor de socializar porque cree que le sucederá lo mismo. Necesita conocer personas de un mejor ambiente social. 37.

Extinguidor: Si es mujer, le aconseja que desconfíe del hombre que la pretende. Si es hombre, le advierte que corre el peligro de ser estafado por una mujer inescrupulosa, pero astuta. 19.

Extorsión: Si sufre una extorsión, augura que se verá forzado a cometer un acto que va en contra de sus principios. Si usted extorsiona a alguien, tenga cuidado porque un amigo suyo está investigando y espiando su vida privada. 43.

Extradición: Si sueña que es extraditado, presagia que, por motivos ajenos a su voluntad, tendrá que vivir lejos de su ambiente habitual durante varios meses. Si sueña que extraditan a otra persona, indica que un miembro de la familia se irá a vivir a otro país. 21.

Extranjeros: Hablar con extranjeros en el sueño augura abundancia económica y de trabajo. Ver un extranjero presagia el fin de una preocupación. Si recibe en su casa a un extranjero, es augurio de salud recobrada. Si sueña rodeado de extranjeros, significa que no tarda en sonreírle la buena fortuna. 3.

Extraños: Si sueña con gente extraña, predice que durante un corto período se verá obligado a depender de otras personas. 19.

Extraterrestre: No juzgue mal a las personas por simple apreciación, porque alguien a quien subestimó en el pasado, en menos de un mes le dará una gran lección. 33.

Extravagancias: Debe limitarse en sus gastos, porque le viene una época de pocas ganancias. 14.

Eyaculación: Llegará a sus manos una cantidad de dinero con la que nunca imaginó que contaría. 10.

Fábrica: Espere un período más propicio para invertir en el negocio que tiene en mente. Si lo hace ahora, corre el riesgo de perder su dinero. 46.

Fábula: No diga mentiras, porque será víctima de sus propios engaños. 23.

Facial: Es magnífico que cuide su apariencia personal, pero no permita que su hábito se convierta en una obsesión. 62.

Factura: Administre mejor su dinero porque gasta más de lo que gana. 17.

Faisán: Relación sentimental con una persona mayor que usted. 44.

Faja: Tenga una mente más abierta. Ya estamos en el siglo XXI. 11.

Fakir: Piense bien antes de actuar, porque podría cometer un error del cual se arrepentiría toda su vida. 5.

Falda: Si le es infiel a su pareja, aténgase a las consecuencias. 94.

Falsificación: Esté alerta, porque alguien quiere jugar con sus sentimientos para después usarle económicamente. 35.

Fama: Si sueña que es famoso, logrará todos sus propósitos. Soñar con gente famosa augura que le viene una buena oportunidad. Si sueña con famosos constantemente, indica que está haciendo castillos en el aire. 3.

Familia: Estar en familia es de buen augurio, especialmente para quienes atraviesan problemas difíciles. Presagia avance, paz y solución. 85.

Fanatismo: No se deje influenciar por las ideas de otras personas. Haga las cosas con moderación, en este momento cualquier exceso le perjudicaría gravemente. 59.

Fango: Si lo observa, tendrá disputas con amigos y familiares. Si se hunde en él, sufrirá una depresión profunda. Para ayudarse debe encender tres velas blancas, invocar a su Ángel guardián y pedirle orientación. Hágalo el día miércoles por la noche. 22.

Fantasma: Si es blanco o claro, anuncia buenas noticias. Si es oscuro o negro, presagia que enfrentará la corrupción de una persona inmoral. 0.

Faraón: Tendrá la amistad de una persona influyente en la política. 32.

Farmacéutico: Encontrará la solución para cualquier problema que le esté afectando. 78.

Farmacia: Por su buen proceder recibirá la justa recompensa del karma. 60.

Faro: Su luz brillante anuncia que llegó el final de una mala época. 19.

Farsa: No se burle de las debilidades de otras personas porque lo mismo podría sucederle a usted. 4.

Fastidio: Póngase metas productivas, muévase, trabaje y así saldrá del estancamiento en el que ha caído. 61.

Fatalidad: Tenga cuidado con el licor y las sustancias prohibidas. Especialmente si conduce bajo la influencia de las mismas. 38.

Fatiga: Duerma lo necesario y no se quede en la cama más de la cuenta. El tiempo que pierda ahora, no lo podrá recuperar después. 1.

Fax: Si recibe uno indica que deberá ponerse al día con el pago de los impuestos o con alguna deuda atrasada. Si lo envía, augura que firmará documentos importantes. 3.

Favores: Solicitarlos predice que resolverá un problema económico pendiente. Hacerlos vaticina la realización de un importante proyecto. 36.

Felicidad: Si se ve feliz, presagia que todo saldrá a su favor. 57.

Felicitar: Si es felicitado, iniciará una nueva actividad que le traerá buenos dividendos. Si felicita a alguien, le darán una buena noticia. 29.

Fémur: Tenga cuidado de sufrir caídas, golpes o quemaduras. 75.

Fenómenos naturales: Sucesos inesperados cambiarán radicalmente su vida. Los cambios que vienen ocurrirán por su bien. 6.

Fealdad: No sea conformista y luche hasta lograr sus objetivos. 9.

Feo: Si se observa muy feo en un sueño, vaticina que enfrentará una crisis sentimental. Si observa muy feas a otras personas, predice que descubrirá las malas intenciones de un falso amigo. 0.

Féretro: Enmiéndese antes de que sea demasiado tarde. 88.

Feria: Necesita un cambio de ambiente y de amistades. 30.

Ferretería: Organice su hogar con armonía y estética, de ese modo se le abrirán las puertas a la buena suerte. 68.

Ferrocarril: Si lo observa, indica que se liberará de una gran responsabilidad. Si viaja en él, predice que vivirá una aventura arriesgada. 7.

Fertilizante: Solucionará una situación bastante confusa. 86.

Festejo: Se reunirá con alguien que no veía desde hace varios meses. 52.

Festival: Vivirá momentos de alegría que le harán olvidar en cierta manera los problemas que ha estado enfrentando. 80.

Feto: No se avergüense por cosas ocurridas en el pasado, recuerde que todos cometemos errores. Lo bueno es rectificar y seguir adelante. 20.

Fianza: Pagarla, indica que le será perdonada una falta. Deberla, augura que contraerá deudas innecesarias. 30.

Fidelidad: El mayor atributo de su ser amado es la sinceridad. 49.

Fideos: Buen augurio respecto a las finanzas. También anuncia abundancia de trabajo. 14.

Fiebre: Sentirá que se ha vuelto a enamorar, pero se trata únicamente de una ilusión pasajera. 63.

Fiesta: Encontrará una luz al final del túnel. Este sueño marca el inicio de su recuperación. 27.

Fila: Experimentará algunas molestias físicas. Con descanso y tranquilidad logrará reponerse en un par de días. 83.

Filántropo: Aplique la ley de la compensación en cada uno de sus actos. Cuanto más bien haga, mayor bien recibirá. 81.

Filatelia: Soñarse coleccionando estampillas augura que en su futuro recibirá una inesperada y significativa herencia. 74.

Filete: Gozará de buen prestigio y popularidad, pero tenga cuidado con los aduladores y los falsos amigos. 42.

Filmar: Pasará una temporada muy feliz junto a sus seres queridos. 34.

Filosofía: No deje escapar las oportunidades. Actúe con diligencia y no piense demasiado las cosas. 25.

Filtro: Escoja mejor sus amistades y los sitios que frecuenta. 56.

Financiera: Le harán el favor que necesita en este momento. Estará a tiempo para hacer realidad una ilusión. 51.

Finca: En cinco años alcanzará un próspero patrimonio. 65.

Firmar: Si firma documentos augura que realizará un papeleo legal. 72.

Firma: Si es la propia, predice un logro importante. Ver la de otras personas indica contradicción y falta de sentido común. Si observa varias firmas, presagia que se verá envuelto en asuntos políticos. 45.

Firmamento: Comenzarán a cumplirse sus deseos. El mensaje de los astros podría servirle de mucho en éste momento. 39.

Fiscal: Necesitará ayuda jurídica para resolver un asunto relacionado con documentos. Asegúrese de elegir un profesional serio y reconocido. 84.

Fiscalía: Entrar o permanecer allí predice que asistirá a una boda o a un bautizo. Si sale, alguien quiere quitarle su trabajo. 90.

Flacidez: Hágase un examen médico lo antes posible. 81.

Flaqueza: Además de la apariencia física de las personas que le atraen, fíjese en los sentimientos, así no se llevará sorpresas desagradables. 47.

Flan: Alguien le ama en secreto. Confían en usted para un proyecto. 93.

Flash: Se le ocurrirá una brillante idea por medio de la cual logrará ganar una buena cantidad de dinero. 96.

Flauta: Si la escucha, tendrá un feliz encuentro con alguien importante sentimentalmente en su pasado. Si la toca, se volverá a enamorar. 2.

Flautista: Una persona de buenos recursos económicos le ayudará a realizar un proyecto importante. 1.

Flecha: Sufrirá una decepción amorosa. Para librarse de la pena debe colocar en la cubierta de su almohada los pétalos de cinco rosas amarillas, déjelos allí durante ocho días. Al noveno día deberá exponerlos a la luz del sol y después quemarlos. 90.

Flexiones: El ejercicio físico y la meditación serán sus mejores aliados para preservar la salud y la juventud. 40.

Flojera: Quiérase más a sí mismo y eleve su autoestima. De ese modo se ganará el respeto y la consideración de los demás. 48.

Flores: Ver, tocar o percibir la fragancia de las flores es el inicio de una apasionada relación sentimental. Obsequiarlas predice felicidad duradera. Cortarlas del campo o de un jardín presagia que encontrará al amor de su vida. Si las observa marchitas, debe perdonar y olvidar viejas ofensas. Si le obsequian flores, es augurio de un próximo compromiso. Si le regala flores a alguien que no conoce, esa persona está a punto de llegar a su vida. 7.

Floristería: Llegó el final de una época confusa y negativa. De ahora en adelante sabrá con certeza hacia donde va y con quien. 13.

Flotador: Éxito en el proyecto que se ha propuesto realizar. Aunque sus planes parezcan arriesgados, todo saldrá mejor de lo que se imagina. 32.

Flotar: Podrá simplificar su existencia si hace un balance adecuado entre lo material y lo espiritual. 79.

Fobia: Si siente desconfianza de alguien que acaba de conocer, no está equivocado, porque esa persona tiende a abusar de los demás. 72.

Foca: La persona a quien ama le dará la más valiosa prueba de amor. 25.

Fogata: Vivirá un breve romance con la persona que menos imaginó. Recibirá una sorpresa que será de su agrado. 2.

Folklore: Comenzará a formar parte de actividades culturales. 81.

Folleto: En sus momentos libres, dedique más tiempo a la lectura productiva y menos tiempo frente al televisor. 77.

Fonógrafo: Le interesará saber más acerca de la vida y obra de los pintores y escritores clásicos. 44.

Forcejeo: Tendrá una desagradable discusión con un desconocido. 10.

Forense: Noticias del fallecimiento de alguien allegado a su familia. 9.

Fórmula química: Este sueño presagia inicios y despedidas. Una puerta se cerrará, sin embargo, otras más convenientes se abrirán. 86.

Foro: Conocerá gente interesante y se involucrará en varias actividades intelectuales o de negocios. 8.

Forro: Lo que ya no es para usted debe dejarlo ir, porque algo mejor le está aguardando. 53.

Fortuna: Es un buen momento, cuenta con buenos contactos, es inteligente y sus proyectos tienen la aprobación de sus superiores o asociados. Siga adelante porque logrará todo lo que se ha propuesto. 5.

Fosa: No se arriesgue visitando sitios de dudosa reputación, porque hasta su propia integridad podría correr peligro. 35.

Fósforos: Calumnias en su contra. La verdad saldrá a la luz y todos los falsos argumentos se volverán en contra del calumniador. 4.

Fósil: La persona de la cual creía haberse enamorado es falsa y no vale la pena en lo absoluto. Lo bueno es que se dará cuenta a tiempo. 91.

Foso: Frecuenta amistades que no le convienen. Sepárese de ellas, de lo contrario enfrentará situaciones peligrosas y líos desagradables. 65.

Fotocopia: Presagia disgustos en el hogar causados por la falta de ingresos económicos. 84.

Fotografías: Si ve fotografías antiguas, se encontrará con viejos amigos. Si observa las fotos de familiares o amigos, predice larga vida para ellos. Si observa su propia foto, indica egocentrismo. Ver fotografías de artistas y personajes famosos es buen augurio en cuestiones de dinero. Si ve fotos de personas desconocidas, alguien a quien aún no conoce llegará a ser muy importante en su vida. 51.

Fotógrafo: No le comente su vida privada a la persona que conoció hace unas semanas. Si lo hace, en un par de días sus secretos andarán en boca de todo el mundo. 63.

Frac: Tendrá que asistir a un funeral. Le darán una mala noticia. 68.

Fracaso: No haga viajes, negocios, ni especulaciones con el dinero en el lapso de cuarenta días. 74.

Fractura: Evite entrar en contacto con personas que lo puedan perjudicar física y moralmente. 57.

Fragata: Siéntase tranquilo, porque será totalmente correspondido por la persona que le interesa sentimentalmente. 38.

Fraile: Evite hacer comentarios desagradables, porque puede provocar la ira y hasta la violencia de algunas personas. 29.

Francotirador: Las pasiones y aventuras prohibidas siempre traen consigo graves consecuencias. 24.

Fraude: Ser víctima de un fraude augura que alguien quiere estafarle por medio de un falso negocio. A las mujeres les aconseja ser más cuidadosas con joyas y objetos de valor. 93.

Frazada: Encontrará una mano amiga cuando más lo necesite. 64.

Freír: A los hombres les advierte a no enredarse con mujeres comprometidas. A una mujer le presagia que dos hombres se pelearán por ella. 45.

Frenar: Tómese un descanso, de nada vale que trabaje en exceso si después no puede disfrutar. 39.

Frente: No se quiebre la cabeza tratando de arreglarle la vida a los demás. Lo mejor que puede hacer es dejar que cada cual madure y enfrente sus propios problemas. 58.

Fresas: Vienen tiempos prósperos llenos de dicha y felicidad. 82.

Frijoles: Si anda en busca de un trabajo o de una buena oportunidad, anímese, porque en esta semana lo encontrará. 66.

Frío: Sentir frío en un sueño predice que deberá ayudar a un familiar cercano que se encuentra pasando por una mala situación. 75.

Frontera: Tiene ante usted dos opciones para ser feliz. Piense con el corazón pero decida con la cabeza. 43.

Frutas: Comerlas augura placer y realización personal. Maduras y frescas presagian aventuras pasionales. Si están verdes, sus planes sufrirán un retraso. Si están podridas, podría perder documentos importantes. Las tropicales predicen estabilidad laboral. Si son grandes, llegará a sus manos una cantidad de dinero con la cual no contaba. Si son de plástico o tela, no debe abusar de los amigos ni de la suerte. Si corta frutas de un árbol, quizás enfrente serios financieros, pero logrará salir adelante y vencerá las dificultades. 3.

Fuego: Si lo observa cerca o alrededor suyo, vivirá grandes pasiones. Si lo ve a lo lejos, alguien guarda resentimientos en su contra. Si sueña muy seguido con fuego, alguien está tratando de dañar su imagen pública. Si ve fuego en una chimenea, vienen tiempos mejores. Si ve que el fuego quema alguna de sus pertenencias, lo anda rondando el peligro. Si observa fuego dentro de su casa, enfrentará pleitos con miembros de su familia. Para bloquear los dos últimos augurios de este sueño, se aconseja que coloque un recipiente repleto de cubos de hielo cerca de la puerta de entrada de su casa. Déjelos allí hasta que el hielo se convierta en agua. Después tire el agua en el baño. Hágalo al siguiente día después de haber tenido el sueño. 54.

Fuegos artificiales: Se enterará de una noticia que beneficiará a toda su comunidad. 14.

Fuente: Si es de agua cristalina, augura buena salud y estabilidad económica. De agua turbia, presagia que sentirá atracción por una persona de dudosa reputación. 20.

Fuerza: Si sueña que es fuerte y vital, augura que así logrará mantenerse por el resto de su vida. Gozará de buena salud incluso cuando esté en una edad avanzada. 6.

Fuga: Problemas amorosos o falta de suerte para encontrar una pareja. Se recomienda que lave todo su cuerpo con azúcar durante cuatro viernes consecutivos. Comience en luna nueva. 27.

Fumar: Si es un cigarrillo, recibirá una buena noticia. Un puro, un tabaco o un habano son augurios de reconciliación y paz. Si fuma una pipa, debe alejarse de personas que usan drogas. 62.

Fumigar: Por fin dejará a un lado los malos hábitos y comenzará a vivir una vida plena y saludable. 33.

Fundición: Llegará a tener una elevada posición económica. No se olvide de tiempos que fueron difíciles y de aquellas personas que le ayudaron cuando más lo necesitó. 50.

Funeral: No tome decisiones insensatas porque será perjudicado. Si sueña que asiste a su propio funeral indica que su vida dará un giro impresionante. Espere lo inesperado. El cambio que viene es bueno. 36.

Funeraria: Se topará con gente vulgar y tendrá que enfrentar una situación muy desagradable. 31.

Furgón: Tendrá que realizar trabajos pesados y arduas labores a las que no estaba acostumbrado. 3.

Furia: Piense bien las cosas antes de actuar, porque sus propios actos impulsivos y arrebatados pueden convertirse en su peor enemigo. 59.

Fusibles: Si están nuevos, ahorrar una buena suma de dinero. Viejos o fundidos pronostican que afrontará un gasto inesperado. 17.

Fusil: No le preste importancia a la actitud ofensiva que ha tomado uno de sus parientes, porque se trata de celos inofensivos que pronto desaparecerán. Si observa muchos fusiles, augura que habrá tensiones políticas entre dos países vecinos. 67.

Fusilar: Ver fusilar a alguien presagia que sus acciones serán motivo de escándalo. Si usted es fusilado, lo anda persiguiendo una persona de malos sentimientos. Para alejarla debe quemar un puñado de sal y las cenizas que queden las deposita en un recipiente de vidrio, lo tapa y lo tira en un basurero fuera de su vecindario, ojalá en otra ciudad. 23.

Fútbol: Jugar al fútbol es augurio de superación personal. Si anota un gol, es presagio de la mejor suerte. Si lo falla, indica que tendrá dificultades financieras. Si es espectador en un estadio, vivirá episodios emocionantes con sus amigos. Si se observa un partido de la copa mundial, viene una época próspera. Si conversa con jugadores famosos, podría conocerá a uno de ellos. Si sueña con un autogol, ha tomado una decisión que le perjudicará en el futuro. Si sueña como árbitro, servirá de mediador entre dos personas que se repudian. Si lo observa por la televisión, su vida íntima pasará por una etapa de aburrimiento. 9.

Futuro: Si sueña con un futuro promisorio, siéntase dichoso porque así será. Si sueña pobreza, augura que tendrá dificultades para lograr sus propósitos. En la mayoría de los casos este sueño pronostica que su vida dará un giro inesperado. Tendrá que atravesar pruebas difíciles, las cuales podrá vencer si tiene fe en Dios y en sí mismo. 21.

G

Gabinete: Cambio de domicilio. Tendrá novedades de un amigo. 74.

Gaita: Será portavoz de una gran noticia. Muchas gaitas pronostican buena suerte en los juegos de azar y encuentros románticos. 20.

Gala: Vestirse así augura que asistirá a un elegante compromiso. 16.

Galaxia: Logrará cumplir sus metas antes del tiempo estipulado. 80.

Galería: Su buena suerte podría estar en una actividad comercial. 3.

Galletas: Sus ideas comenzarán a dar buenos resultados. 79.

Gallina: Si pone huevos, recibirá dinero inesperado. Si cacarea, le contarán una calumnia. Si observa muchas gallinas, vienen tiempos mejores. Una sola señala testarudez. Una gallina sin plumas le augura tres meses de necesidades económicas. 45.

Gallinero: Será testigo de una discusión muy desagradable. 23.

Gallo: Controle su orgullo y acepte cuando otros tienen la razón. 78.

Gallo de pelea: No se convierta en un ser prepotente. 57.

Ganadero: El negocio que tiene en mente tendrá éxito. 1.

Ganado: Ganado numeroso y saludable augura un cambio positivo económico. Predice dos años de suerte. Un ganado poco numeroso y de reces flacas, le advierte que debe cuidar cada centavo que gasta, porque viene una época dura y llena de dificultades. Ahorre todo lo que pueda. 79.

Ganancias: Estabilidad financiera y cumplirá con todas sus cuentas. 36.

Gangster: No haga algo que le pueda perjudicar ante la ley. 28.

Ganso: Presagia discordia pasajera con el ser amado. 12.

Garabatos: No haga una tragedia por problemas que tienen solución. No se lamente, reaccione y salga adelante. 88.

Garaje: Le encontrará salida a la dura situación que está afectando a uno de sus seres queridos. 5.

Garganta: No opine sobre un tema del cual no está seguro. 41.

Garrapata: Tratan de engañarlo para obtener un provecho económico. 52.

Garrote: Si no controla su temperamento, terminará hiriendo los sentimientos de las personas que más le quieren. 4.

Gas: Tenga cuidado al maniobrar aparatos eléctricos y objetos puntiagudos. No deje velas encendidas cuando salga de casa. 70.

Gasolina: El éxito y la felicidad tocarán a su puerta. Deberá compartir para que así su dicha sea duradera. 39.

Gastar: Pierde tiempo en una ocupación que no tiene futuro. 24.

Gato: Recobrará objetos perdidos. Un gatito predice que le preocupará el delicado estado de salud de un familiar. Si un gato le araña, cuídese de un mal amor. Muchos gatos, logrará independizarse de algo o de alguien. 19.

Gaveta: Si abre una gaveta, es inconformidad respecto a su vida romántica. Si guarda algo en ella, ha ocultado secretos que serán descubiertos. 57.

Gavetín: Alguien cercano le hará pasar un mal rato. 39.

Gavilán: Se enterará de la desdicha de un amigo muy cercano. 83.

Gaviota: Le harán una propuesta curiosa. No decida en el momento algo que debe pensar más detenidamente. 2.

Geiser: Después de todos los problemas que ha tenido que enfrentar, ahora le vienen unos meses de mucha paz y tranquilidad. 66.

Gema: No desista de sus planes ahora que está a mitad del camino. 43.

Gemelos: Atracción sentimental por dos personas al mismo tiempo. A una mujer le pronostica embarazo o para alguna de su familia. 58.

Generador: Deje de hacer nuevas promesas y cumpla con lo que prometió anteriormente. 71.

General: Sea prudente y actúe con firmeza y madurez. Recuerde que de sus decisiones depende el futuro de algunas personas. 33.

Gentío: Déle la bienvenida a un nuevo ambiente y a nuevas amistades. 14.

Geografía: No crea que lo sabe todo o que puede dominar a todas las personas porque se llevará una gran decepción. 81.

Geometría: No complique su vida teniendo más de una relación sentimental. Si lo hace se arrepentirá. 4.

Geranio: Encontrará el asociado perfecto que le ayudará a llevar a cabo todos sus proyectos. 62.

Gerente: Alguien que le hizo un favor en el pasado le pedirá ayuda y será su deber darle una mano. 40.

Gigante: Es probable que se enamore de una persona extranjera. 54.

Gimnasia: Buena salud para usted y sus seres queridos. 73.

Gimnasio: Con paciencia y perseverancia llegará al sitio que se ha propuesto. Si actúa con inteligencia triunfará ante cualquier infortunio. 35.

Ginecólogo: A una mujer le augura que sufrirá padecimientos genéricos. A un hombre le predice que va a ser papá. 21.

Girasol: Desde este día y durante ocho meses, gozará de una suerte increíble. Le viene una oportunidad de oro. 15.

Gitano: Aléjese de quien sólo le ofrece vicios y malos consejos. 84.

Glaciar: Alguien lo ofendió y le pedirá disculpas, pero no deberá conformarse con palabras, espere que los actos le demuestren la verdad. 9.

Gladiador: Una petición que usted hizo recientemente será atendida por la persona indicada. 67.

Globo: Etapa de transición económica. Logrará reponerse rápidamente. 55.

Glotonería: Si hace un favor, hágalo de corazón sin esperar retribución. 72.

Glúteos: Aumentará la pasión en su relación actual. A los solteros les augura que vivirán pasiones arriesgadas. 37.

Gobernador: Si no confía en sí mismo nadie confiará en usted. 29.

Gobierno: No trate de cambiar la vida de las personas que están a su alrededor porque podría quedarse solo. 13.

Golf: Una persona rica e influyente le ayudará a realizar un proyecto muy ambicioso. 8.

Golondrinas: Buenas noticias de personas que viven lejos. Si ve una golondrina entrando en su casa, le viene una gran bendición. Un nido de golondrinas es el inicio de una próspera actividad laboral o comercial. Muchas golondrinas pronostican la realización de un viaje. 6.

Golosinas: Se sentirá atraído físicamente por alguien de menor edad. 6.

Golpear: Una experiencia difícil le desanimará por unos días. Relájese porque todo volverá a la normalidad. 42.

Golpes: Discutirá con una persona infame. 51.

Góndola: Intentarán venderle algo por muy bajo precio. No lo compre porque se trata de un objeto robado. 31.

Gordo: Verse gordo presagia cambios económicos favorables. Observar un grupo de personas gordas augura que le vienen cinco años de buena suerte. Si tiene este sueño con frecuencia, se deja llevar por la vanidad. 22.

Gorila: No se deje vencer por el rencor que siente. Recapacite. 11.

Gorra: Si se la pone, predice aventuras amorosas con alguien que apenas conoce. Si se la quita, pronostica que un amigo le defraudará. 85.

Gorrión: La vida le tiene reservada una nueva y gran oportunidad. 8.

Gotera: Gasta su dinero inadecuadamente. Revise los grifos del agua. 30.

Gotero: Sea más generoso consigo mismo. 10.

Gozar: Sus buenas acciones le harán ganarse aliados importantes. 44.

Grabador: Tendrá una propuesta ilícita. No dude en rechazarla. 78.

Gradas: Si las sube, es progreso. Si las baja, es pérdida de tiempo y de dinero. Si las observa, tendrá que enfrentar una prueba difícil. 61.

Graduación: Augura el comienzo de una nueva vida. Olvide lo sucedido y siga su camino hacia el progreso. 86.

Graduado: Si es usted quien se gradúa, le augura nuevas responsabilidades. Si es otra persona, le vaticina atrasos de todo tipo. 34.

Granada (explosivo): Alguien quiere ganarse su amistad para después tratar de abusar de su confianza. 49.

Grandulón: Enfrentará la perversidad de una persona hipócrita. Para liberarse de cualquier mal, encienda una vela roja una hora al día durante veintiún días. Acompañe el ritual rezando un pasaje bíblico. 38.

Granero: Encontrará lo necesario para una vida estable y feliz. 47.

Granja: Conocerá personas humildes y honestas quienes le harán cambiar positivamente su concepto de la amistad. 1.

Granjero: Le propondrán un buen negocio o acuerdo ventajoso. 34.

Granos: Si observa granos en su piel o en el rostro, alguien quiere contagiarle una enfermedad. Aquella persona podría tratar de seducirle a la primera oportunidad. Para protegerse del augurio, se aconseja que use ropa interior color rojo durante cuatro martes consecutivos. También rece el salmo 101 en voz alta, todas las mañanas durante el mismo período. 17.

Granos básicos: Nunca le faltarán los alimentos en su mesa. 23.

Grasa: No se obsesione con su peso o enfermedades que no padece. 48.

Gratificación: Si la recibe, le aconseja ser más generoso con los desamparados. Si la otorga, augura que reconocerán sus méritos. Le tienen preparada una sorpresa. 65.

Gravedad: Un familiar le ocasionará serios problemas. 76.

Gremio: Formará parte de una reconocida asociación. Recibirá el apoyo de personas que ni siquiera imagina. 18.

Grieta: Es probable que encuentre enterrado un valioso objeto metálico o alguna antigüedad. 69.

Grillo: Podrá resolver de buena manera todo lo que ahora le preocupa. No enfrentará ninguna dificultad en el lapso de dos meses. 66.

Gripe: Está gastando recursos y energía en algo que no vale la pena. A una mujer le augura que discutirá con una amiga. 73.

Gritar: Enfrentará todo tipo de atrasos económicos. Para mejorar su suerte dése tres baños con agua de menta. Comience el martes. 30.

Gritos: Si escucha gritos en un sueño, predice que alguien necesita urgentemente su ayuda. 12.

Guantes: Si se los pone, indica triunfo total. Si se los quita, no se de por vencido y que siga luchando. Si son blancos, auguran que su pareja le es totalmente fiel. Si son negros, presagian penas sentimentales. Si son de otro color, señalan que algo novedoso está a punto de llegar a su vida. 8.

Guardabosques: Debe ser más reservado con su vida íntima. No le cuente a cualquier persona lo que le ha sucedido. 40.

Guardacostas: Se interesará sentimentalmente por un pariente en segundo o tercer grado. 23.

Guardaespaldas: Cuenta con un espíritu protector que le librará de tener una mala experiencia con una persona deshonesta a quien usted conoció recientemente. Préstele más atención a sus corazonadas. 51.

Guardar: Si sueña que guarda algo, indica que le harán una confesión morbosa. 96.

Guardarropa: No acapare objetos que ya no va a utilizar. 53.

Guardería: Debe ser más condescendiente con su familia. No permita que la soberbia lo aleje de sus seres queridos. 77.

Guardia: Le fastidiará la actitud egoísta y superficial de un amigo. Si sueña que un guardia le persigue o le arresta, indica que alguien tratará de manipularlo. 68.

Guarida: Evite frecuentar lugares peligrosos o de dudosa reputación. Si ve una guarida y no entra, predice que descubrirá un secreto que puede ponerlo en peligro. No comente lo que sabe. 4.

Guerra: Viene una época de problemas familiares y económicos. Actúe con serenidad. Si sueña que dos países están en guerra, peleará con uno de sus hermanos. Soñar con una guerra mundial predice que ocurrirán sucesos violentos en el país donde usted vive. 65.

Guerrero: Irá a una obra teatral o visitará un interesante museo de arte. 1.

Guerrilla: Ocurrirán actos lamentables donde usted vive. 99.

Guía turística: Si necesita orientación legal, acuda a profesionales en el tema. No ponga atención a los comentarios que escuche en la calle. 48.

Guía espiritual: Le espera una época llena de tranquilidad y paz en su hogar y dependerá de usted que perdure por mucho tiempo. 51.

Guillotina: Trate de enmendar sus errores, de otra manera los remordimientos no le dejarán vivir en paz. 87.

Guión: Le ofrecerán una magnifica propuesta de trabajo. Tendrá la oportunidad de ganar mucho dinero. 75.

Guirnalda: Aumentará sus ingresos. 12.

Guisado: Tiene que mejorar su alimentación y parar de comer en horas inusuales. Si no lo hace resentirá un deterioro físico. 60.

Guisantes: Recibirá aumento de sueldo, encontrará un mejor empleo o ganará una buena suma de dinero sin mucho esfuerzo. 53.

Guitarra: Experimentará nuevos placeres románticos. 11.

Guitarrista: Hará amistad con una persona totalmente diferente a las que ha conocido hasta ahora. 2.

Gula: No trate de acaparar demasiado porque puede quedarse sin nada. Más vale pájaro en mano que un ciento volando. 86.

Gusano: Alguien tratará de vivir a sus expensas. Abra los ojos. 24.

H

Habano: Si fuma u observa un habano encendido, se reconciliará con un amigo con quien discutió hace unos días. Si está apagado, enfrentará problemas serios con su pareja. 4.

Habas: Recapacite porque ha actuado mal con la persona que menos lo merece. Si las habas están verdes, alguien le mostrará desagradecimiento. Si están sucias o podridas, le aconsejan que se cuide de una enfermedad viral. Al primer síntoma visite al médico. 32.

Habitación: Una habitación cómoda y ordenada augura estabilidad en su vida romántica. Si está sucia o en desorden, un amigo pretenderá dañar su imagen. Si es incomoda tendrá un serio tropiezo en el trabajo. 52.

Hábito: Tener puesto un hábito religioso señala que está reprimiendo sus más íntimos deseos. Si otra persona lo lleva puesto, le advierte que enfrentará duras críticas por parte de sus competidores. 18

Hablar: Si le habla a otras personas, llegarán nuevas amistades. Si habla con desconocidos, volverá a encontrarse con su primer amor. Si habla solo, un mal recuerdo de su infancia le está afectando psicológicamente. En ese caso necesita buscar ayuda profesional lo antes posible. 3.

Habladurías: Le enfadará la actitud envidiosa y obsesiva de alguien a quien consideraba una buena persona. 45

Hacienda: Encontrarse en una hacienda augura que desde este día en adelante le esperan dos años de buena suerte. 20.

Hacha: Trabaje muy duro en los próximos tres años. Un hacha rota u oxidada presagia el deterioro de una propiedad que ha sido descuidada. 30.

Hada: Alguien del sexo opuesto le ayudará a resolver un grave problema económico. Si el hada tiene alas o usa vestuario brillante, augura que contará con todos los recursos para ganar una buena suma de dinero. 88.

Halagos: Si es halagado, predice que con seguridad logrará obtener la posición laboral que desea. Si halaga a otra persona, indica que necesitará un gran favor de la persona que menos imaginó. 70.

Hamaca: Necesita una corta vacación. Últimamente ha tenido muchas presiones tanto familiares como económicas, por lo tanto precisa relajarse unos días para así poder resolverlo todo de la mejor manera. Si observa muchas hamacas, presagia que visitará un país vecino al suyo. 21.

Hambre: Tendrá que enfrentar una de las épocas más difíciles de toda su vida, sin embargo, logrará salir adelante en pocos meses ya que recibirá la ayuda económica y moral de personas que le aprecian de verdad. 90.

Harapos:. Si se observa vestido con harapos, predice que llegará a su fin una relación sentimental que no tiene ningún futuro. Si observa a otras personas vestidas con harapos, augura que uno de sus amigos más allegados sufrirá por una desgracia ocurrida en su familia. 10

Harem: Una persona aventurera le hará gozar de placeres sexuales que antes desconocía. 69.

Harina: Encontrará la felicidad en las cosas simples de la vida. Soñar con diferentes tipos de harina le aconseja no involucrarse en una relación sentimental donde existen más de dos personas. 34

Hebilla: Deberá ajustar su presupuesto porque se avecinan grandes gastos que no han sido previstos. 95.

Hechicería: Si otros la practican, no se involucre de ninguna forma con una persona de moral reprochable. Si se observa practicando algún ritual de hechicería, le advierte que su mal proceder lo está convirtiendo en su peor enemigo. Retráctese antes de que sea demasiado tarde. 42.

Helados: Si lo come, augura que lo tomarán en cuenta en un importante evento social. Si el helado se derrite, predice que su pareja le será infiel con alguien a quien usted conoce. 11

Helechos: Observar helechos verdes y abundantes augura que cualquier problema que le esté afectando llegará a su fin en menos de una semana. Si el helecho está seco o marchito, indica que un familiar cercano ha estado usando drogas y creará situaciones que afectarán a toda su familia. Si este es el caso, se aconseja que escriba las iniciales del nombre de la persona en una manzana, después la parte a la mitad, hace oración pidiendo por esa persona y finalmente tira la manzana en un río. Hágalo martes o domingo. 14.

Hélice: Este sueño indica que le falta un poco de tacto cuando trata a los demás. Recuerde que hay cosas que aunque sean ciertas no se pueden comentar. 26

Helicóptero: Tendrá que hacer un viaje de emergencia a una ciudad cercana. Atravesará por varios apuros, al final todo saldrá bien. 64.

Heliotropo: Soñar con esta flor predice que una relación sentimental profunda y estable se verá amenazada por una baja pasión. 91.

Helipuerto: Le propondrán que participe en un negocio fraudulento. Si lo hace, se arrepentirá toda su vida. 44.

Hematoma: Hay peligro de caerse y golpearse en la cara. Tenga cuidado al subir y bajar escaleras. Si tiene este sueño con frecuencia, augura que se verá involucrado en un hecho de violencia doméstica. 23

Hemorragia: La actitud poco inteligente de otra persona le hará perder tiempo y dinero. Si la hemorragia la sufre alguien más, presagia que uno de sus amigos enfermará gravemente. 33.

Heno: Verlo o tocarlo augura que tendrá éxito en estos días. Contará con los medios para solucionar cualquier atraso económico. 73.

Herencia: Si recibe una herencia, confía demasiado en la buena voluntad de los demás. Si un desconocido le deja una herencia, predice que una persona anciana será como su ángel de la guarda. Si usted le hereda a alguien, presagia que uno de sus parientes ambiciona algo que usted posee. 55

Herida: Observar una herida en su cuerpo augura que recuperará la buena salud. Si la herida es en la cara, sea más cuidadoso al conducir. Si es muy profunda, presagia que atravesará por unos días de depresión. Si ve herida a otra persona, le anuncia que un hermano o un hijo está en apuros. Si la herida es curada, contará con la fidelidad de un nuevo amor. 12

Herir: Si alguien lo hiere, vaticina que un favor que usted hizo de buena fe será pagado con una cruel traición. Si usted hiere a otra persona, señala que alguien lo odia sin tener un motivo válido para hacerlo. 27.

Herirse: Si se hiere usted mismo, es señal que está tomando decisiones que le perjudicarán en el futuro inmediato. Decídase a hacer lo que le haga sentir feliz y no lo que haga sentir bien a los demás. 65

Hermanos: Si los ve sanos, auguran buenas noticias y alegría. Si habla con ellos, presagia que tendrá suerte en las finanzas. Si discute con ellos, indica que se ha vuelto muy egocéntrico. Si los observa cansados o enfermos, señala que debe perdonar algo que ellos hicieron en su contra inconscientemente. Si los ve muertos, es augurio de larga vida para ellos y para usted. Si es hombre y sueña con su hermana, vaticina que contará con una suerte tremenda. Si es mujer soltera y sueña con su hermano, le anuncia que tendrá un matrimonio feliz. 40.

Hernia: Si sueña que tiene una hernia, indica que padecerá una afección cutánea. 86.

Héroe: Hará realidad una de sus fantasías. Si sueña que es un héroe, predice que descubrirá en su interior un poder oculto. 25.

Herpes: Evite tener relaciones sexuales con personas promiscuas porque corre el riesgo de contraer una enfermedad vergonzosa. 71.

Herradura: Contará con un magnetismo especial que le ayudará a encaminarse al triunfo. Si encuentra o recoge una herradura, le llegará una suma de dinero como caída del cielo. Muchas herraduras, auguran que le llegó el tiempo de las vacas gordas. 56.

Herramientas: Contará con los recursos necesarios para reponerse de la mala racha que le afectó en días recientes. 38.

Herrero: Si desea progresar deberá asumir una actitud más positiva. No se queje de situaciones que están fuera de su alcance. 23.

Hervir: Le hace falta más actividad en su vida sexual. 29.

Hidrofobia: Este sueño le aconseja que no descargue su ira en personas que no tienen nada que ver con sus problemas. 31.

Hiel: Le entristecerá el drama familiar que está viviendo su mejor amigo. Si prueba la hiel, descubrirá que su pareja no le ama. 9.

Hielo: En el lapso de un mes se aconseja que sea cuidadoso en todos sus asuntos porque enfrentará grandes dificultades e inconvenientes, especialmente de carácter económico. Si camina sobre el hielo, augura que una amistad terminará para siempre. Si ha estado teniendo conflictos en casa o con la familia y sueña que come o toca hielo, el sueño presagia el final de todos los problemas. Donde otros ponen la discordia, ponga usted la paz. 58.

Hiena: Una mujer mala y de aspecto grosero intentará perjudicarlo utilizando la magia negra. Para que se proteja de esa mala influencia se recomienda que consiga doce piedras de un río, colóquelas en un plato blanco y agrégueles un poco de sal, mirra y pimienta negra. Después coloque el plato durante dos meses cerca o debajo de su cama. Hágalo en día martes al mediodía. 13.

Hierbas: Actué con los demás de la mejor manera posible porque la ley del karma tocará su vida dentro de seis meses. Toda la energía que envíe retornará a usted como un bumerang. 22.

Higos: Si están maduros, auguran felicidad en el noviazgo o el matrimonio. Si están verdes, presagian que encontrará a la persona adecuada con la que compartirá su vida. Higos secos predicen el deterioro de una relación. 16.

Hijos: Si los observa sanos y contentos, habrá bienestar y abundancia para su familia. Si está enfermo, es probable que la enfermedad recaiga en usted. Si ve a un hijo rodeado de víboras u otro animal despreciable, tiene malas amistades que podrían perjudicarlo. Si salva a su hijo de un peligro, recibirá una gran bendición. Si discute con sus hijos, enfrentará problemas económicos. Si una madre joven sueña con su único hijo, es augurio de un próximo embarazo. Si un hijo se casa, pronto llegará la felicidad a su vida. Si un hijo se gradúa, es indicio que él triunfará profesionalmente. Hijas solteras anuncian grandes ganancias y la realización de un buen negocio. Ver a una hija embarazada le aconseja que observe e investigue quienes son los amigos de sus hijos. Si los ve tristes o llorando, es porque ellos están pasando por una situación confusa y dolorosa. Si ve a sus hijos muertos no se preocupe porque augura todo lo contrario, larga vida y felicidad para ellos. A los solteros que no tengan hijos y experimenten este sueño les aconseja que se preparen porque serán padres o madres en menos de dos años. 88.

Hilo: Hará amistad con personas que le ayudarán a subir de posición. Si sueña con hilos enredados, augura que una persona sin escrúpulos armará una intriga en su contra. 77.

Himnos: Si escucha o canta himnos durante el sueño predice que alguien se está aprovechando de su buena voluntad. 39.

Hinchazón: Pesares causados por sus padres o por un hermano. 43.

Hindú: Modere su carácter. Si no lo hace, alguien le dará un buen susto. 91

Hipnosis: Estudiar una doctrina espiritual le ayudará a mejorar su vida. 48.

Hipo: Un conocido le negará un favor que usted solicitó. 37.

Hipocresía: Será acosado por alguienque sufre de celos enfermizos. 68.

Hipódromo: Su organismo le pide reajustar su reloj biológico. 52.

Hipopótamo: Está sintiendo deseos por una persona que está prohibida para usted. Recapacite. 46

Hipoteca: Corre el riesgo de perder dinero en una mala inversión. 79.

Histeria: Atravesará una angustiosa situación que podría hacerle cometer un hecho violento. 41.

Hocico: Le previene que está a punto de cometer una grave indiscreción que puede dañar la vida privada de otra persona. 15.

Hogar: Este sueño es de buen o mal augurio dependiendo de lo que observe. Un hogar cómodo, limpio y acogedor presagia que ocurrirán sucesos que le alegrarán la vida. Un hogar deteriorado o de mal aspecto presagia que le llegarán noticias de un familiar que está muy enfermo. 76.

Hojas: Presagian cambios económicos favorables si están frescas. Secas o marchitas predicen que vivirá una etapa de estancamiento. 40.

Hojalata: Comprará un objeto que saldrá defectuoso. 97.

Holgazanería: Perderá una magnífica oportunidad debido a su falta de responsabilidad. 61.

Holocausto: Ocurrirá un hecho sangriento cerca de donde usted vive. 17.

Hollín: Logrará tener éxito si decide cambiar su estilo de vida. Llevar una doble vida no es justo para nadie. 36.

Hombre: Si una mujer sueña con un hombre bien parecido, el sueño presagia una mejoría financiera. Si sueña con un hombre feo o de mal aspecto, augura que su pareja comenzará a tratarla mal. Si sueña a menudo con un desconocido, el sueño predice que alguien la ama en secreto. Si un hombre sueña con hombres que no conoce, significa que está pasando por una etapa de gran insatisfacción en su vida. Cuando un hombre sueña a menudo con otros hombres es indicio de la necesidad de encontrar buenos amigos o un grupo interesante con el cual pueda socializar. 62.

Hombros: Si son suyos, indican que su porvenir depende de la seguridad que tenga en sí mismo. Si son los de otra persona, es señal que alguien cercano a usted quiere hacer un sabotaje a todos sus planes y proyectos. 74.

Homenaje: Si es en su honor, augura que saldrá victorioso en todo lo que se proponga hacer el próximo año. Si es en honor de otra persona, es presagio que un competidor pretende robarle sus ideas. 28.

Homicida: Tenga sumo cuidado porque alguien que le sonríe de frente, por la espalda intentará destruirlo. Para alejar a esa persona de su vida, queme con carbón un puñado de azúcar en la puerta de entrada de su casa y uno de sal en el baño. Hágalo durante cinco viernes consecutivos comenzando en luna nueva. Acompañe este ritual con una oración a su ángel guardián. 9.

Homicidio: Cometerlo le aconseja que se aleje de una persona que le está haciendo sentir muy infeliz. Si es víctima, predice que fracasarán sus planes. Si observa un homicidio, indica que está guardando un secreto que al ser descubierto explotará como una bomba. Si un conocido comete un homicidio, augura que hay facetas negativas y oscuras que usted desconoce de esa persona. 4.

Honestidad: Le será devuelto lo que le pidieron prestado. Le pagarán una deuda. Confié en la palabra que le dieron. 10.

Hongos: Con la ayuda de una persona inteligente podrá llevar a cabo un proyecto que había estado rezagado. 1.

Horario: Prepárese, porque tendrá una semana cargada de fuertes tensiones en su trabajo. 78.

Hormigas: Hoy es ideal para ordenar sus ideas e iniciar nuevas actividades que le puedan rendir beneficios económicos a corto plazo. 5.

Hormiguero: Es muy probable que encuentre un objeto que daba por perdido. 19.

Horno: Conseguirá el respeto de los demás, de la misma manera en que usted se valore a sí mismo. 59.

Horno microondas: No trate de hacerlo todo apresuradamente porque no le saldrá bien. Todo aquello que deseamos que perdure, requiere tiempo, constancia y sacrificio. 2.

Horóscopo: Si lee un horóscopo, indica que ya lleva tiempo esperando que ocurra un cambio general en su vida, pero se ha detenido a pensar qué es lo que usted está haciendo para que este cambio ocurra. No debe dejarlo todo en manos del destino. Si usted escribe un horóscopo, augura que soñará con tres episodios que se harán realidad. 80.

Hortalizas: Tenga precaución al maniobrar cuchillos, tijeras e instrumentos puntiagudos porque podría herirse las manos o los brazos. 75

Hospicio: Personas en las que confiaba lo dejarán solo y no le ayudarán en el problema que está enfrentando. 66.

Hospital: Si entra en un hospital, el sueño presagia que padecerá una corta enfermedad. Si observa un hospital lleno de heridos, augura que puede sufrir un accidente, por lo tanto se aconseja que no maneje ni haga viajes por lo menos durante dos semanas. Si ve un hospital deshabitado, el sueño le aconseja que trate de impedir que las frustraciones que sufrió en el pasado se conviertan en su peor pesadilla en el presente. Si camina por los pasillos de un hospital, predice que pronto visitará a un enfermo. Si sale de un hospital, es señal que todos sus problemas comenzarán a solucionarse a partir de este día. 60.

Hostia: Después de una época cargada de aflicciones y penas en su hogar, por fin llegará la tan ansiada tranquilidad. 7.

Hotel: Cuanto más grande sea el hotel, mayor será su suerte en los próximos tres años. Una aventura en un hotel, presagia que su pareja le será infiel. Si sueña a su pareja en un hotel con otra persona, el infiel será usted. Si vive en un hotel, dentro de unos meses se irá a vivir a otra ciudad o país. Si está solo en un hotel, le espera un viaje que cambiará su vida totalmente. Soñarse como dueño de un hotel, le anuncia que tendrá riqueza. 8.

Hoyo: Si cae en un hoyo, es augurio de pérdidas económicas y enferme-dad. Si cae en uno y logra salir, predice que recuperará algo de lo cual le habían despojado por medios fraudulentos. Si ha caído en uno y no pue-de salir, una persona cercana intentará lavarle el cerebro para dominar su vida y así poder explotarle. Si ve amigos o seres queridos metidos en un hoyo, es presagio que uno de ellos le pedirá ayuda económica para salir de una angustiosa necesidad. Si sueña que va caminando y encuentra ho-yos en su camino, el sueño le sugiere no hacer negocios, inversiones o cambiar de trabajo en el lapso de tres meses porque si lo hace estará des-tinado al fracaso. Para contrarrestar los malos augurios de este sueño se recomienda que vista ropa interior amarilla durante cuatro días consecu-tivos después de haber tenido este sueño. 47.

Huelga: Si observa o participa, no se deje influenciar por personas e ideas que van en contra de su propia integridad. 30.

Huellas: Si son humanas, presagian que va cabalgando por el camino co-rrecto. Si son de animales, indican que su vida se ha convertido en un cír-culo vicioso del cual podrá salir si busca ayuda psicológica. 93.

Huellas digitales: Tendrá que resolver un asunto legal. Consulte con un experto y no preste atención a las especulaciones. 39.

Huérfano: Vivirá duras experiencias que le ayudarán a evolucionar y a cre-cer como ser humano. Tenga en cuenta que después de la tempestad vie-ne la calma. 0.

Huerta: Tiempo para planificar su futuro. Debe asumir nuevas responsabili-dades. Si la huerta luce abundante, será dichoso en su vida familiar. Si luce descuidada, hay un descenso en su situación económica. Si se observa culti-vando o cosechando una huerta, siempre contará con un buen trabajo. 57.

Huesos: Si son huesos de animales, el sueño predice que pasará por un perí-odo de limitaciones y de mucha carestía. Si son huesos humanos, augura el fallecimiento de alguien cercano a usted. Si observa a un desconocido ma-niobrando con huesos, es presagio que una persona a quien conoció re-cientemente querrá involucrarlo en una doctrina satánica. Para neutralizar los augurios de este sueño se aconseja que rece el salmo 146 durante dieci-siete días consecutivos. Hágalo todos los días a la misma hora. Comience el día lunes. 99.

Huéspedes: Le molestará que uno de sus parientes se inmiscuya en su vida privada. 14.

Huevos: Si observa huevos blancos, señalan que existe una aura protectora a su alrededor. Huevos de color indican que su mejor amigo le envidia. Si sueña comiendo huevos, indica que la actitud de un familiar le hará sufrir. Ver cartones o canastas llenos de huevos es le anuncian que llegará a poseer un buen patrimonio que le hará gozar de una vida más tranquila. Si observa un establecimiento repleto de huevos, juegue a la lotería y use números relacionados con su licencia de conducir y fecha de nacimiento. 20.

Huir: No es justo que pase por encima de todo el mundo para lograr lo que quiere. Si lo hace, lo mismo le harán a usted más adelante. 29.

Humillación: Si sufre una humillación, indica que la persona que dice quererle tanto guarda enormes resentimientos en su contra. Si usted humilla a otra persona, augura que sufrirá una burla cruel. Si observa que humillan a otras personas, será testigo de una injusticia social. 4.

Humo: Tiene mucho temor al fracaso y eso no le deja salir de la mediocridad. Si observa señales de humo, triunfará sobre un adversario. 11.

Humoristas: Necesita un poco de diversión. No todo puede ser trabajo y obligaciones financieras. Tiene que delegar responsabilidades. 6.

Hundirse: Si sueña que se hunde, vaticina que alguien está obstaculizando su progreso. Tiene al enemigo muy cerca de usted. 40.

Huracán: Soñar con un huracán es augurio que le vienen tres meses llenos de angustia, grandes complicaciones económicas y un posible deterioro de la salud. Dependiendo de la furia con que muestre el huracán, así será la magnitud de los problemas y conflictos que habrá de enfrentar. La fe en Dios y la fuerza de voluntad serán sus armas más poderosas para confrontar la adversidad. Es muy probable también que en dicho período lo dejen solo aquellos en los que usted confiaba, inclusive los miembros de su propia familia. Con el tiempo verá todo esto como una tormenta pasajera que no logró entorpecer su vida, sin embargo, nunca olvidará las drásticas experiencias y las duras lecciones aprendidas. 9

Iceberg: Una relación amorosa que se consideraba firme puede terminar. 89.

Ideas: Buenas ideas es augurio de tres meses de buena suerte. 11.

Idiomas: Si los habla o escucha, encontrará buena suerte lejos de su tierra. 29.

Ídolo: Se esclaviza por actividades que no le darán ningún beneficio. Si alaba a un ídolo, da mucha importancia a la opinión pública. Si rompe un ídolo, detendrá a alguien que lo ha dominado. 20.

Iglesia: Si entra o está en una iglesia, es afortunado en el amor porque la máxima virtud de su pareja es la fidelidad, pero debe ofrecer lo mismo a cambio por aquello de la ley de la compensación. Si observa una iglesia oscura, vacía o en ruinas, el sueño augura que asistirá a un entierro. 31.

Iglú: Aunque no posea muchos bienes materiales en este momento, comenzará a vivir una de las etapas más felices de su vida. 8.

Iguana: Si ha estado enfermo o deprimido, en un par de días se aliviará. 46.

Iluminar: En unas semanas encontrará la forma de ganar más dinero. 50.

Ilusión: La persona amada le está ocultando un penoso secreto. 19.

Imán: Está siendo atraído sexualmente por una persona que no le conviene. Si ve un conjunto de imanes, augura que recibirá presentes valiosos. 23.

Imitaciones: Sea auténtico en su proceder y no finja emociones. 92.

Impaciencia: Gastará tiempo y dinero tratando de ayudar a un par de holgazanes que no desean salir adelante.0.

Imperio: Alguien inesperado le hace la competencia. 43.

Impermeable: Descubrirá que tiene cierto talento para el arte. 8.

Implantes: La felicidad se proyecta desde el interior hacia afuera, no con exuberancias. 14.

Implorar: Alguien a quien usted más ha ayudado le negará un favor. 67.

Importar: Recibirá una carta o un correo electrónico del extranjero. 32.

Impotencia: Si es el sueño de un hombre, auguria es todo lo contrario, vivirá una vida sexual más plena y vigorosa. Si una mujer sueña que su pareja es impotente, su amante ya no la desea. 75.

Imprenta: Éxito rotundo en todo proyecto o trabajo. Merecido triunfo profesional. Los comerciantes tendrán una época afortunada. 88.

Impresora: Debe hacer algunos recortes en su presupuesto porque tendrá que enfrentar muchos gastos que no tenía previstos. 51.

Impuestos: Si los paga se verá libre de problemas financieros. Si los debe, augura que contraerá una deuda de la cual le será difícil salir. 44.

Inauguración: Algo nuevo y fascinante dará inicio en su vida en las próximas semanas. 7.

Incapacitado: Soñar con incapacitados señala que sus buenos sentimientos serán puestos a prueba. Si usted está incapacitado, augura que resolverá los problemas de otra persona. 15.

Incendio: Peligro de robo. No guarde mucho dinero en casa. Si el incendio está fuera de control, se dejará arrastrar por una baja pasión. Un incendio forestal presagia pérdida material. Si se quema su casa, es indicio que un visitante intentará apoderarse de algo que es suyo. 60.

Incensario: Sentirá la necesidad de acercarse más a la religión. 54.

Incertidumbre: Penas causadas por gente mal agradecida. 91.

Incesto: Si sueña con prácticas incestuosas, resista a cometer acciones reprochables. Si tiene este sueño con frecuencia, ande con cuidado porque alguien pondrá en peligro su prestigio. No haga negocios ni transacciones riesgosas por dos meses. Lave sus pies con una mezcla de agua, sal, jugo de limón y bicarbonato. Así el augurio se desvanecerá. Hágalo el viernes. 4.

Incienso: A pesar de la traición y la envidia que enfrentará por parte de supuestos amigos, logrará vencer la adversidad y logrará lo deseado. 82.

Incineración: Si asiste a una incineración, necesita urgentemente hacerse un chequeo médico. Algo no anda bien en su sistema inmunológico. 40.

Incomodidades: Causarlas auguran ganancias y padecerlas, pérdidas. 98.

Incrustar: No oblige a sus familiares a hacer lo que a usted quiere. 45.

Incubadora: Tendrá gripe y deberá reposar por un par de días. 34.

Indecencia: La persona de su interés no es tan inocente como parece. 0.

Indecisiones: Si se burla de los errores de los demás, lo mismo le sucederá a usted pero con mayor intensidad. 55.

Índice: A partir de hoy inicia una etapa de mayor estabilidad económica. 10.

Indigestión: Evite consumir en exceso la carne de cerdo porque podría comenzar a desarrollar algún tipo de parásitos. Mejore su alimentación. 96.

Indios: Un secreto natural que le ayudará a mejorar su apariencia física. 78.

Indocumentado: Si está indocumentado en el extranjero, vivirá un año de inconvenientes financieros. Un grupo de indocumentados predice un problema legal. Para neutralizar los efectos negativos se recomienda que entierre cincuenta monedas de diferente denominación en una maceta o en el jardín de su casa. Déjelas allí durante cinco días. Al final las desentierra, las limpia y se las obsequia a una persona necesitada que encuentre en la calle. Comienza el ritual en luna nueva. 28.

Indulto: Sea humilde con aquellos que carecen de una buena educación académica. A los comerciantes les predice el fin de una mala racha. 49.

Indumentaria: S le aconseja que mejore su manera de vestir. 65.

Industria: Llegará a ser dueño de una propiedad en una ciudad lejana. 8.

Inédito: Tendrá el apoyo de personas influyentes quienes le ayudarán a llevar a cabo un ambicioso proyecto comercial o cultural. 7.

Infamia: Deje de ser prepotente y autoritario con todo el mundo. De lo contrario enfrentará duras lecciones en el futuro. 59.

Infancia: Comenzará a desarrollar una gran amistad con alguien a quien conoció hace más de diez años. 77.

Infantería: Llograrrá realizar su más grande deseo profesional. 52.

Infanticidio: Los resentimientos y los deseos de venganza lo pueden perjudicar. Piense bien lo que va a hacer. Desista de esa idea. 90.

Infarto: Si usted lo sufre, predice que una mala noticia llenará de pesar su seno familiar. Si otra persona lo sufre, augura que un amigo suyo está gravemente enfermo. 35.

Infecciones: Sea más discreto y reservado con sus planes porque existen varias personas envidiosas y con pocos escrúpulos, que esperan la oportunidad para desacreditarlo en público. 67.

Infidelidad: A un hombre le aconseja que se cuide de las consecuencias negativas que atrae la promiscuidad. Para una mujer este sueño predice que su pareja dejará de satisfacerla sexualmente. 81.

Infierno: Los remordimientos no lo están dejando vivir en paz. Pídale perdón a la persona que dañó y así podrá tener la conciencia tranquila. Si observa a algún conocido en el infierno, indica que se enterará que alguien cercano a usted está pasando por una situación horrible. 13.

Infinito: No ha logrado sus metas porque siempre deja las cosas a medias. Si en realidad desea triunfar, debe sacrificarse y hacer un esfuerzo mayor. 20.

Inflación: No desperdicie lo que ahora tiene en abundancia porque después le hará una gran falta. 40.

Inflamación: Marcada rivalidad entre usted y un pariente cercano. 87.

Informe: Oírlo o leerlo señala el rompimiento de una relación amorosa que desde el principio estuvo destinada al fracaso. Redactar un informe augura que intentarán culparlo de un error que usted no ha cometido. 58.

Infraestructura: Se le abrirán las puertas a una oportunidad laboral que antes parecía inalcanzable. 5.

Ingeniero: Ha llegado el momento para que le dé un rumbo más positivo y correcto a su vida. Tiene ante usted la oportunidad de sobresalir y forjarse un nombre. 44.

Ingenio azucarero: Es probable que en el transcurso de su vida herede una propiedad o un objeto valioso de alguien que no es de su familia. 11.

Ingratitud: Esta rodeado de gente ociosa, carentes de aspiraciones. Busque un ambiente que vaya más de acuerdo con su personalidad. 43.

Ingreso: Soñarse ingresando en un lugar augura buena suerte, excepto si se observa ingresando a un calabozo. 61.

Inhalar: Este sueño augura que en un futuro cercano padecerá de una enfermedad relacionada con la nariz y las vías respiratorias. 39.

Iniciales: No confunda la verdad con una realidad virtual. 95.

Injerto: Quizás usted o algun familiar se casará con un extranjero (a) 77.

Injusticias: Defienda lo que le pertenece y no sienta lástima por personas que no lo consideran en lo más mínimo. 6.

Inmigración: Problemas migratorios presagia que le tiene demasiado temor al futuro. Si sueña ser deportado, es indicio que enfrentará problemas económicos y legales. Si emigra a otro país, presagia que la suerte lo está esperando en otro lugar. Si sueña que quiere emigrar y no puede, indica que sus planes han de retrasarse de seis meses a un año. 2.

Inmolar: Cuando sueña con este antiguo método de sacrificio y tortura, presagia que sus peores enemigos son su propia familia. No se sacrifique por cuervos que después le sacarán los ojos. 49.

Inmovilidad: La falta de aspiraciones está convirtiendo su vida en un círculo vicioso. Despierte y enfrente la vida con valor. 78.

Inquisición: Siente desubicado o fuera de sitio. Haga cambios en su manera de ser y pensar. Si es perseguido por la inquisición, augura que alguien tratará de entablar una demanda fraudulenta en su contra. 99.

Inscripción: Deberá actualizar sus conocimientos y así podrá mantener una posición firme en el trabajo. 52.

Insectos: Dos supuestos amigos buscan aprovecharse de usted, haciendo que sienta pena por ellos. No lo permita. Aléjese de ese par de mantenidos. 11.

Inseguridad: No tolere que otras personas decidan sobre su vida. Tome sus propias decisiones y no consienta que alguien le gobierne. 70.

Inseminación artificial: Encontrará curación para el mal que padece. Habrá una solución para el problema que le aflige. También augura embarazo para la mujer que tanto lo desea. 1.

Insignia: Un conocido pretenderá sacarle de sus casillas, para ponerlo en ridículo frente a mucha gente. Contrólese y no caiga en la provocación. 55.

Insomnio: Un evento desafortunado que le hará vivir un mes angustioso. 31.

Inspector: No trate de hacer todo usted solo, delegue responsabilidades y acepte que necesita ayuda. 76.

Instalar: Antes de confiar ciegamente en los demás, primero debe confiar en usted mismo. 50.

Institución: Si es una financiera, recibirá dinero inesperado. Si es de beneficencia, presagia que necesitará de la colaboración de dos personas que no se conocen entre sí. Si es gubernamental, alguien que vive con usted planea irse a vivir a otra parte. 22.

Instrumentos musicales: Si los escucha, un ser querido tendra una dicha. Tocarlos, descubrirá un secreto. Observarlos aconseja buscar la manera de hacer mejor su trabajo. Si los regala o los vende, indica cambio de domicilio o compra de una casa. Si los compra tendrá un año de buena suerte. 88.

Insulto: Si lo insultan, ha hecho amistad con alguien de malos sentimientos. Si insulta a alguien, un policía le llamara la atención o le multará. 15.

Intelectual: Predice que una persona extranjera se convertirá en una especie de ángel protector para usted. Soñarse como un intelectual le aconseja no detenerse en la búsqueda de sus sueños porque logrará alcanzarlos con plena seguridad. 10.

Intenta: Recuerde que la clave del éxito está en utilizar y desarrollar todas las habilidades que tenemos. 31.

Intercomunicador: Evite hacer uso de intermediarios cuando quiera demostrarle sus capacidades a otras personas. 42.

Intermitente: Soñar con una luz intermitente señala que está yendo en dos direcciones opuestas a la vez. Recuerde que no se puede trabajar para dos amos antagónicos al mismo tiempo. 0.

Internado: No se encierre en su propio mundo. Permita que otras personas toleren sus defectos y descubran sus virtudes. 91.

Internet: Si se sueña navegando en el Internet, es augurio que una persona, a la que aún no conoce, vendrá a cambiar su vida por completo. Prepárese y ábrale las puertas a una nueva vida. 89.

Intérprete: Estrechará lazos afectivos con extranjeros. También augura que hará un viaje a un país lejano. 80.

Intestinos: Este sueño le recomienda visitar al médico y hacerse varios análisis porque algo no está marchando bien en su organismo. 59.

Intoxicación: Ha estado tomando medicamentos que no le han recetado y eso le causará reacciones secundarias muy peligrosas. 34.

Inundación: La situación económica que atraviesa su país en este momento afectará directamente su bolsillo y su tranquilidad. 0.

Invalidez: Le falta coraje y fuerza de voluntad, por eso no ha podido alcanzar la posición económica y social que desea. 23.

Inválido: Desperdicia demasiado el tiempo en fiestas y actividades que terminarán por empobrecerlo y agotarlo físicamente. 19.

Invasión: Alguien a quien usted conoce de vista tratará de apoderarse de algo que es suyo. No permita que le roben el amor de su pareja. 44.

Inventar: Si inventa algo, en un año su situación económica mejorará. 68.

Inventario: Una o varias personas perderán una suma de dinero y usted o alguno de su familia se verán involucrados en el asunto. 95.

Inventor: Está destinado a alcanzar el triunfo económico. 21.

Invernadero: Avance económico si se asocia con la persona que se lo ha venido proponiendo desde hace un par de años. 54.

Inversión: No es buen momento para cambiar de trabajo,o para hacer negocios o asuntos de dinero. Se avecina una época de austeridad. 79.

Invicto: Deje la prepotencia y la arrogancia a un lado. Si cree que es la última soda del desierto, se llevará el chasco de su vida. 2.

Invierno: Si sus finanzas están decreciendo o si su salud comienza a quebrantarse, no culpe al destino sino a usted mismo. 41.

Invisibilidad: Una persona maligna esta jugando psicológicamente con usted para tratar de crearle complejos y dependencias. No permita que eso suceda y aléjela de su vida colocando un cristal de cuarzo en su habitación (en o cerca a una ventana) y colgando un racimo de cabezas de ajo en el patio de su casa. Hágalo el día martes y al finalizar encienda una vela dorada y rece con fe y en voz alta el salmo 59. 36.

Invitación: Si recibe una invitación para un paseo o viaje, se presagia que enfrentará una etapa de aburrimiento. Si le invitan a una fiesta, es probable que atraviese por situaciones vergonzosas en el trabajo. Si lo invitan a comer, vendrá un inesperado y rápido crecimiento financiero. Si es usted quien hace una invitación, vaticina el renacimiento de su vida sexual. 42.

Invocación: Si hace invocaciones durante el sueño, presagia que le invitarán a participar en rituales y ceremonias de un culto alternativo. 50.

Inyección: Una semana muy difícil. Relájese y espera a que las aguas vuelvan a su cauce. 66.

Inyectar: Le hará sentir mal la actitud de una persona mal agradecida. 9.

Irresponsabilidad: No permita que otras personas se recarguen en usted porque después no podrá quitárselos de encima. 46.

Irritaciones: Ciertas flores y algunas hierbas le causarán una molesta alergia respiratoria. 75.

Isla: Si es hermosa y tropical, pronto conocerá al amor de su vida. Y si está casado, reencontrará la pasión. Si la observa de lejos, está cerca de su meta pero debe apartarse de un colaborador que actúa en su contra. Si está solo en una isla desierta, no haga paseos o viajes con gente que conoce poco porque podría sufrir de abuso físico o mental. ¡Cuidado! 33.

Islam: Haga el bien sin mirar a quien y sobre todo sin esperar nada a cambio porque la bendición le vendrá del cielo. 60.

Isleño: La estabilidad emocional que necesita la encontrará en su interior y no en otras personas. Si quiere vivir mejor debe llevar una vida más sana. Preocúpese por mejorar su apariencia. 18.

Islote: La solución a su problema no está en hacer las cosas rápidamente sino en hacerlas bien. Si no cumple con lo que ha prometido, su palabra no volverá a tener credibilidad. 90.

Jabalí: Un enemigo intentará desprestigiarlo ante su familia. 20.

Jabón: Soñar que está enjabonándose predice que se quitará varios problemas de encima. Si observa varios jabones, augura que le pondrá un alto a personas y situaciones que le perjudican. 7.

Jacuzzi: Las fiestas y las parrandas son muy agradables, pero no todo en esta vida puede ser diversión. 16.

Jade: Tendrá suerte en juegos de azar y en apuestas. 14.

Jamón: Si lo observa, anuncia incremento en sus ingresos. Si lo come, presagia que se dejará llevar por una pasión prohibida. 78.

Jauría: No busque el peligro porque podría sucederle una desgracia. 96.

Jarabe: Un falso vidente tratará de sugestionarlo para sacarle dinero. 82.

Jardín: De este día en adelante comenzarán los buenos tiempos para usted y toda su familia. 39.

Jardinero: Alguien recien conocido se convertirá en su confidente. 71.

Jaula: Póngale fin a una situación que lo tiene angustiado. Si sueña estar dentro de una jaula, le advierte que debe evitar líos con las autoridades. 3.

Jefe: Cualquier sueño en el que observe a un jefe, predice que pronto cambiará de empleo y quizá hasta de ocupación. Si sueña frecuentemente con su jefe, el sueño revela que éste le pedirá un favor 76.

Jeringa: Tenga cuidado con la persona que le está ofreciendo ayuda o asesoramiento porque tiene un interés que usted desconoce. 13.

Jeroglíficos: No trate de ser el detective de sus familiares y amigos porque perderá su tiempo inútilmente. 27.

Jesucristo: Sus oraciones y promesas han sido escuchadas. Si cumple lo que prometió, recibirá lo que ha pedido. 36.

Jinete: Lo que tanto espera llegará con total seguridad. Deje que las cosas marchen a su propio ritmo. 58.

Jirafa: Alcanzará una alta posición económica. Confíe en sus acciones. 61.

Jorobado: No debe menospreciar las labores de los demás. No juzgue por simple apreciación. 44.

Joven: Está en el mejor momento para comenzar algo nuevo. 11.

Joyas: Contará con los recursos necesarios para comenzar a realizar sus proyectos. Si las lleva puestas, predice que logrará tener riquezas. 89.

Joyero: Reconocerá que su mejor amigo es una espada de doble filo. 30.

Jubilación: Llegó el final de una etapa difícil. Su vida mejorará si se retira de las personas que no le dejan progresar. 94.

Judío: Necesita tener paciencia y ser más humanitario para poder entender el dolor que sufren otras personas. 25.

Judo: No permita que los pésimos comentarios que hizo un extraño afecten su buen estado de ánimo. 0.

Juegos de video: No deje que su atractivo físico lo convierta en una persona frívola y sin sentimientos. 73.

Juegos mecánicos: Augurio de solidez económica. Varios meses de buena suerte se vislumbran en el horizonte. Tendrá motivos para celebrar. 78.

Jueves: Le viene una buena oportunidad de ganar un dinero extra. 62.

Juez: Sentirá una gran satisfacción cuando se dé cuenta que las personas a las que ayudó en el pasado, ahora le dan la mano en el momento que usted más lo necesita. 80.

Jugar: Si ya no es feliz en su relación sentimental, es mejor que aclare las cosas de una vez antes que uno de los dos salga lastimado. 48.

Jugo: Le convendría mucho cambiar de ambiente y de amistades. 33.

Juguetes: No debería desperdiciar su tiempo porque después le será imposible reponerlo. Comience a construir su futuro, tenga en cuenta que con el paso de los años, la energía ya no será la misma. 50.

Juicio: Tendrá que resolver un asunto legal pendiente y ponerse al corriente con sus cuentas. Encienda una vela blanca para que todo salga a su favor. Hágalo el día lunes a las doce del día o a las once de la noche. 76.

Jungla: Soñar que se encuentra en una jungla predice que necesita purificar su organismo. Si se encuentra atrapado o perdido en la jungla, indica que está tratando de evadir la realidad. 24.

Junta: Estar en una junta augura que le darán dos noticias, una buena y una mala. Tendrá satisfacción y preocupación al mismo tiempo. 2.

Jurado: Si sueña que es parte de un jurado, indica que está siendo demasiado severo en sus críticas. Si un jurado lo absuelve, presagia que se liberará de una gran preocupación. Si un jurado lo condena, predice que le será negado un crédito o una petición. 62.

Jurar: No meta sus manos en el fuego por una persona que no conoce a fondo, porque le han estado mintiendo desde el principio. 95.

Juventud: Verse más joven en un sueño augura que gozará de éxito profesional, también señala que verá realizados todos sus propósitos. Si sueña que alguien a quien usted conoce luce más joven de lo que es en realidad, indica que esa persona es totalmente sincera. 77.

Juzgado: Atravesará por un complicado proceso legal. Al final todo le será favorable. 48.

Juzgar: No pretenda creer que es indispensable porque se llevará un terrible desengaño. 9.

K

Kamasutra: Podrá cumplir todas sus fantasías sexuales. Aunque es probable que lo haga con más de una persona. A los casados les advierte que corren el riesgo de ser descubiertos en una aventura extramatrimonial. A las personas mayores de 60 años les anuncia que se reencontrarán con su sexualidad. A los adolescentes les presagia que comenzarán a tener sus primeras experiencias eróticas. 96.

Karate: Practicarlo indica que sabrá defenderse de la crítica y oposición en su seno familiar o en el trabajo. Si observa un combate de karate, augura que decidirá prestarle mayor atención a su estado físico. A los estudiantes les vaticina que pasarán con buenas notas una difícil prueba. 18.

Karaoke: Problemas emocionales debido a su poca comunicación. Exteriorice lo que siente y así sus penas se irán disipando. Sea más extrovertido. 55.

Karma: Se vinculan directamente con la conciencia. Un mal karma señala que tiene un temor oculto por algo malo que hizo hace varios años. Un karma positivo le augura una gran victoria en su vida profesional. Si sueña que tiene karma de otras vidas, predice que enemigos gratuitos intentarán desprestigiarle. Si observa amigos o seres queridos teniendo un mal karma, es augurio que ellos le causarán perjuicios a usted. Si los observa teniendo un karma positivo, presagia que encontrará aliados importantes. Este sueño en general le aconseja que busque estar en paz con su conciencia. 17.

Kermés: A partir de este día tendrá tres meses de buena suerte. 12.

Keroseno: Está gastando más de lo que su presupuesto le permite. Reflexione o se verá inundado de cuentas y deudas. 4.

Kilómetros: Después de haber pasado por cinco años difíciles y habiendo superado duras pruebas kármicas, ahora encontrará su camino hacia el progreso. Además podrá liberarse de presiones y circunstancias que estaban bloqueando su futuro. 10.

Kimono: Mantenga su actual estilo de vestir porque es uno de sus principales atractivos. 34.

Kindergarten: Recuerdos de la niñez le harán vivir momentos de gran felicidad, al mismo tiempo sentirá nostalgia por un ser querido que ya partió. 91.

King-Kong: Le hará sufrir la actitud injusta de uno de sus padres. 3.

Kiosco: Si tiene pensado invertir o realizar algún negocio, hágalo porque está en el mejor momento para que todo salga bien. 73.

Koala: Siempre ha dado lo mejor de sí a los demás y por eso recibirá la mayor recompensa. 79.

Krishna: Este sueño presagia que conocerá a un guía espiritual que le ayudará a mejorar su suerte. 43.

Ku Klux Klan: Soñar con sus activistas augura que sufrirá injusticias de carácter burocrático y social. Si sueña que lo persiguen, presagia que enfrentará burlas y será despreciado debido a su situación económica actual, sin embargo, logrará reponerse en menos de dos años. 70.

Kukulkán: Soñar con este dios de la mitología Maya augura la llegada del verdadero amor a la vida del soñador. 50.

Laberinto: Si está perdido, hará un viaje poco afortunado. Si encuentra la salida, es el final de una crisis que lo tuvo al borde de la desesperación. Crear un laberinto indica que usted se pone obstáculos con su manera de ser. 10.

Labios: Le espera un ardiente encuentro erótico. 69.

Laboratorio: Visualice el éxito y el progreso. Haga uso de la metafísica. Sea positivo consigo mismo y triunfará. 32.

Labrador: La repentina llegada de un pariente que radica en el extranjero, llenará de felicidad su seno familiar. 7.

Lactancia: Visitará a una amiga que dio a luz hace unos pocos días. 83.

Ladera: Atravesará por un corto período de insatisfacción sexual. 65.

Ladridos: No haga caso a los malos comentarios en su contra, mejor siéntase satisfecho porque si hablan de usted es porque está vigente. De aquel que ya no hablan es porque ya no existe. 43.

Ladrillos: Construirá el patrimonio que ayudará a su familia. Si hace ladrillos, está trabajando en algo que no es para usted. Busque algo mejor. 31.

Ladrones: Si los ve entrando de noche, enemigos intentarán sabotear sus planes. Si los ve de día, descubrirá la hipocresía de alguien a quien consideraba honorable. Si es un ladrón, cuídese de las pasiones prohibidas. 90.

Lagartija: La persona que más le adula es quien más le envidia. 56.

Lagarto: No juegue con el peligro porque podría sufrir un accidente que le causaría una lesión irreversible. 4.

Lago: Un lago de agua clara augura progreso y gozará de una vejez tranquila y saludable. Agua turbia o cubierto de maleza predice que tendrá que adaptarse a las actuales circunstancias, las cuales no son las mejores, sin embargo, la mala racha durará muy poco. 12.

Lágrimas: Sufrimiento causado por una pena de amor o por la mala situación económica. Para mejorar su situación se aconseja comprar un ramo de rosas amarillas, una calabaza y ofréndelos en la orilla de un río a Oshún, la divinidad Yoruba del amor y el oro. Hágalo un día viernes por la tarde. 5.

Laguna: Aventura sentimental con la persona que menos imagina. 40.

Lagunas mentales: No intente cambiar el mundo, no podrá. 56.

Lamentarse: No deje pasar las oportunidades porque en el futuro cercano su situación podría llegar a ser precaria. 75.

Lamentos: Si escucha lamentos en el sueño, es presagio que uno de sus seres queridos está sufriendo. Averigüe quien es y bríndele toda su ayuda. La persona en cuestión lo merece. 97.

Lámina: No se obsesione con las posesiones materiales. Sea feliz con lo que tiene, agradézcale a Dios por su buena salud y de ese modo encontrará más rápido su camino hacia la cumbre. 33.

Lámpara: Si está encendida, es alegría, placeres y sexo. Si está enfermo, pronto se curará. Si no tiene trabajo, en menos de diez días conseguirá uno bueno. Si está en la cárcel, saldrá en libertad. Solución de cualquier situación adversa. Si está apagada, tendrá un mes de problemas y quizá su salud se vea afectada. Puede sufrir depresión profunda. Un baño con agua de flores de limón al siguiente disipará el augurio. 67.

Lampiño: Antes de criticar la casa del vecino, observe si la propia está como debería estar. 15.

Lana: En su futuro económico se vislumbra la realización de un gran negocio en sociedad con otras personas. Dinero llegará a sus manos en abundancia. 80.

Lancha: "Lo que sea para ti, nadie te lo quita". Luche con más entusiasmo y obtendrá lo que tanto desea. 21.

Langosta: Se siente agobiado por tantos problemas, por lo tanto necesita salir de su medio ambiente habitual y buscar un relajamiento. 55.

Lanza: Podrá liberarse de una pesada carga que se estaba convirtiendo en una interminable pesadilla. 99.

Lanzallamas: Atravesará por una época de gran inseguridad económica. Cuide al máximo lo que tiene y no desperdicie lo que ahora tiene en abundancia. 14.

Lapicero: Éxito en un trabajo nunca antes había desempeñado. 46.

Lápida: Será descubierta una gran mentira o una infidelidad. Prepárese porque todo saldrá a la luz. 36.

Lápiz: Augura que tendrá que realizar la misma labor dos veces. 71.

Lata: Una persona humilde y de corazón noble le ayudará a remediar una penosa situación familiar. 58.

Látigo: Si le dan latigazos, personas cercanas a usted se regocijarán cuando lo vean en apuros. Si usted le da con un látigo a otra persona, culpará de un error propio a un inocente. Si observa el látigo, se está volviendo muy prepotente. 9.

Latín: Si escucha, lee o habla en este idioma, predice que al menos una vez en su vida tendrá la oportunidad de visitar Roma o alguna ciudad famosa de Italia. 78.

Latón: Un proyecto comercial demasiado ambicioso fracasará por falta de recursos. 33.

Laurel: No importa si no puede destacar en todo lo que hace. Lo importante es llegar a ser uno de los mejores en lo que más le gusta hacer. 95.

Lava: Por tres semanas su salud será afectada por un resfriado o alergia. Para bloquear el augurio se recomienda que tome una cucharada de miel y otra de jugo de limón a la mañana siguiente de haber tenido este sueño. 49.

Lavadero: Debe buscar otro trabajo y otro ambiente social donde sus habilidades y conocimientos sean más apreciados. 15.

Lavadora: Si desea vivir una vida más tranquila, deberá deshacerse de todos los rencores y resentimientos que están opacando su existencia. 66.

Lavandera: Antes de lograr su máximo propósito pasará por una serie de penas y limitaciones económicas que le harán dudar de su capacidad. Soporte con valor las pruebas que se le presentarán porque está a unos pasos de lograr lo que desea. 50.

Lavandería: No admita en su casa a personas de dudosa reputación. 94.

Lavar: El augurio de este sueño depende de lo que se observe lavando. Por ejemplo, si se observa lavándose las manos, es augurio que iniciará una nueva y fiel amistad. Si se lava la cara, predice que uno de sus amigos lo avergonzará. Si se lava los pies, es señal que sentirá una ansiedad incontrolable. Soñarse lavando ropa indica que se inmiscuye demasiado en problemas ajenos. Si sueña que lava platos o utensilios de cocina, es indicio que recibirá visitas agradables en casa. Si lava un baño, predice que encontrará algo que había perdido. Si lava su automóvil, significa que gastará en el mantenimiento del mismo. Soñarse lavando puertas o ventanas augura que un familiar intentará usarlo económicamente por medio de un chantaje sentimental. Si lava el piso, señala que está haciendo demasiado por personas que nunca le tomarán en cuenta. 70.

Laxante: Su organismo comenzará a resentir los efectos causados por sus malos hábitos alimenticios. Quizás que tenga que visitar al médico. 37.

Lazos: Las amistades y contactos que haga en los próximos meses, cambiarán el rumbo de su profesión. Noticias refrescantes llenarán de tranquilidad su seno familiar. Si sueña que está enredado entre varios lazos, presagia que le será difícil salir de la situación en la que se encuentra. No permita que las malas amistades bloqueen su camino. 93.

Leche: Si bebe leche, augura que nunca tendrá padecimientos de la piel ni problemas en el sistema óseo. Si se baña con leche, predice que le viene la mejor suerte en las finanzas y en el amor. Si la leche está derramada, es probable que experimente una pérdida material o que compre un objeto eléctrico que no funcionará. Si una mujer recién casada sueña con vasos de leche, es vaticinio de su próxima maternidad. Observar recipientes llenos de leche anuncia la realización de un largo viaje o de un gran negocio. Si sueña con leche agria, significa pleitos entre amigos o la separación temporal de la pareja. Si observa a un niño tomando leche, indica que siempre aparentará menos edad de la que tiene. 88.

Lechero: Hará amistad con una persona misteriosa. 54.

Lechón: Anuncia que habrá un gran festejo o quizá hasta un matrimonio en su familia. 2.

Lechuga: Este sueño presagia que necesita ingerir más vegetales y agua en su dieta diaria. 16.

Leer: Observarse leyendo es símbolo de progreso en el trabajo. Si otras personas leen, significa que cuenta con dos amigos en los que puede confiar. Si sueña que no entiende lo que está leyendo, indica que podría sufrir frustraciones por causa de una decisión precipitada. 5.

Legalizar: Tiene que organizar todos sus documentos tales como recibos, tarjetas de crédito, papeles legales, etc. porque el próximo mes atravesará una situación de emergencia, la cual requerirá que tenga varios documentos importantes a la mano. 24.

Legislador: Una persona adinerada e importante le dará la más grande lección de humildad. 78.

Legumbres: Tendrá que desempeñar un trabajo que al principio le será tedioso, sin embargo, terminará agradándole cuando comience a observar las primeras ganancias, las que serán bastante considerables. 21.

Lejía: Se ha comenzado a obsesionar con la limpieza de su casa. Para que exista un buen balance emocional todo tiene que tener una medida. 60.

Lencería: Alguien comprometido intentará seducirle varias veces. 69.

Lengua: Si es la propia, tenga prudencia al hacer comentarios sobre religión, raza o política. Si es de alguien más, un conocido hablará mal de usted. La de un animal, rechace a la persona que le hará una proposición sucia. 0.

Lente: Será testigo de un hecho que le perturbará psicológicamente. 90.

Lentes de contacto: No confunda la verdadera felicidad con una alegría pasajera. 18.

Lentes oscuros: No necesitará pruebas para comprobar algo que es evidente. Le han estado mintiendo y le cuesta creerlo. 72.

Lentejas: Se sentirá acosado por una persona mayor que desea estar con usted en la intimidad. 99.

Leña: Se dará cuenta que ha desperdiciado el dinero comprando cosas que no le servirán de nada. Invierta el efectivo de manera más inteligente. Si ve arder la leña, le augura un fin de semana lleno de sexo y pasión. 11.

Leñador: Escuche con atención el consejo que le dará un anciano. Si lo pone en práctica se beneficiará con el resultado. En este momento de su vida tiene mucho que aprender de las personas mayores o con más experiencia que usted. 77.

León: Observar a un león en el sueño augura que tiene el triunfo asegurado. Si un león lo persigue o le ataca, cuídese del acecho y de las malas intenciones de un enemigo. Por ningún motivo acepte ir a un lugar que no conoce. Si lucha con un león y lo vence, indica que esquivará el más grande obstáculo de su vida. Una manada de leones predice que conocerá a personas de un nivel económico y social bastante elevado. 10.

Leopardo: Una persona libidinosa tratará de tener relaciones íntimas con usted. Evite caer en la tentación porque esa persona está contaminada. 4.

Lepra: Si la padece, le advierte que cuide al máximo sus bienes, su trabajo y su dinero porque cualquier acción precipitada podría acercarle a la bancarrota. Si otra persona la padece, augura que se enterará que uno de sus conocidos padece una enfermedad terminal. Si sueña que tiene lepra y se cura en el sueño, es el mejor augurio de buena salud y larga vida. 99.

Lesión: Si sufre una lesión, enfrentara una corta enfermedad. Si ve personas lesionadas, será testigo de un accidente de tránsito. Si alguien le provoca una lesión, será traicionado por un amigo o compañero de trabajo. Si lesiona a otra persona, actuará en formaa injusta en una difícil situación familiar. 78.

Letanías: Escuchar letanías en el sueño señala que alguno de su familia reza mucho por usted. 23.

Letras: Si observa letras en el sueño, trate de recordarlas o anotarlas porque se refieren a las iniciales de personas que son o llegarán a ser muy importantes en el transcurso de su vida. En ocasiones pueden indicar el nombre de un país, ciudad, calle o lugar. Si observa letras de otras culturas, es indicio que viajará o llegará a tener un gran amigo de ese preciso lugar. 91.

Letrero: No trate de analizarlo todo bajo el mismo crisol porque de esa manera no logrará crecer como persona. No permita que sus actitudes construyan un muro que bloquee su camino y su futuro. 60.

Letrina: Tiene que hacer una limpieza en su entorno social. Aleje de su vida a personas que no le aportan nada bueno y que sólo se le acercan para chuparle la energía. 22.

Levadura: Augurio de ganancias inesperadas. Una buena suma de dinero llegará a sus manos sin mucho esfuerzo. 80.

Levantarse: Podrá disipar sus dudas acerca de la honestidad de uno de sus amigos o colaboradores. 45.

Levitar: Si quiere salir adelante y tener éxito, debe incorporarse a la modernidad y dejar a un lado los sistemas obsoletos. Intégrese a la nueva tecnología. 65.

Leyenda: Ha mentido demasiado y corre el riesgo de creer una de sus mentiras. La confusión no le deja vivir en paz. 84.

Libélula: Ha estado jugando sentimentalmente con dos personas al mismo tiempo y será descubierto con las manos en la masa. Perderá un gran amor por una pasión efímera. 9.

Libertinaje: Si no le pone freno a sus ímpetus desmedidos, acabará teniendo serios problemas de salud o líos con la policía. 93.

Librería: Si logra establecer un régimen de ahorro, llegará a tener una fortuna considerable dentro de diez años. 32.

Libreta: Le da demasiada importancia a cosas triviales y a las cosas importantes no les presta la mínima atención. La vida sigue su curso y usted corre el peligro de quedarse rezagado y sin futuro. Despierte. 77.

Libros: Leer libros augura progreso y avance en todos los aspectos de su vida. Si sueña que escribe un libro vaticina que puede obtener éxito y buenas ganancias por medio de una actividad cultural. Si únicamente los observa, indica que está desperdiciando su tiempo y su energía en una actividad que no le aportará nada positivo. 32.

Licencia: Tendrá la mejor opción para mejorar su nivel de vida. Le llegará la oportunidad ideal para subir al siguiente escalón. 61.

Licenciado: Si necesita ayuda médica o legal cerciórese de la calidad profesional y de la ética de la persona con quien va a acudir. Pida referencias. 92.

Liceo: Posible encuentro con un amor que surgió en su adolescencia. 15.

Licores: Observarlos augura que se encontrará rodeado de muchas personas que pretenderán ser sus amigos, pero al final se dará cuenta que ha estado frecuentando un ambiente vacío y superficial. Beber licor predice encuentros románticos apasionados. Si compra licor, es presagio que llegará a sus manos un objeto que pertenece a otra persona. 98.

Licuadora: Uno de sus aparatos eléctricos dejará de funcionar correctamente, y hasta es posible que se descomponga totalmente. 56.

Liebre: Su camino al éxito podría verse interrumpido temporalmente por un vicio. 41.

Lienzo: Experimentará una gran atracción por un arte poco conocido o por una ciencia oculta. 66.

Liga: Le molestará saber que una persona de su mismo sexo está interesada en usted. 13.

Lija: En esta etapa de su vida es cuando deben salir a flote sus mayores talentos y su fuerza de voluntad. 21.

Lima de uñas: Tenga extremo cuidado al manejar dinero ajeno. No realice transacciones comerciales que no son seguras. 37.

Limón: Podrá liberarse definitivamente de una persona que intentó hacer su vida miserable en repetidas ocasiones. 20.

Limonada: Si ha estado enfermo, decaído o deprimido, este sueño augura que se recuperará totalmente en los próximos siete días. 81.

Limosna: Si da limosna, recibirá una gran bendición. Si la recibe, está derrochando el dinero y después cuando lo necesite para asuntos importantes no lo tendrá. Todavía está a tiempo de rectificar. 34.

Limosnero: Su calidad humana será puesta a prueba en los próximos días. Si es generoso, recibirá lo mismo a cambio. Si es egoísta, sus caminos comenzarán a cerrarse. 89.

Limpiabotas: Si es usted, señala que carece de ambiciones y por eso todas las personas se alejan de su entorno. Si es otra persona, predice que un sujeto de baja esfera intentará robarle una de sus pertenencias. Si este es el caso, se recomienda que rocíe un poco de jugo de limón en la puerta de su casa y en las llantas de su automóvil durante cuatro días consecutivos. Hágalo por las mañanas comenzando el día martes. 94.

Limpiar: No descuide su aspecto físico, recuerde que esa es su carta de presentación ante el mundo. 55.

Limosina: Comenzará a vivir un sueño que se convertirá en una latente realidad. Le esperan días muy afortunados. 35.

Linchamiento: Verlo augura que presenciará una trifulca callejera. Si participa, indica que está actuando en forma egoísta con personas que no lo merecen. Si es linchado, presagia que varias personas se han unido para tratar de perjudicarlo profesional y económicamente. 41.

Lingote: Si es de oro, hará una pequeña inversión con grandes ganancias. Si es de otro metal, cambio favorable en su situación económica. 88.

Linimento: Es probable que sufra un accidente doméstico. 56.

Lino: Esté muy atento porque en los próximos siete días se le presentará una oportunidad de oro. 7.

Linterna: Si está encendida, conseguirá todo lo que se proponga. Apagada, enfrentará grandes obstáculos para lograr lo que desea. 24.

Lirio: Tendrá éxito en un proyecto que estaba destinado al fracaso. 10.

Lista: Decisión entre la amistad de un amigo y el amor de su pareja. 98.

Litera: Se verá obligado a pedirle un favor a una persona a quien usted le negó algo en el pasado. 36.

Litoral: Anuncia la realización de un viaje apresurado pero lleno de aventuras agradables. 90.

Lobo: Verlo presagia que alguien sin escrúpulos intenta envolverlo en una situación peligrosa. Si lo ataca, podría sufrir un asalto a mano armada o una emboscada. Si lo vence, triunfo sobre un adversario. Si ve una manada de lobos, atravesará dos años llenos de dificultades. Si lo persiguen, alguien que trabajó para usted en el pasado pretende extorsionarlo. Para neutralizar los malos augurios de este sueño se recomienda que coloque cuatro trozos de bambú en los cuatro puntos cardinales de su casa. También coloque discretamente una tijera abierta en la parte trasera de la casa o en el techo. Finalmente rece el salmo 24 durante dieciocho días consecutivos. Comience el ritual al siguiente día de haber experimentado este sueño. 99.

Loción: Una persona que le mostró apatía e indiferencia ahora se convertirá en uno de sus mejores amigos. 67.

Locomotora: Si está en marcha, pronostica un sorprendente cambio en su vida, el éxito tocará a su puerta. Si está estacionada, hará un viaje poco agradable. Si está en mal estado o fuera de los carriles, posponga cualquier viaje que tenga planeado, porque si lo hace, enfrentará todo tipo de dificultades y hasta podría perder objetos de valor, documentos o dinero. 54.

Locura: Buenas noticias, especialmente en lo económico. Si alguien padece la locura, un familiar cercano le dará honor y prestigio a su familia. Si lo persigue un loco, una persona del sexo opuesto le declarará su amor. Si se ve rodeado de locos, asistirá a una reunión donde conocerá personas bohemias y gente excéntrica. 33.

Locutor: Se sentirá atraído sentimentalmente por una persona de la que sólo ha escuchado hablar y a la que aún no conoce. 87.

Lodazal: Se está involucrando con personas que lo pueden arrastrar por un mal camino. 4.

Lodo: Un amigo tiene deudas pendientes con la justicia. Tenga cuidado de él antes de verse involucrado en una situación peligrosa. 76.

Loma: Se presentarán ante usted dos buenas opciones para sobresalir y triunfar, no obstante debe enfocar todo su talento y energía en una sola porque si muestra indecisión, ambas oportunidades le serán arrebatadas en el acto. 21.

Lombrices: Le preocupará la falta de responsabilidad y el carácter ocioso de un familiar inmediato. Si este sueño persiste por varios días, indica que un holgazán está viviendo a sus expensas. 52.

Longaniza: Cerciórese de la calidad de los alimentos que consume porque corre el riesgo de comer un producto caduco. 0.

Loro: A un hombre le pronostica que una mujer intentará meterlo en un lío vergonzoso. A una mujer le aconseja que sea más precavida en sus relaciones íntimas porque podría tener un embarazo no deseado. Si el loro habla, es señal que su mejor amigo le traicionará. 19.

Lotería: Si sueña que juega a la lotería significa que está dejándolo todo en manos del destino y no pone lo suficiente de su parte para salir adelante. Si sueña que gana y observa los números, el sueño le indica jugar con esos números durante los próximos tres meses e inclusive hacer apuestas porque tendrá grandes posibilidades de ganar una buena cantidad de dinero. Si sueña que un familiar o un conocido gana la lotería, es presagio que le darán un generoso obsequio e inclusive le podrían regalar dinero. 77.

Loto: Alégrese porque le viene mucha felicidad, tendrá motivos para celebrar, será dichoso, logrará su mayor anhelo. 88.

Lubricante: Encontrará una solución práctica para resolver el problema que le está quitando el sueño. 94.

Lucero: Todo lo que estuvo torcido ahora comenzará a enderezarse. Buen augurio referente al dinero y a la salud. 30.

Luces de Neón: No retroceda ante obstáculos y competidores que puede vencer con facilidad. La competencia le hará más fuerte. 10.

Luchar: No permita que otros le impongan ideas surrealistas. 73.

Lugar desconocido: Si se sueña en un lugar desconocido, pronostica un repentino cambio de domicilio o la realización de un inesperado viaje a otro país. 42.

Lujo: Las personas que sólo viven pensando en lo material, nunca alcanzan la verdadera felicidad. Los tesoros más valiosos de la vida como la salud, el amor y la amistad no se compran con dinero. 51.

Lujuria: Será convidado a participar en una actividad deshonesta. 92.

Luna: Este sueño ha tenido numerosas interpretaciones desde la antigüedad. Investigadores modernos han llegado a la conclusión que soñar con la luna llena presagia una vida sexual activa. La media luna augura que está cerca de conseguir lo que desea. Una luna rojiza predice conflictos. Luna rodeada de nubes vaticina insuficiencia de ingresos. Si sueña con la luna nueva, señala que contará con la mejor suerte en proyectos o negocios que recién ha iniciado. Si la luna decrece en el sueño, significa que algo negativo se alejará de su vida para siempre. Si es soltero y sueña con la luna reflejada en el agua, es presagio que está a punto de conocer al amor de su vida, y si es casado, pronostica que superará una fuerte crisis matrimonial. Soñar con una o más lunas es augurio que contará con numerosa descendencia. Si sueña con la luna durante los cambios de estación como el 21 de marzo, el 21 de junio, el 22 de septiembre o el 21 de diciembre, el sueño indica que llegará a poseer una gran fortuna. 10.

Lunes: Le cobrarán una deuda que no pudo cancelar a tiempo. 61.

Lupa: Un conocido será testigo de su progreso y popularidad y eso, desgraciadamente, le causará un ataque de envidia que le hará reaccionar con una actitud injusta y de pésimo gusto. 14.

Luto: Sufrirá una pena por un poco tiempo. Le desanimará observar que la pena de una persona será el bienestar para otra. Si tiene este sueño con frecuencia, presagia que asistirá a un servicio funerario. 90.

Luxación: No intente realizar maniobras que pongan en peligro su integridad física. No lo haga o sufrirá las consecuencias. 42.

Luz: Las puertas del éxito se han abierto ante usted. Haga lo que tiene que hacer y no vuelva a ver hacia atrás. La suerte y la buena fortuna están de su lado. Siga adelante. Si la luz se desvanece o se apaga de repente, le aconseja retirarse de un ambiente ilícito o de un amigo carente de escrúpulos y de sentimientos. 67.

Luzbel: Tenga cuidado porque una persona maligna se le acercará con la actitud de un buen samaritano, sin embargo, detrás de esa fachada se esconderán las ideas y acciones más perversas. Para alejar a ese ente de su vida se recomienda que duerma con prendas de vestir color rojo durante nueve días. Y rece antes de acostarse una oración a San Miguel arcángel. Al noveno día lave sus manos y sus pies con un poco de alcohol mezclado con alcanfor. Comience al siguiente día de haber tenido este sueño. 0.

Llagas: Cuídese de enfermedades que se transmiten sexualmente. Al primer síntoma visite al médico. 99.

Llama (fuego): Augurio de dicha y progreso. Para las personas que tienen deudas indica que pronto encontrarán la manera correcta para saldarlas, evitando así cobros continuos y problemas. 83.

Llama (mamífero): Una persona de otra cultura llegará a ser su amigo incondicional. 79.

Llamada telefónica: Atenderla presagia solución a un serio problema. Hacerla augura que le viene una gran oportunidad laboral. 7.

Llamar: Si llama a alguien que conoce, recibirá respuesta el día siguiente. Si alguien le llama, le pedirán dinero prestado o un favor. Si lo llama un desconocido, un compañero de trabajo pretende jugarle sucio, alguien desea su puesto y encontrará una treta para provocar su destitución. Sin embargo, la verdad saldrá a la luz y el destituido será el tramposo. Si lo llaman muchas personas al mismo tiempo, ha estado permitiendo que abusen de su generosidad. Si lo llama alguien famoso, bastante dinero viene en camino. 33.

Llamarada: Encontrará el remedio indicado para curar un problema en su salud. 88.

Llano: Cuando una puerta se cierra es porque muchas otras están por abrirse. No le tema al futuro porque en el cambio oportuno estará su buena suerte. 60.

Llantas: Nuevas o en buen estado, anuncian la llegada de nuevas amistades. Llantas viejas presagian el fin de una relación sentimental o la ruptura con un amigo. Si observa muchas llantas, augura cambio de domicilio. 93.

Llanto: No se desespere porque en un par de semanas la suerte comenzará a sonreírle. 75.

Llanura: Si está cubierta de árboles o hierba, augura ganancias y estabilidad económica. Si está árida, predice soledad y distanciamiento de sus seres queridos. 94.

Llaves: Verlas indica que debe ser más comprensivo. Tocarlas anuncian el inicio de una nueva etapa. Si las pierde, una persona de malos sentimientos está frecuentando su casa. 97.

Llave antigua: Un nuevo camino lleno de dicha y prosperidad se abrirá ante sus ojos. Déle gracias a Dios por la gran oportunidad que se le presentará. Observar varias llaves antiguas es presagio de buena suerte para jugar a la lotería. 54.

Llavero: Un amigo intentará abusar de su confianza. 0.

Llegada: Si usted llega a algún lugar, augura que hará un corto viaje. Si observa la llegada de alguien, le será cobrada una deuda del karma. Si llega su pareja, es felicidad para ambos. Si llega un pariente o un amigo, es una visita inesperada. Si llega un desconocido, le advierte que alguien está haciendo intrigas en su contra. 15.

Llenar: Todos los sueños en los que se observe llenando algo son augurios de recuperación económica, mayores oportunidades laborales, dicha en el seno familiar y avance. Se acaba la mala racha. 80.

Llorar: En este momento de su vida está atravesando una serie de problemas que son difíciles de superar, sin embargo, la solución llegará en menos de lo que imagina. Si observa a desconocidos llorando, augura que asistirá a un velorio. Si ve a familiares o amigos llorando, vaticina alegría para ellos. 36.

Lluvia: Sin viento ni tempestad augura ganancias. Lluvia que cae sin parar presagia un buen futuro financiero. Una llovizna anuncia disgustos con el ser amado a causa de los celos. Granizo es pronóstico de buenas noticias. Lluvias torrenciales predicen que ocurrirá un fenómeno natural que afectará a personas conocidas. Lluvias durante varios días, no realicer ningún viaje por unos tres meses. 66.

M

Macarrones: No permita que cualquier persona se entere de los pormenores de su vida íntima. 31.

Maceta: Un falso amigo coloca obstáculos a todos sus planes. Esa persona no desea verle triunfar, ya que compite y rivaliza con usted, tratando de ocultar su mediocridad y la falta de triunfos personales. 54.

Machete: Será agredido verbalmente por una persona vulgar. Ignórela y evite entrar en confrontaciones y evitará pasar un mal rato. 90.

Madera: Alguien está tratando de provocar un distanciamiento entre usted y su familia. 4.

Madrastra: Un familiar cercano le tratará de una manera reprochable e injusta que le hará sentirse triste por un par de días. No piense en ello, siga adelante. 15.

Madre: Ver a su madre es de bueno para la salud, además el sueño indica que está siendo protegido por un espíritu de luz. Si habla con su madre, presagia que recibirá una buena noticia que le alegrará la vida. Si la ve sonriendo, es augurio de felicidad para usted y sus familiares directos. Si la ve triste o enferma, predice tres meses de contratiempos económicos para usted. Si la ve llorando, significa que ella necesita de su ayuda económica. Si abraza a su madre, tendrá éxito en cualquier empresa que realice en los próximos dos años. Si ve a su madre encendiendo velas, es indicio que ella reza mucho por usted. Si sueña que atraviesa peligros o lugares oscuros y va acompañado por su madre o la mira de repente, el sueño augura que saldrá bien librado de una situación que pondrá en peligro su integridad física. Si sueña que su madre ha muerto, no se sobresalte, porque el augurio es de larga vida para ella y para usted. Si su madre ya falleció y sueña a menudo con ella, es presagio que le quiere comunicar algo muy importante. Trate de recordar sus gestos o palabras y entrelace los sueños uno por uno desde el principio, de esa manera logrará descifrar el mensaje. Si observa a su madre cerca del mar o rodeada de agua, el sueño le recomienda escuchar el consejo que ella va a darle porque de eso depende que no cometa el peor error de su vida. Si la ve en el campo o rodeada de flores, es indicio de curación o perfecta salud para ella y para usted. Si la observa seria o molesta, indica que usted le ha fallado en algo y no ha rectificado, ni tampoco le ha pedido disculpas. Si es así, hable con ella, demuéstrele cuanto la quiere, recuerde que el amor de una madre es lo más grande de este mundo y no hay nada que pueda sustituirlo. 10.

Madreperla: Encontrará un objeto valioso en la calle o en un basurero. 62.

Madriguera: Está sintiendo miedo por algo que no va a suceder. No permita que el temor y la inseguridad le conviertan en un ser incapaz de enfrentar los retos de la vida. 0.

Madrina: Alguien poco conocido le ayudará a salir de un gran apuro. Recibirá la ayuda que necesita. No desespere. 28.

Madrugar: Lo que ocurre una vez puede que no ocurra nunca más, pero lo que ocurre dos veces con seguridad ocurrirá una tercera vez. 24.

Maestra: Una iniciativa suya será apoyada por una señora en una posición o cargo superior al suyo. 76.

Maestría: Siempre logrará estar vigente en su profesión. La experiencia le convertirá en alguien que sabrá compartir su sabiduría. 55.

Maestro: Podrá llegar a la posición que desea si comienza a poner en práctica todos los conocimientos que ha aprendido. 95.

Mafia: Soñar que pertenece a la mafia indica que está a punto de incurrir en una actividad ilícita. Si la mafia le persigue, augura que tiene enemigos que están conspirando en su contra. Observar un grupo de mafiosos señala que las amistades que frecuenta no le aportarán nada bueno. 31.

Magia: Cambio de vida y nuevas alternativas que pueden cambiar el rumbo de su destino. Si observa a otras personas realizando actos de magia, presagia que hará un viaje que cambiará su filosofía de la vida. Si sueña que está practicando actos de magia, predice que logrará el triunfo donde otros han conocido la derrota. 64.

Magisterio: Activistas políticos pretenderán usarle. 9.

Magistrado: Contratiempo legal donde la justicia estará de su parte. 30.

Magnate: Una persona rica e influyente le propondrá un acuerdo que lo puede hacer subir como la espuma, sin embargo, el precio que deberá pagar será demasiado alto. 66.

Magneto: Sentirá atracción por alguien que de antemano sabe que no le conviene. No se deje llevar únicamente por la pasión o lo lamentará. 70.

Mago: Un pariente lejano le dará un inesperado y costoso obsequio. 43.

Maguey: A pesar de las habladurías, su carrera seguirá en ascenso. 55.

Maíz: Etapa de avance y prosperidad. Recogerá el fruto de su esfuerzo. 12.

Maja: Una mujer sin moral quiere apoderarse de algo que es suyo. A los enamorados y a los casados les advierte que una persona inescrupulosa pero astuta, tratará de robarles el amor de sus parejas. 85.

Malas palabras: Si escucha malas palabras auguran que enfrentará una discusión muy desagradable. Si tiene este sueño con cierta frecuencia, es una advertencia para que mejore su vocabulario y para que cambie sus modos siendo más educado ante los demás. 38.

Malabarista: Durante varios meses tendrá apuros económicos en los que deberá "apretarse el cinturón", ya que le viene una serie de gastos inesperados. Es posible que sufra un pronunciado desequilibrio económico. Se verá forzado a buscar un trabajo extra. 18.

Maldad: Enfrentar la maldad en un sueño es una experiencia onírica que predice problemas venideros, tales como fuerte competencia en el trabajo, rivales que intentarán quitarle su puesto, insuficiencia de ingresos, deudas imposibles de saldar y problemas con su automóvil. Si es usted el malvado, le presagia que tendrá graves problemas con hermanos o familiares cercanos. Su salud podría darle un susto. Para liberarse de los malos augurios de este sueño, se recomienda que lave su cuerpo, comenzando desde el cuello hacia abajo, con sal y luego con azúcar. De ese modo ahuyentará la mala vibración. Realice el ritual al día siguiente de haber experimentado este sueño. También se recomienda que rece con mucha fe durante nueve días una oración a su ángel guardián. 42.

Maldecir: Reflexione antes de actuar, porque cualquier acción que realice para perjudicar a otra persona, se volverá en su contra. 41.

Maleante: No comprometa su economía y su palabra por una persona que no trabaja, no desea salir adelante y no lucha por sus ideales. Abra los ojos, todavía está a tiempo. 58.

Malecón: Es posible que tenga que asumir una responsabilidad, que le correspondía a otro miembro de su familia. 84.

Maleficio: Si es en su contra, presagia que sufrirá una gran vergüenza. Si envía un maleficio en contra de otra persona, el sueño le aconseja buscar ayuda psicológica, porque sus ataques de paranoia se harán cada vez más frecuentes. 66.

Malestar: Tiene que comenzar a buscar un nuevo trabajo, porque el que tiene actualmente carece de futuro. 51.

Maleta: Se presagian de viajes prósperos. Maletas vacías auguran problemas económicos. Observar más de tres maletas predice la realización de un viaje a otro país. Si pierde una maleta, es de buen augurio con relación al dinero y a buenas oportunidades que están por venir. Si observa una maleta en la calle o cerca de una construcción, el sueño le aconseja posponer el viaje que tenía pensado, porque nada saldrá como usted espera. Si le obsequian una maleta, indica que en un futuro cercano irá a vivir a otro país. 65.

Maletín: Cometerá una indiscreción que le ganará la antipatía de al menos tres personas. 37.

Maleza: Si quiere ser feliz en el amor, deberá aprender a distinguir entre el oro y la fantasía fina. 93.

Malhumor: No dependa de otras personas para sentirse feliz. Sea más independiente y sentirá la admiración de otros. 87.

Malicia: Una baja pasión puede malograr su vida para siempre. Tenga mucho cuidado con amigos ocasionales. 59.

Malla: Con una actitud débil y pesimista nunca logrará conseguir el triunfo con el que ha soñado. Sea más positivo y vencerá. 18.

Mamut: En los próximos tres años gozará de una suerte estupenda. Ha llegado el momento para obtener logros mayores. 70.

Maná: Del cielo le viene la más hermosa bendición. 88.

Manada: Soñar con una manada de animales le augura cinco años de abundancia, en los cuales, si actúa con inteligencia, puede alcanzar una posición económica estupenda. 77.

Manantial: En unos días tendrá encuentros eróticos, que le harán sentirse más joven y vital. Una energía renovadora cubrirá todo su ser. 21.

Mancha: No permita que una desilusión en el amor trunque todos sus planes futuros. Si usted mancha una pared o cualquier otra superficie en el sueño, revela que le desagrada una parte de su cuerpo. No se obsesione con eso y recuerde que hoy en día para todo hay una solución menos para la muerte. 13.

Mandamientos: Soñar con los mandamientos es una advertencia para que desista de una idea que tiene en mente, porque si la lleva a cabo perjudicará a muchas personas. 82.

Mandar: Si quiere vivir tranquilo, debe de obedecer la ley de los hombres y la ley de Dios. 34.

Mandíbula: Padecerá de fuertes dolores de cabeza que pueden convertirse en una migraña crónica. 68.

Manga: Un amigo le reclamará por algo que usted no ha hecho. 99.

Mangle: Disfrutará de un placer que antes desconocía. 46.

Manguera: Cuando haga un favor, hágalo de corazón y no espere recibir nada a cambio porque su recompensa vendrá por otro lado. 79.

Maní: Sentirá una plena seguridad económica cuando comience a desarrollar el hábito del ahorro. 24.

Manicomio: Tiene que ponerle un alto a todos los conflictos que ocurren en su casa, porque su vida se está convirtiendo en un verdadero infierno. No se deje manipular. 4.

Manicure: Los pequeños detalles serán los que le harán sobresalir en su trabajo. Logrará anular a la competencia. 23.

Manifestación: Acontecimientos desafortunados le harán vivir un corto período de frustración. Tiene que preocuparse más por sí mismo. 19.

Maniquí: Su falta de interés y su poco dinamismo le harán perder una gran oportunidad. Si no pone de su parte, estará destinado a vivir siempre en la mediocridad. 40.

Manjar: Corre el peligro de caer en las garras de un vicio. Desista antes que caiga a un abismo. 92.

Manos: Normales y agradables auguran avance en el trabajo. Manos heridas o quemadas presagian la pérdida de uno de sus mejores amigos. Si le faltan dedos, sufrirá un pesar en el seno familiar. Si tiene más de cinco dedos, está por nacer un nuevo miembro en la familia. La pérdida de una o ambas manos augura separación, divorcio o una gran pérdida. Manos hinchadas o más grandes de lo normal, comenzará a vivir los diez años más productivos de toda su vida. Si son muy pequeñas o dedos muy pequeños, alguien está abusando de su confianza. Manos feas o cubiertas de vellos, infidelidad de la pareja o poca suerte en el amor. Manos sucias señalan remordimientos por algo que usted hizo en contra de una buena persona. 11.

Mansión: Si es de su propiedad, augura que recibirá un gran honor. Si es de otra persona, señala que su mundo es muy vacío y que busca amistades únicamente por interés. 42.

Manta: Cuide de su salud. 20.

Manteca: Evite entrar en triángulos amorosos o en relaciones románticas perjudiciales. 96.

Mantel: Soñar con un mantel limpio augura que la buena fortuna tocará a su puerta. Si está sucio, señala que su falta de orden y organización es lo que lo mantiene estancado. 65.

Mantequilla: Conflicto entre dos de sus parientes y usted debe usar su criterio y por ningún motivo debe tomar partido en esa situación, porque si lo hace, al final será tachado como el "malo de la película". 16.

Mantilla: No se avergüence por su situación económica actual. Tenga confianza porque dentro de un año todo dará vuelta. 45.

Manuscrito: Si está terminado, todos sus proyectos serán exitosos. Si está inconcluso, predice que un vicio podría arrastrarlo a una vida miserable. Un manuscrito escrito en latín o en algún idioma extinto augura fama y fortuna a los artistas. A los demás, les aconseja lanzarse sin miedo a la conquista de sus sueños, porque están muy cerca de verlos realizados. Si observa un manuscrito en mal estado o quemándose, indica que enfrentará la envidia de personas a las que consideraba como buenas amistades. 34.

Manzana: Se cumplirá a cabalidad su más grande deseo de amor. Si la manzana está verde, indica que le debe dar tiempo a la relación que comenzó recientemente, recuerde que Roma no se hizo en un día. Si ve muchas manzanas, anuncia que probablemente tendrá tres o más parejas a lo largo de su vida. Manzanas podridas señalan que su pareja le engaña y también puede pronosticarle que su mejor amigo es un hipócrita. 30.

Mapas: Realizará largos viajes que aún no tiene en mente. Si observa el mapamundi, visitará un país nunca imaginado. Si ve el mapa de Europa, Japón o Norteamérica, su situación económica mejorará en los próximos tres años. Si ve el mapa de su país, encontrará un amigo de la infancia. 1.

Mapache: Tenga cuidado con golpes en la cara, especialmente en el área de los ojos. 2.

Maquilladora: Su buena suerte podría centrarse en el inicio de un negocio propio. Ponga manos a la obra y su mente a trabajar y verá como le cambia la vida. 14.

Maquillaje: Augura que su pareja le esconde un secreto que usted debe conocer. Si ve maquillándose a una mujer desconocida, el sueño le advierte que desista de tener relaciones promiscuas con gente comprometida. Si ve a un hombre maquillándose en el sueño, es augurio que será acosado por alguno de su mismo sexo. 69.

Máquina de escribir: Si sigue viviendo en el pasado, nunca le llegarán las buenas oportunidades. 39.

Maquinaria: Está trabajando en un ambicioso proyecto que aveces le mantiene ansioso, tenso y de de mal humor. El resultado final le significará el éxito soñado. 66.

Mar: Este sueño lo han experimentado la mayoría de los soñadores, desde el inicio de los tiempos. En almanaques antiguos se afirma que soñar con un mar tempestuoso o revuelto augura que saldrá adelante de una situación terrible. Observar el mar tranquilo y sin olas predice retrasos en todos sus asuntos, especialmente en el aspecto económico. Ver el mar en movimiento y con olas vaticina que un presentimiento que tiene en este momento se hará realidad. Si sueña que usted o alguien se ahoga en el mar, es indicio que lo que comenzó como una deuda relativamente fácil de pagar, se convertirá en una suma exorbitante y difícil de saldar. No se exceda cuando utilice las tarjetas de crédito. Si se baña en el mar, es augurio que gozará de excelente estado de salud por muchos años. Si una mujer que no ha podido quedar embarazada sueña frecuentemente con el mar, predice que quedará encinta en el lapso de siete semanas. La persona que se encuentre enferma y sueñe con el mar, pronto se curará. Si sueña que está junto a su pareja en la orilla del mar, es presagio de dicha y felicidad para ambos. 7.

Maracas: Asistirá a una reunión donde observará escenas delicadas. 69.

Maratón: Presenciar un maratón presagia la partida de un ser querido a otro país. Participar en uno anuncia que tendrá dos grandes tropiezos antes de lograr su meta. 38.

Marchar: Será obligado a realizar una labor que le es desagradable. 40.

Marco: Un familiar adolescente está cometiendo faltas peligrosas. 29.

Maremoto: Ocurrirán hechos lamentables que afectarán directamente a sus seres queridos. Para librarse del augurio se aconseja que rece el salmo 146 durante 40 días consecutivos. Comience al siguiente día de haber tenido este sueño. 9.

Marfil: Le viene una oportunidad laboral fantástica. No lo piense mucho porque si lo hace le será arrebatada por otra persona. 32.

Margarina: Este sueño indica falta de responsabilidad en el soñador. 22.

Mariachis: Tendrá motivos para festejar. Romance en puerta. 33.

Marido: La mujer que sueñe con su marido será feliz con él, a no ser que sueñe que éste le es infiel, porque en ese caso augura que el marido evitará tener relaciones sexuales con ella. 55.

Marihuana: Cree que la vida es un cuento de fantasía y cuando se dé cuenta de la realidad se llevará una terrible decepción. 56.

Marinero: Triunfará sobre un rival que ha intentado perjudicarle. 37.

Marioneta: Dos personas a quienes considera sus amigos se han estado burlando de usted a sus espaldas. 22.

Mariposa: Después de una época difícil, comenzará a gozar de una gran tranquilidad. Si ve muchas mariposas, ocurrirá un milagro en su vida. Una mariposa negra presagia el fallecimiento de un conocido. 99.

Mariscos: Le harán una proposición romántica excitante e inusual. 19.

Mármol: Augura suerte en el amor y limitaciones con el dinero. 41.

Martes: Está en un buen momento para iniciar actividades que beneficien su salud. También es de buen augurio para la realización de rituales místicos y espirituales. 3.

Martillo: Se sentirá tentado a hacer algo que va en contra de la ética y la moral que siempre le ha caracterizado. 71.

Mártir: Si es usted, sufrirá por una persona que no le ama. Si es otra persona, se verá atrapado en una relación promiscua. 56.

Martirio: Sufrirlo augura penas en el hogar y provocarlo presagia que un familiar cercano le detesta. 91.

Masa: Será encontrado "in fraganti" en una situación bochornosa. 81.

Masacre: Debe tener sumo cuidado con sus impulsos porque en un momento de ofuscación podría dañar físicamente a un ser querido. 16.

Masaje: Los sueños relacionados con masajes señalan que podrá liberarse de la presión que ejercía otra persona sobre usted, en caso que a usted le den el masaje. Si sueña que le da un masaje a otra persona, será usted quien le pondrá una gran presión a un amigo o colaborador. 28.

Masajista: Una persona de apariencia reservada desea estar con usted en la intimidad desde hace mucho tiempo. 49.

Máscara: Si otros usan una máscara, está rodeado de gente falsa. Cuídese de engaños y de intrigas mal intencionadas. Si usted lleva puesta una máscara, presagia que su propiedad privada será allanada. 67.

Mascarilla: Si está aplicada en su rostro, debe realizar algunos cambios para mejorar su imagen. Si la observa en el rostro de otra persona, augura que le darán una sorpresa desagradable. 56.

Mascotas: Si son sus mascotas, indica que cuenta con dos amigos fieles. Si dan a luz en su casa, pronostica años de buena suerte, según el número de crías. Si una mascota ajena le rasguña, un familiar levantará una calumnia en su contra. Si entra a una tienda de mascotas, un animal doméstico le salvará del peligro. Si no encuentra su mascota, alguien cercano le ha estado registrando sus pertenencias. Si hace mucho ruido, alguien que visita su casa con frecuencia le tiene mala voluntad. 31.

Masturbación: Falta actividad en su vida sexual y aventura en su vida afectiva. Existe un vacío en su interior y no sabe como cubrirlo. Si observa a otros masturbándose, le harán una propuesta sexual muy morbosa. Quien experimente este sueño con frecuencia sentirá una extraña inclinación al tema de la homosexualidad. 12.

Matar: Si lo matan, augura que una influencia nefasta se alejará de su vida para siempre. Si usted mata a familiares o personas que conoce, indica que fracasará en su intento de mejorar su calidad de vida. Matar a un desconocido o a un animal predice que enfrentará situaciones caóticas y también es probable que enfrente problemas emocionales severos. El sueño es de buen augurio si mata en defensa propia. 40.

Matanza: Tiene que huir de la relación violenta y peligrosa en la que está envuelto, si no lo hace, terminará en presidio o en el hospital. 13.

Matemáticas: Estudie algo ya había aprendido en años anteriores. Experimentará dificultades a la hora de memorizar asuntos importantes. 0.

Maternidad: Le vienen 18 meses de sacrificio y arduo trabajo . 91.

Matones: No coquetee con personas que ya están comprometidas, porque se puede llevar un buen susto. 24.

Matorral: Sus deseos se realizarán a medias. Analice su proceder porque está incurriendo en algo incorrecto. 76.

Matrícula: La realización de un cambio oportuno le abrirá las puertas de una oportunidad que jamás sospechó. 8.

Mausoleo: Está viviendo uno de sus peores momentos, sin embargo, en menos de tres semanas comenzará a ver la luz. 25.

Mayonesa: Recibirá la visita de una persona insoportable. 94.

Mayordomo: En quien más confía le defraudará profundamente. 49.

Mazorca: En esta semana tendrá un motivo para celebrar. 88.

Mecánico: Revise sus cuentas con suma atención porque intentarán hacerle un cobro fraudulento. Si en el sueño el mecánico es usted, indica que alguien le subestimará. 92.

Mecanografía: Su progreso es muy lento porque no desea actualizarse. 0.

Mecer: Le harán una confesión romántica inesperada. Mecerse uno mismo, vaticina que está llevando una vida muy aburrida. 2.

Mecedora: Las falsas apariencias le pueden inducir a llevar a cabo un acto inmoral. 66.

Mechón: Se preocupa por la pérdida del cabello. Visite a un especialista porque el problema se origina en una deficiencia orgánica. 1.

Medalla: Prestará un objeto que no le será devuelto. 33.

Medianoche: Necesita ayuda psicológica, ya que frecuentemente se ve envuelto en situaciones masoquistas. 44.

Medias: La suerte le sonreirá cuando comience a valorar a las personas por sus sentimientos y no por su apariencia física. 75.

Medicinas: Después de años difíciles, ahora le llegó la época de las vacas gordas. 55.

Medidas: Soñar con cualquier tipo de medidas ya sean de peso, longitud, cantidad o velocidad revela que usted habla más de la cuenta y se ha metido en problemas. Tiene que aprender a ver, oír y callar. 9.

Medidas de seguridad: Una persona desea perjudicarle, contagiándole una enfermedad. Evite el contacto físico con gente que no conoce a fondo y no ingiera comidas y bebidas que no haya preparado usted mismo. No se asombre porque la maldad existe y anda por todas partes. Para protegerse se aconseja que le rece con mucha fe a una deidad femenina. 92.

Mediodía: Quien va despacio se acerca cada vez más a su meta. Quien va demasiado rápido se aproxima cada vez más al fracaso. Tome en cuenta este pensamiento. 15.

Medir: Logrará simplificar su vida cuando aleje de su casa dos amistades que le han estado perjudicando moral y socialmente. 31.

Meditar: Controlará su vida cuando se conozca verdaderamente a sí mismo. No permita que las emociones dominen su carácter. 81.

Médium: Atravesará por una etapa en la que experimentará varias experiencias sobrenaturales. Se interesará por los temas llamados ocultos. 22.

Medusa: Se sentirá desesperado y triste al darse cuenta que alguien a quien usted quiere ha tomado un mal camino. 45.

Megalito: Soñar con un megalito augura que comenzará a tener recuerdos y visiones de una vida anterior. 18.

Mejillas: Logrará obtener todos los bienes materiales que siempre ha deseado tener, pero al mismo tiempo se dará cuenta que lo que más necesita en este momento no se puede comprar con dinero. 52.

Melancolía: No se puede construir felicidad a costa del sufrimiento de otras personas. Se está comportando de una manera muy egoísta. 39.

Mellizos: Perderá una oportunidad que creía suya, no obstante, otra más conveniente se abrirá en el transcurso de dos meses. 22.

Memorando: Recibirlo, augura que en su centro de trabajo alguien le vigila constantemente. Enviarlo, predice que gozará de un mediano triunfo. Leerlo, vaticina un inminente ascenso de posición o un jugoso aumento en sus ingresos. 34.

Mendigo: Si es usted, su vida dará un increíble giro hacia la abundancia económica y ello se debe en gran parte a las nuevas relaciones entabladas en los últimos seis meses. Si ve a un mendigo, un familiar está pasando por una situación apremiante. Si da limosna, una persona por la que usted ha hecho mucho le negará un favor. Se topará con un mal agradecido. 84.

Meniscos: Este sueño le predice contratiempos y atrasos de todo tipo. A los deportistas les augura que atravesarán por una mala racha que afortunadamente durará muy poco. 46.

Menopausia: Los sueños relacionados con la menopausia anuncian un cambio dramático en la vida familiar del soñador. Tres meses después de haber experimentado este sueño nada será igual. De su fortaleza depende que los nuevos sucesos le ayuden o le perjudiquen. 99.

Mensaje: Recibirlo o enviarlo anuncia que por fin llegará en los próximos días la buena noticia que ha estado esperando. Tendrá motivos para sentirse dichoso. 10.

Mensajes telepáticos: Si los envía, augura que hará contacto con personas que nunca imaginó conocer. Si los recibe, presagia que un espíritu le hablará en sueños. Si tiene este sueño con frecuencia, predice que tendrá una experiencia psíquica con un ser de otra dimensión. 77.

Mensajero: No espere que la suerte le llegue a la puerta de su casa. Debe luchar y salir a buscarla. 32.

Menta: Un padecimiento menor le hará visitar a un dermatólogo o un dentista. 28.

Menstruación: A una mujer le indica que en pocos días iniciará un largo período de fertilidad física, espiritual y económica. Para un hombre presagia que alguien le jugará sucio. 66.

Mentir: Si usted miente, augura que logrará liberarse de las consecuencias de una falta cometida. Si otros le mienten, predice que lo involucrarán en un problema en el que usted no tiene nada que ver. Si otros se mienten, anuncia que observará el castigo que recibirá una persona cruel e insensata a quien usted conoce perfectamente. 93.

Menú: Ahora que tiene la oportunidad de escoger el camino a seguir, elija el camino estrecho, aquel que requiere entrega y sacrificio, porque ese le llevará al triunfo. Si escoge el camino fácil, no dejará de ser uno más del montón. 40.

Mercader: Alerta, abra bien los ojos porque intentarán venderle un objeto de dudosa procedencia. 90.

Mercadería: Si es de su propiedad, le augura un año de buena suerte. Si le pertenece a otra persona, presagia un año de privaciones. Si es mercadería robada, predice que alguien quiere que usted sea cómplice de un acto vergonzoso. 47.

Mercado: Si luce lleno de mercancías y concurrido, es de buen augurio para los que quieren emprender cosas nuevas o comenzar una nueva y mejor vida. Si luce vacío o en condiciones precarias, habrá un enfermo en la familia. Si se ve vendiendo en un mercado, predice que está dejando pasar oportunidades que nunca más volverán a llamar a su puerta. 17.

Mercenario: Se siente atraído por una persona extranjera a quien conoció recientemente, sin embargo, el sueño le aconseja alejarse de ella porque anda huyendo de un grave delito que cometió en contra de gente inocente y usted podría convertirse en su nueva víctima. 58.

Mes: Cada mes del año tiene un mensaje onírico diferente para el soñador. Por ejemplo:

Enero: Predice nuevas amistades e ilusiones en su vida. 1.

Febrero: Trae buenas noticias de familiares y seres queridos. 2.

Marzo: Augura cambios trascendentales en el trabajo o estudio. 3.

Abril: Señala que deberá tomar una decisión que puede beneficiar o perjudicar a terceras personas. 4.

Mayo: Es presagio de florecimiento en su vida romántica y en su mundo financiero. 5.

Junio: Existe una mala amistad a la que debe decirle adiós. 6.

Julio: Salud y recuperación de los que están enfermos. 7.

Agosto: Vaticina que le darán la mejor noticia de todo el año. 8.

Septiembre: Anuncia que se independizará de una situación que no le dejaba progresar. 9.

Octubre: Se relaciona a los viajes que hará en su futuro y también predice que descubrirá todo lo que estaba oculto ante sus ojos. 10.

Noviembre: Garantiza que vienen meses en los que gozará de una gran felicidad. 11.

Diciembre: Promete que alcanzará su meta máxima, si tiene fe en Dios y confianza en sí mismo. 12.

Mesa: Una mesa cubierta con manteles, platos, copas, alimentos, adornos o flores anuncia aumento de bienes materiales para toda la familia. Si está vacía, presagia que pasará por una etapa de soledad y aislamiento. Poner la mesa augura el ingreso de un nuevo integrante en su seno familiar. Una mesa rota o en mal estado predice que perderá algo que tiene un gran valor sentimental. Si la mesa es redonda u ovalada, indica que va por buen camino. Si es cuadrada o rectangular, señala que su situación económica no mejorará, pero tampoco empeorará. Una mesa con un diseño sofisticado o inusual augura que le quieren dar gato por liebre. 41.

Mesero: Siente antipatía y repugnancia por una persona que no le ha dado ningún motivo para tales sentimientos. No se deje llevar sólo por lo que ha escuchado. Averigüe primero. 70.

Mesón: Corre el riesgo de perder mucho dinero. No es buen período para hacer inversiones. Espere un momento más propicio. 4.

Meta: Predice triunfo sobre todos los obstáculos. Si ve la meta de lejos, augura que va por buen camino pero aún le falta un buen trecho para llegar a su destino. Si no puede llegar a su meta, predice que alguien está bloqueando su camino. Si es así, lávese la cara todas las noches durante una semana con agua de lavanda y así vencerá a su rival. Comience el ritual el martes por la noche. 84.

Metafísica: Si aplica la ley de la compensación en sus actos, vivirá una vida llena de bendiciones y el mal no podrá alcanzarlo. 15.

Metales: Los sueños en los que se observan metales se asocian directamente a la salud, a la economía y a los sentimientos del soñador, sin embargo, cada metal tiene un mensaje onírico particular. Por ejemplo:

Acero: Predice que su sistema inmunológico está limpio. 1.

Aluminio: No se deje deslumbrar con promesas utópicas. 49.

Bronce: Utilice su talento de una manera más productiva. 18.

Cobre: Augura una notable mejoría económica. 8.

Cromo: Tomará una de las decisiones más acertadas de su vida. 10.

Estaño: Tendrá buena suerte si piensa invertir o hacer negocios. 66.

Hierro: Augurio de recuperación física, moral o económica. 32.

Níquel: Si muestra humildad será aceptado en todas partes, y si muestra arrogancia la gente huirá de usted. 33.

Oro: Si lo ve, buen augurio para las finanzas. Si lo toca, su ambición desmedida le puede llevar a cometer un error garrafal. 5.

Plata: El trabajo que desempeña en este momento le dará en poco tiempo una satisfacción inmensa. 21.

Platino: Cambio favorable, ascenso, aumento de sueldo; dicha. 30.

Plomo: Tendrá una difícil experiencia romántica. 40.

Uranio: Descubrirá un talento que había estado dormido. 12.

Zinc: Una persona que se comportó mal con usted se disculpará. 96.

Metamorfosis: A partir de mañana su vida comenzará a dar un giro que usted jamás imaginó. Todo sucederá por su bien. 85.

Meteorito: Pronostica que está destinado a ser rico. 55.

Metrópoli: Hará un viaje en el cual reflexionará y cambiará por completo su filosofía de la vida. 98.

Mezquita: Su vida es estable, tiene una familia que le quiere y una buena posición, sin embargo, siente que le falta algo. Acérquese más a una religión y así se sentirá completo. 9.

Microbios: Está rodeado de gente falsa y envidiosa. Busque un ambiente que vaya más de acuerdo a su personalidad y a sus metas. Descubrirá muchas caretas y segundas intenciones en los próximos seis meses. 54.

Micrófono: Una nueva ilusión le sacará de la rutina y del aburrimiento en el que había caído. A los cantantes les presagia que conquistarán audiencias insospechadas. 57.

Microscopio: Habrá desilusión en el seno familiar debido al comportamiento irresponsable de uno de sus miembros. A los científicos les augura que harán un fascinante descubrimiento. 36.

Miedo: Su organismo da señales de debilidad y sus defensas estarán muy bajas. Debe alimentarse bien y en particular procurar un descanso prolongado, de lo contrario enfermará. Si provoca que otras personas sientan miedo, predice que fracasará en su intento de reconciliar a dos personas que se detestan. Sentir miedo colectivo vaticina que ocurrirá un hecho violento cerca de su centro de trabajo. 90.

Miel: Episodios tristes han dejado una huella profunda en su corazón y por mucho tiempo ha esperado que su vida cambie de rumbo. El momento ha llegado, deje atrás el pasado, haga borrón y cuenta nueva porque el destino le tiene reservada la más hermosa y merecida sorpresa, ya que comenzará a gozar de buena salud, dinero en abundancia y amor verdadero. 5.

Miércoles: Pronóstico favorable si desea convencer con sus ideas a otras personas. 6.

Migajas: Enfrentará un serio problema con uno de sus mejores amigos. Su buena fe, le será devuelta con ingratitud. 38.

Migraña: Prepárese, porque después de la calma viene la tempestad. Ocurrirán problemas desagradables en su hogar. 49.

Milagro: Algo que ha estado esperando que ocurra por muchos años está a punto de suceder. Obtendrá lo que siempre ha deseado. Su dicha será perdurable si comparte lo que tiene con gente necesitada. 14.

Militar: Se sentirá agobiado porque varias personas se entrometen en su vida. Evite entrar en confrontaciones y conflictos con gente mal intencionada. Vigile sus pasos, porque tres personas se han propuesto hacerle pasar un trago amargo. 67.

Millas: Está marchando en el camino correcto, camine despacio pero constante, actúe con fe en sí mismo y logrará conquistar su meta. 43.

Millonario: Si sueña que se convierte en millonario, augura que todas sus penas están por terminar. Una nueva vida le está aguardando. Si es un millonario, arriesgue para ganar. La vida está llena de retos y solamente quien los enfrenta con valor llega a ser un triunfador. 77.

Mimbre: No se comprometa a servirle de fiador a un conocido, porque él no actuará responsablemente y su propio crédito resultará afectado. 75.

Mímica: Uno de sus amigos está tratando de imitarle en todo lo que usted hace. Esa obsesión puede convertirse en una situación peligrosa. 27.

Mina: Si la observa, predice que por medio de sacrificio y esfuerzo llegará a poseer un capital importante, sin embargo, corre el peligro de perderlo debido al despilfarro y a la mala administración de su familia. Si posee una mina, presagia buena fortuna para el futuro cercano. Si trabaja en una mina indica que está trabajando para enriquecer a otro. 11.

Minerales: Logrará alcanzar el éxito si se deja guiar por una persona de confianza que tiene más experiencia que usted. Escuche y ponga en práctica los sabios consejos que le darán y no tome decisiones serias, sin consultar a quienes le quieren ayudar. 99.

Minero: Anuncia una gran ganancia, un golpe de suerte. 5.

Miniaturas: Alguien frustrado y envidioso de su éxito pretende bajarle la moral con juegos psicológicos para deprimirle. Siéntase seguro de sí mismo y retírese de esa mala vibra. 42.

Ministerio: Tiene que poner en orden sus prioridades porque la mala organización le puede llevar al fracaso. 63.

Ministro: Soñar que es un ministro indica que está haciendo castillos en el aire. Debe plantarse en la realidad si de verdad desea progresar. Si pide favores de un ministro, augura que enfrentará un largo proceso judicial. Si habla con uno, presagia que una petición suya será rechazada. 54.

Mirador: Las ilusiones y los sueños se pueden hacer realidad si lucha fuertemente para conseguirlo. Todo lo bueno que puede lograr de la vida requiere un sacrificio. 24.

Mirra: Recibirá un obsequio de gran valor material. 98.

Mirto: Se convertirá en un fiel creyente de doctrinas y teorías por las cuales había mostrado escepticismo. 71.

Misa: Sentirá una gran satisfacción al darse cuenta que una decisión que tomó recientemente, está beneficiando a otras personas. Verse como sacerdote o monaguillo en una misa predice que un remordimiento no le deja vivir en paz. 18.

Miseria: Este sueño presagia totalmente lo opuesto, ya que le esperan varios años de bonanza económica y felicidad en el amor. 73.

Misil: Muestre más comprensión ante el dolor ajeno. Póngase en el lugar de los que sufren. Cuando el entendimiento llegue a su corazón, sabrá que se ha enriquecido espiritualmente. 35.

Misioneros: Si es usted, predice que dedicará parte de su vida a servir por una labor humanitaria. Si es otra persona, augura que será testigo del sufrimiento de un familiar. 91.

Misterio: Un capítulo que creía cerrado en su vida será revivido por alguien que estaba ausente. 0.

Mitin: Procure evitar involucrarse con personas de reputación dudosa. Los amigos que acaba de conocer le terminarán perjudicando si no se aleja de ellos a tiempo. 85.

Mitología: Tendrá varias experiencias extrasensoriales que le harán pensar seriamente en la existencia del "déjà vu". 21.

Mochila: Vivirá una granexperiencia junto a dos desconocidos. 59.

Moda: Es un augurio que tendrá aventuras galantes. Asistirá a una celebración en la cual conocerá a una persona con la que vivirá instantes de pasión inolvidables. 32.

Modelo: Se ha vuelto demasiado perfeccionista con la apariencia de las personas. Recuerde que los sentimientos también cuentan y al final es lo único que prevalece. 7.

Modelar: La vanidad le está llevando a vivir una existencia demasiado superficial. Baje de la nube en la que anda y aprenda a ser más terrenal. 46.

Modestia: Una persona inteligente es aquella que no alaba sus propios talentos frente a los demás. 82.

Modista: Necesita mejorar su apariencia y estilo de vestir. Atrévase y verá que se sentirá más satisfecho consigo mismo. 12.

Moho: Una plaga de insectos invadirá su hogar por unos días. Ármese de paciencia y llame a un exterminador. 57.

Mojarse: Se liberará de un sentimiento de culpa que le estuvo atormentando durante mucho tiempo. Volverá a dormir tranquilo. Vivirá en paz con su conciencia. 68.

Molde: Las murmuraciones en su contra provienen de una mujer de su propia familia. 44.

Moler: Saque de su mente toda idea de venganza y maldad. Recuerde que todas las malas acciones se volverán en su contra. Encuentre la paz y tranquilidad en el perdón y en las actitudes positivas. 41.

Molino: Piensa en el éxito y en grandes honores, pero no hace nada para lograrlo. 90.

Moluscos: El que es un trabajador incansable recibirá los beneficios de sus sacrificios, ya que durante su vida nunca le faltará el dinero. En cambio, quien se dedica al ocio, aunque alcance la riqueza, el dinero se le irá por entre los dedos y puede alcanzar la pobreza en un abrir y cerrar de ojos. 40.

Momia: Este sueño le augura que vivirá muchos años. Sin embargo, alrededor de los sesenta años padecerá una enfermedad que lo tendrá en cama por varios meses, pero logrará una recuperación. 18.

Monarca: No debería creerse superior a los demás debido a su actual estado financiero, porque cuanto más alto llegue su orgullo, más estrepitoso podría ser un fracaso. 26.

Monasterio: Comenzará a atravesar pruebas muy duras mediante las cuales conocerá a sus verdaderos amigos. Varios familiares se alejarán de usted cuando lo vean en problemas. Personas por las que usted ha hecho mucho le negarán su ayuda. 65.

Monedas: Si son de oro, auguran crecimiento financiero. De plata presagian que su estado económico se mantendrá estable. De cobre vaticinan una oportunidad para ganar más dinero. De níquel u otro metal le advierten que debe ahorrar porque sus recibos de las utilidades mensuales subirán considerablemente. Una sola moneda predice que sus ingresos en este mes serán insuficientes. 17.

Moneda falsa: Le será cobrada por la ley del karma una acción reprochable que cometió recientemente. 0.

Monedero: Si está lleno de monedas, augura tres meses de ingresos cuantiosos. Si está vacío, no podrá comprar lo que tanto desea obtener. 2.

Monja: Este sueño revela que ha estado sufriendo por el recuerdo de alguien que ya partió o por una relación que ya no puede ser. 45.

Monje: Ha estado cometiendo demasiados errores últimamente. Necesita estar solo por un par de días y recapacitar, porque sus desaciertos están dañando a sus seres queridos. 72.

Mono: Enemigos gratuitos harán lo imposible por verle derrotado. Usted vencerá, porque ellos son débiles y poco inteligentes al tratar de perjudicarle. 0.

Monograma: Ingresará a un círculo social nada de su agrado. 29.

Monseñor: Actúe con la mayor cautela y discreción posible, porque sus actos están bajo la mirada de mucha gente. 56.

Monstruo: Alguien de poco agrado tratará de tener algún tipo de relación romántica con usted y mientras más le evite, más de obsesionará. Cuidesé ya que le seguirá y a usted le costará salir de ese acoso. Para protegerse, se recomienda que sople algún tipo de ceniza en un cruce de cuatro calles o caminos. Sople la ceniza en los cuatro puntos cardinales y al llegar a su casa lave sus manos con jabón, jugo de limón y agua con sal. En cuestión de días se verá libre del acoso. 38.

Montaña: Si sube una, su economía y felicidad estarán aseguradas por muchos años. Si baja, vivirá una experiencia dura, pero necesaria para su existencia. Si se resbala o se cae mientras camina por una montaña, tendrá un año lleno de dificultades económicas. Verla es señal de que en breve pasará por uno de los mejores momentos de su vida. Verse rodeado de muchas montañas indica que un espíritu de luz le conducirá por el camino de la elevación espiritual. 55.

Montaña rusa: Está viviendo una vida demasiado disipada, evita las responsabilidades y no quiere pensar en el futuro. Si sigue actuando de esa manera estará condenado a vivir en la mediocridad. 41.

Montar: Sabrá vencer con sabiduría el difícil obstáculo venidero. 73.

Montura: Recibirá una visita que le hará abrir los ojos ante una situación desagradable que está ocurriendo en su propia casa. 26.

Monumento: Soñar con un monumento le anuncia que una relación sentimental o una larga amistad terminará abruptamente. 48.

Moño: Si quiere vivir con mayor tranquilidad deberá cortar de raíz el problema económico que le está afectando. Atrévase y ganará. 56.

Mordaza: Cometerá un acto que escandalizará a mucha gente. 62.

Mordedura: Tenga sumo cuidado con mascotas ajenas o con animales que encuentre en la calle, porque podría ser atacado por uno de ellos. Manténgase a una distancia prudente y evitará que le suceda alguna desgracia. 39.

Morder: Si sueña que lo muerden, predice que la persona que ama le será infiel, o que un amigo le traicionará. Si usted muerde a alguien, el sueño indica que ha estado actuando de una manera absurda y agresiva y por ello varias personas se han convertido en sus enemigos. En personas muy jóvenes, este sueño augura la pérdida de la virginidad. 62.

Morgue: Le conmoverá el repentino fallecimiento de un conocido. Si tiene este sueño frecuentemente, es presagio que será testigo de un accidente en el que pueden morir una o más personas. 40.

Morir: Atravesará por una amarga situación que le hará tocar fondo para que así pueda comenzar de nuevo. Le aguarda una mejor vida. 96.

Morsa: Viajará a un lugar de clima muy frío. 72.

Mosaico: En el transcurso de esta semana recibirá dos noticias, una buena y una mala. 6.

Mortaja: Asistirá a los servicios funerarios de una persona a la que únicamente conoció de vista. 99.

Mosca: Elija minuciosamente lo que come, porque corre el riesgo de ingerir alimentos que estarían caducados. 49.

Moscarrón: Enfrentará la envidia de una persona que carece de ideas y de iniciativa. No le preste atención y siga su camino. 6.

Mosquitero: Si funda su felicidad en el dinero y los bienes materiales nunca será una persona satisfecha. 59.

Mosquito: Los problemas de casa no le dejarán concentrarse en el trabajo. 86.

Mostaza: Visitará a una persona que le hará pasar un mal rato, debido a una indiscreción de muy mal gusto. 31.

Mostrador: Tiene que actuar de una manera más equilibrada y madura si quiere que los demás le tomen en serio. 74.

Motel: Si entra a un motel, la persona amada le ha mentido. Si sale, augura que será usted quien engañe a su pareja. A los solteros les aconseja usar protección en sus relaciones íntimas, ya que vivirán una aventura pasional peligrosa. 69.

Motín: Espera demasiado de los demás y usted no está haciendo algo bueno por el prójimo. Ha tomado una actitud demasiado egoísta. Recuerde que hay que dar para recibir. 95.

Motocicleta: Si conduce una motocicleta a una velocidad lenta o moderada, presagia la llegada de tiempos mejores. Si va demasiado aprisa, es augurio de fracaso. Observar una carrera de motocicletas vaticina la llegada de nuevos amigos. Ver una moto estacionada o descompuesta indica que sus propios actos están bloqueando su camino. 19.

Motor: Planea hacer un viaje de corta duración, sin embargo, su estancia en ese lugar se prolongará debido a que ocurrirán acontecimientos agradables pero imprevistos que le obligarán a quedarse por más tiempo. 64.

Mucama: Se dará cuenta que alguien que frecuenta su casa ha estado quebrantando su privacidad. Notará que alguien ha registrado su habitación y ha fisgoneado en sus pertenencias. 33.

Muchacha: Se alegrará por haber tomado la decisión correcta. No permita que otras personas le hagan cambiar de parecer. 51.

Muchacho: Descubrirá la verdad sobre algo que le tuvo intrigado por varios meses. recibirá la información que necesitaba. 21.

Muchedumbre: Aprenda a controlar sus impulsos, porque por un momento de cólera puede echar a perder lo que tanto sacrificio y esfuerzo le ha costado conseguir. 50.

Mucosa: Si es la propia, que gozará de buena salud por mucho tiempo. Si es de otra persona, se enterará que uno de sus mejores amigos padece una rara y peligrosa enfermedad. 15.

Mudanza: Comenzarán a ocurrir eventos afortunados que le darán un toque de alegría y felicidad a su vida. 66.

Mudo: Si es usted el mudo, le augura que ocurrirán conflictos entre familiares cercanos. Si es otra persona, señala que nadie le prestará atención a una petición que usted piensa hacer. 36.

Muebles: Si están nuevos o en buen estado, su situación económica mejorará notablemente, y lo contrario si lucen viejos o rotos. 75.

Muecas: Si las hace usted, indica que sufrirá burlas y desengaños. Si las hace otra persona, señala que está rodeado de gente hipócrita. 13.

Muelas: Este sueño augura que hará una visita de emergencia al dentista. Si lucen con caries o si se le caen, es señal que un miembro de la familia enfermará. 44.

Muelle: Se verá librado de una responsabilidad que no le correspondía. Si en el sueño se observa acompañado, es augurio que tendrá unas vacaciones que podrían cambiar su vida, porque conocerá a alguien que le provocará sentimientos que pensaba nunca volvería a vivir. 16.

Muerte: Augura renovación física, realización personal y cambios radicales están por suceder. Si ve la imagen de la muerte o con un esqueleto representándola, uno de sus conocidos intentará involucrarlo en un culto oscuro. Si sueña que está muerto, significa que se verá librado de problemas o de un largo padecimiento. Soñar con muertos desconocidos presagia el nacimiento de tres niños. Si sueña muertas a personas que usted conoce, es presagio que recibirá una inesperada y significativa herencia. Si habla con personas muertas, es indicio que uno de sus antepasados quiere comunicarle una verdad que usted necesita saber. Si ve a un muerto dentro del féretro, le anuncia que tendrá un padecimiento estomacal crónico. Si ve muertos a sus familiares y seres queridos, es augurio de larga vida para ellos. Si ve muerta a su mascota, presagia que muy pronto nacerán crías en su casa. 9.

Mugre: Este sueño augura que comenzará a sentirse incómodo con una parte de su cuerpo. 57.

Mujer: Dependiendo de su aspecto, así será la buena o mala suerte que le espere. Si es hermosa, saldrá de apuros. Si es voluptuosa, tendrá más actividad sexual. Si son mujeres feas es de mal agüero para sus finanzas. Si son conocidas, se recibirán muy buenas noticias y todo lo contrario si son desconocidas. Si está embarazada vaticina tres años de buena suerte. Si discuten entre ellas, se verá envuelto en chismes y calumnias. Si está desnuda, tendrá un largo matrimonio. Si está llorando, son buenos augurios para un familiar cercano. Si una mujer sueña que otra le cuenta un secreto, una amiga le envidia profundamente. El hombre que sueñe frecuentemente con su mujer debe sentirse contento, porque es augurio que su esposa le ama incondicionalmente. 96.

Mujer policía: Para un hombre significa que una mujer honesta le sacará a flote de una desesperada situación. Para una mujer presagia que llamará la atención de otras mujeres. 31.

Mula: Augura esterilidad para la mujer e impotencia para un hombre. 90.

Mulato: Una persona a quien usted admiraba le defraudará cuando le escuche hablando de sus prejuicios sociales y raciales. Se dará cuenta que admiró por mucho tiempo a un ser vacío y sin sentimientos. 54.

Muletas: Si anda con muletas, durante un par de años dependerá de otras personas para sobrevivir. En ese período se convertirá en un ser sabio y justo. Si observa a otros con muletas, se enterará de la enfermedad o accidente de un conocido. Ver muletas rotas, podrá liberarse de la presión que ejercía una persona muy obsesiva sobre usted. 26.

Multa: Pagarla augura que tendrá éxito en un proyecto arriesgado. Deberla señala que atravesará semanas de tensión debido a una deuda que ha salido de su control. Si la multa es para otra persona, es indicio que se ha metido en un asunto que no es de su incumbencia en lo absoluto. 66.

Multiplicar: Todo comenzará a expandirse en su vida, tanto lo bueno como lo malo. De usted depende que la balanza se incline por lo más positivo. Si actúa con inteligencia y sentido común logrará felicidad y riqueza, pero la salud es lo más importante. 2.

Mundo: Observar el mundo en el sueño indica que el soñador se está dejando llevar por la avaricia. No intente abarcar demasiado, porque en el intento puede quedarse sin nada. Si aprende a compartir recibirá bendiciones y si es egoísta pasará por duras lecciones. 87.

Muñeca: Su falta de responsabilidad causará pérdidas materiales a otras personas. Si la muñeca habla o se mueve, predice que una persona del sexo opuesto se burlará de sus sentimientos. 89.

Muñeco: Está pretendiendo revivir una época de su vida que ya quedó atrás. Recuerde que no se puede retornar al pasado. 22.

Muñón: Tenga cuidado al maniobrar herramientas, cuchillos y maquinaria pesada, porque por un pequeño descuido podría tener un penoso accidente que lamentablemente pudiera dejar secuelas irreversibles. 0.

Mural: Si se observa o se pinta un mural augura la amistad con un artista. 63.

Murciélago: Recibirá una noticia que le mantendrá deprimido por varios días. 13.

Muro: Si observa muros, es presagio que se enfrentará a numerosos obstáculos antes de alcanzar su meta. Quizás su propia familia será parte de dichos obstáculos. Si salta un muro, augura que vencerá ante una situación agobiante. Si ve caer un muro, pronostica que se resolverá una situación familiar conflictiva. Si derriba un muro, significa que tiene el éxito garantizado en lo que planea hacer. 18.

Musa: Todo aquel que se inspira y es capaz de crear cosas hermosas tendrá la oportunidad de conocer a la persona que más admira. 30.

Musculatura: Si observa la musculatura de alguien, se dejará arrastrar por una pasión prohibida. Si observa la suya, su vanidad se ha elevado. No base su felicidad sólo en su apariencia física porque no es duradera. 49.

Museo: Llegará a ser el poseedor de un artículo de colección, de los cuales quedan muy pocos en el mundo. Si tiene este sueño con frecuencia, augura que en el transcurso de su vida amasará una fortuna considerable. 55.

Musgo: Tendrá molestias debido a un familiar que no le gusta trabajar. 58.

Música: Escucharla predice que gozará de perfecta paz interior y felicidad. Si compone música, vienen ganancias que no esperaba. Si escucha música ritual, se verá involucrado con personas místicas y esotéricas. Si escucha música tropical, tendrá relaciones íntimas muy apasionadas. La música instrumental le anuncia que en los próximos veinte días conocerá a alguien que se convertirá en su amigo más fiel. La música romántica augura compromiso o matrimonio. Si escucha su música favorita, contará con los medios necesarios para comprar lo que desea. Si escucha música desagradable, pronostica ruptura con la pareja o distanciamiento definitivo con un amigo. 66.

Músicos: Vivirá una apasionada y corta aventura romántica. 64.

Muslos: Si lucen sanos, es presagio que nunca sufrirá de trastornos psicológicos. Si lucen heridos o lastimados, pronostica que enfermará cuando se encuentre en una tierra lejana a la suya. El hombre que sueñe con los muslos
de una mujer se verá envuelto sexualmente con más de tres personas. La
mujer que sueñe con los muslos de un hombre tendrá un embarazo psicológico. Si los observa más voluptuosos ó más grandes de lo normal, augura
que le abundará el dinero y las comodidades. Si los observa muy flacos o
muy pequeños, vaticina que tendrá que desempeñar un trabajo que no le
dará ninguna satisfacción. 14.

Musulmán: Desconfíe de las buenas intenciones que muestra una persona
que acaba de conocer. Detrás de esa máscara de bondad se esconde un oscuro propósito. No viaje con desconocidos o lo lamentará. 70.

Mutilación: Si le mutilan una parte de su cuerpo, es indicio que tendrá que
separarse por varios años de sus seres queridos. Si observa las mutilaciones
de otra persona, es augurio que dañará inconscientemente a uno de sus seres queridos o a un amigo cercano. Si observa gente mutilada, presagia que
estallará un conflicto social, el cual le afectará directa o indirectamente. 59.

Nabos: Ocurrirá una situación en la que perderá alguna suma de dinero y al mismo tiempo ganará un buen amigo. Será un episodio confuso, sin embargo, en unas semanas comprenderá el por qué. 96.

Nácar: Es probable que se someta a una cirugía cosmética. 19.

Nacer: Si sueña que está naciendo, significa que la vida le brindará una nueva y gran oportunidad. 3.

Nacimiento: Soñar con un nacimiento es augurio de gran prosperidad, dicha y abundancia. Si sueña con el nacimiento de su propio hijo, le pronostica que hará una magnífica adquisición. Si sueña con un nacimiento en el que ve involucrada a gente que no conoce, el sueño presagia que en los próximos meses dos personas a quienes conoce muy poco, harán mucho por usted. Observar el nacimiento de animales, ya sean mascotas o animales salvajes, es anuncio de cinco años de buena suerte. 71.

Nadar: Si nada en el mar, vivirá aventuras románticas arriesgadas. Si nada en un río, indica que reencontrará el rumbo correcto de su vida. Si nada en un lago, le aconseja poner más énfasis y dedicación en los objetivos que se ha trazado, ya que debido a circunstancias sentimentales los ha dejado un tanto rezagados. Si nada en una alberca, augura que hará una inversión que le dará cuantiosas ganancias. Si nada junto a otra u otras personas, es presagio que conocerá un nuevo grupo de amigos más convenientes que los que tiene actualmente. Si sueña que aprende a nadar, es señal que se deja engañar con facilidad. Si enseña a otros a nadar, indica que se siente atraído por personas mucho más jóvenes que usted. 7.

Naipe: Los oros, vaticina buenos ingresos para el mes entrante y la solución a cualquier problema económico. Las copas auguran momentos gratos y apasionados, fiestas y diversiones. Los bastos anuncian la llegada de noticias importantes. Las espadas presagian discusiones en la casa o celos entre esposos. Si juega con el naipe, el mensaje le aconseja cambiar de ocupación porque su trabajo actual no le rendirá ningún beneficio ni a corto ni a largo plazo. Si le leen el naipe, pronostica que se enterará de un asunto familiar muy delicado. Si lee el naipe, es presagio que en los próximos dos meses tendrá una experiencia psíquica que cambiará su estilo de vida. 66.

Naranjas: Los sueños relacionados con las naranjas y su jugo predicen que ocurrirán serias desavenencias entre los miembros de la familia, y serán causadas por una persona que pretende sacar un provecho económico. Al final habrá más confianza y unión en el hogar. 21.

Narciso: Su buen gusto le hará ganarse la simpatía de una persona influyente en la política o el arte. 54.

Narcóticos: Estos sueños predicen que padecerá de insomnio o de algún tipo de desorden asociado al descanso y al sueño. 32.

Narcotraficante: Una persona aparentemente muy bondadosa le ofrecerá el cielo y las estrellas si usted decide colaborarle, pero en el fondo lo único que desea es usarle por un corto tiempo y después olvidarle. Tenga mucho cuidado. 4.

Nardo: De este día en adelante comenzará a ver más claro su futuro. Una persona poco conveniente se alejará de su vida para siempre. 90.

Nariz: Una nariz bien formada augura un futuro brillante. Una prominente le anuncia que tendrá mucha actividad sexual en los próximos días. Una muy pequeña presagia problemas financieros. Si le sangra la nariz, pasará por una frustración que le dejará deprimido por unos días. Si le operan la nariz, recuperará el atractivo físico que creía haber perdido hace tiempo. Una nariz rota o muy fea, padecerá una enfermedad relacionada con la garganta, los oídos o la vista. 98.

Nata: Conocerá a una persona que le excitará profundamente. 69.

Naturaleza: Los sueños de este tipo le animan a luchar y a seguir adelante en la búsqueda de su sueño más preciado. Logrará alcanzar lo que se ha propuesto si saca a flote su optimismo, aún en medio de la más absoluta adversidad. 76.

Naufragio: Durante los próximos seis meses atravesará por muchas situaciones difíciles, como falta de liquidez financiera, conflictos familiares, deudas imposibles de pagar, ansiedad, etc. Sentirá como si una mala racha está sobre sus hombros. Haga una obra de caridad en los próximos tres días y el mal augurio se desvanecerá. 84.

Navaja: Una mala interpretación de sus comentarios le provocará la enemistad de dos personas. Si se hiere con una navaja, augura que pronto cambiará de trabajo o de domicilio. 65.

Navaja de afeitar: Este sueño augura que le culparán de algo que usted no hizo, pero la verdad saldrá a flote. 4.

Nave espacial: Tendrá una extraña mala paranormal. Un ser de otra dimensión le contactará por medio de mensajes telepáticos o sueños. El mensaje será crucial y le ayudará a tomar una importante decisión. 44.

Navegar: Está atravesando por una etapa de letargo. No permita que una mala experiencia trunque su futuro. Luche y salga adelante. 77.

Navidad: Estos sueños son de los más afortunados, ya que predicen el inicio de un ciclo más próspero y feliz en la vida del soñador. Una etapa gris y llena de problemas por fin quedará enterrada en el pasado. La vida le tiene preparada una hermosa sorpresa. 18.

Navío: Hará un viaje a un lugar lejano y desconocido. Si anda en busca de un amor, con seguridad le encontrará en los próximos treinta días. 22.

Neblina: Estar en el medio de la neblina predice que los problemas de su familia le mantendrán en un estado de gran tensión. Si sale de la neblina, le augura que los resolverá con éxito. Si observa la neblina de lejos, presagia que pronto se enterará de la pena que ha embargado a uno de sus amigos. 98.

Necrofilia: Cualquier sueño relacionado con actividades de este tipo augura que alguien enfermará de gravedad en su entorno. 90.

Necrología: Pronto recibirá una noticia que le causará gran pesar. 0.

Néctar: Problemas con su salud le forzarán a cambiar sus hábitos alimenticios. Se cuidará más y vivirá con una mejor calidad de vida. 61.

Negociación: Una negociación favorable augura riqueza. Una turbia predice problemas con la ley. Si no entiende lo que se habla durante la negociación, indica que alguien tratará de estafarle. 59.

Negocios: Los sueños relacionados con los negocios pronostican que su nivel económico mejorará. Viene una racha fabulosa que debe ser aprovechada. Negocios entre hermanos o familiares presagian discordia y pleitos por una propiedad. Negocios con desconocidos auguran pérdidas por falta de sentido común. No crea ciegamente todo lo que le prometen. Cerciórese primero, tome precauciones. No arriesgue su dinero. 8.

Nerviosismo: Tiene mucha inseguridad y cree no ser capaz de lograr lo que quiere. Esa inseguridad ha sido alimentada por alguien que desea tenerle dominado. Abra los ojos, atrévase y luche con todas sus fuerzas y así se podrá dar cuenta de lo equivocado que estaba respecto a su propia capacidad. 19.

Neurastenia: Si sueña que padece de esta enfermedad de origen nervioso, señala que tiene la tendencia a maximizar sus problemas y por eso le cuesta resolverlos. Debe verlos desde un punto de vista más objetivo. Si otra persona la padece, es indicio que le otorga demasiada confianza a personas que no conoce bien. 54.

Neurólogo: Después de días cargados de turbulencia y desavenencias familiares a causa de una persona intrigante, ahora podrá darse cuenta de la realidad y se unirá más que nunca con sus seres queridos. 53.

Neurosis: Si usted la padece, predice que le darán una mala noticia relacionada con las finanzas familiares. Si otra persona la padece, augura que un vecino comenzará a darle problemas. 33.

Nicho: Se enterará fallecimiento de un familiar lejano. 99.

Nido: Si es de pájaros, presagia que alcanzará éxito en un proyecto a realizar. Si es de reptiles o serpientes, augura que enfrentará la mala voluntad de adversarios, sin embargo, triunfará sobre ellos. 48.

Niebla: Piense bien lo que va a hacer, porque está a punto de perder una relación romántica sólida y feliz por una aventura que sólo le atraerá desengaños y frustraciones. 29.

Nieve: Si sueña con nieve en el otoño e invierno, es augurio de un período de avance económico. Ganar más dinero. Un mejor trabajo le está esperando. Si sueña con nieve en primavera o verano, es de mal augurio para los negocios y para proyectos sociales, culturales o deportivos. El sueño aconseja dejar pasar tres meses antes de llevar a cabo los planes que tiene en mente. Por ahora la posición de los astros no le es favorable. 67.

Nietos: Será tratado injustamente por un pariente político. 12.

Nigromancia: Los sueños en los que se observa o se participa en la invocación a los muertos predicen que alguien cercano a usted intentará inducirlo a la práctica de ritos oscuros. 40.

Ninfa: A una mujer le predice que una amiga está interesada en robarle el amor de su pareja. A un hombre le augura que se verá involucrado sentimentalmente con dos mujeres al mismo tiempo. 78.

Niñera: Si observa a una niñera señala que le ha dado demasiada confianza a una persona que trabaja para usted. Abra los ojos porque la persona en cuestión no es de fiar y está planeando traicionarle o robarle. 0.

Niños: Si observa niños saludables jugando, indica buenas noticias. Niños tristes o enfermos presagian una decepción romántica. Si un niño le habla, créale todo lo que le diga porque será verdad. Si sueña que vuelve a ser niño, tendrá la oportunidad de comenzar una nueva carrera o trabajo exitoso. Ver a un niño llorar pronostica que un hermano (a) está siendo abusado física o mentalmente. Ver morir a un niño anuncia el inicio de una mala racha en el trabajo. Si sueña con niños frecuentemente, es vaticinio que su falta de madurez le está haciendo tomar decisiones a la ligera, las cuales le afectarán negativamente en un futuro cercano. 31.

Nitroglicerina: Corre el peligro de entrar en una relación romántica abusiva. Aunque esa persona le guste demasiado, debe alejarse de ella, porque padece de serios trastornos psicológicos. Este sueño también predice que puede perder dinero o documentos. 25.

Noche: Andar de noche señala que alguien detiene su avance personal. Se relaciona con personas que no le convienen. Una noche iluminada por la luna y las estrellas le indican el inicio de un nuevo camino. Nuevas oportunidades están por llegar. Si sueña con una noche oscura y solitaria, se aconseja que actúe con prudencia. Si en el sueño es de día y de repente se hace de noche, indica que está incurriendo en actividades que le perjudicarán socialmente. 19.

Nodriza: Se verá incapacitado a realizar un trabajo que le será imposible desempeñar. No acepte responsabilidades que de antemano sabe que no va a poder cumplir. 49.

Nogal: Un favor que usted hizo en el pasado le será retribuido con creces en los próximos días. 1.

Nombramiento: Si recibe un nombramiento, se sentirá orgulloso por el desempeño profesional de un hijo o hermano. 24.

Nombre: Si es el nombre de alguien conocido, en breve recibirá noticias de esa persona. Si son nombres desconocidos, alguien ha levantado un falso rumor en su contra. Si sueña con su nombre, es señal que se ha vuelto ego centrista. 51.

Nopal: Aquel que esté enfermo encontrará la cura en un remedio natural. Quien no tenga trabajo, pronto conseguirá un buen empleo. Quien no tenga una relación romántica, en breve se enamorará. Este sueño augura que hallará el ingrediente que le hace falta para ser feliz. 8.

Nostalgia: Si se sueña triste o nostálgico, es indicio que se está dejando influenciar por los problemas de los demás. Le gusta ayudar a sus seres queridos, pero debe hacerlo hasta cierto punto, de lo contrario no tendrá una vida propia. 83.

Notaría: En breve cambiará de trabajo o de domicilio. El cambio le beneficiará social y económicamente. 26.

Notario: Realizará un papeleo legal que lo mantendrá nervioso por unos días. Lea, piense y analice antes de firmar un documento. No se deje presionar porque puede cometer un grave error. 97.

Noticias: Si recibe buenas noticias, tendrá un año estupendo, y si son malas, sufrirá un cruel desengaño. 91

Noticiero: Observar un noticiero presagia que intentarán envolverlo en una calumnia. Si participa en un noticiero, augura que hará una hazaña que llamará la atención de mucha gente. 87.

Novedad: Un nuevo ciclo se iniciará en su vida en estos días. 16.

Novela: Leerla pronostica mala suerte en relaciones románticas y falta de ingresos económicos. Si la escribe, es augurio que una propuesta suya será aceptada. 49.

Novelista: Conocerá a un interesante personaje quien le dará un perfil más dinámico y progresista a su carrera. Su trabajo comenzará a darle grandes satisfacciones. 74.

Novenario: Una persona que le ofendió vendrá arrepentida a pedirle perdón. Perdone y usted también será perdonado más adelante. 51.

Novia: Si un hombre sueña con su novia, augura felicidad. Si sueña con la novia de otro, será víctima de la infidelidad. Si un hombre sueña con una mujer vestida de novia, una amiga le declarará su amor. Si una mujer sueña a otra vestida de novia, presagia que dos hombres pelearán por ella. La mujer que se sueñe vestida de novia se casará más de una vez. 30.

Noviazgo: Augura una ruptura sentimental por falta de amor. 38.

Novicia: Se ha sentido deprimido y acongojado porque está reprimiendo sus verdaderos deseos. Nadie puede ser feliz actuando en contra de su propia naturaleza. 73.

Novillo: Detenga su carácter voluble y a su falta de responsabilidad, de lo contrario, sus allegados se alejarán. Si observa muchos novillos, presagia abundancia de trabajo y recuperación total de la buena salud. 62.

Novio: Augurio de matrimonio feliz y duradero. La mujer que sueñe con su novio será feliz con él. Si sueña con el novio de otra, es indicio que su mejor amiga le traicionará. Si su novio le deja, augura que está loco por usted. Si ve a su novio con mujeres desconocidas, es augurio que la relación ha llegado a su fin. 99.

Nubes: Nubes blancas anuncian triunfo después de la dificultad. Si camina entre ella, presagia su gran deseo realizado en menos de tres años. Nubes grises u oscuras presagian mala suerte con eldinero y el románce. Nubes y lluvia auguran sufrimientos y lágrimas. Para librarse del mal augurio coloque un pequeño espejo en el techo de su casa o en una ventana que mire a la calle, su reflejo deberá iluminar hacia afuera de la casa. Haga el ritual una noche de luna llena. 91.

Nuca: Detenga a quien le ha estado causando problemas. Tal persona no le aprecia. No se sacrifique por gente que no vale la pena. 45.

Nudo: Si observa nudos durante el sueño, estos indican la añoranza que siente por personas que ya fallecieron. Si observa a alguien atando nudos frente a usted, indica que una persona que asegura amarle, pretenderá retenerle a la fuerza, al darse cuenta que usted ha perdido el interés en la relación. Si es usted quien ata los nudos, señala que se está aferrando a situaciones que ya no pueden ser. Nudos desatados, son un buen presagio para las finanzas familiares. 23.

Nuera: Si luce contenta, habrá paz y unión en su familia. Si la ve enojada, habrá pleitos y discordia. Si la ve triste o llorando, habrá enfermedad para un niño o adulto. Si la ve muerta, noticias inesperadas de embarazo de una pariente. 72.

Nuez: Ver una sola presagia limitaciones y dificultades para ganar dinero. Ver un puñado de nueces anuncia que en los próximos quince meses le llegará una cantidad de dinero como caída del cielo. Si las come, es pronóstico de riqueza. Si observa a un animal comiendo nueces, augura la reconciliación de amigos que no se hablaban desde hace tiempo. 28.

Números: Soñar con números siempre es augurio de victoria y de triunfo ante cualquier situación o empresa. No obstante, cada número del uno al diez tiene un significado onírico particular. Si sueña con una cifra específica, se recomienda que la analice número por número. Por ejemplo:

Uno: Llegará muy pronto a su meta, uno de sus sueños será cumplido. También puede señalar triunfo para un político o para un artista.

Dos: Felicidad en el amor y encontrará al amigo o al socio perfecto.

Tres: Asociaciones ventajosas, negocios fabulosos y aveces matrimonio.

Cuatro: Cambios trascendentales, una corta etapa de transición que no será fácil de sobrellevar.

Cinco: Inicio o el final de una relación sentimental. En ciertas ocasiones también indicará que le falta orden a su vida.

Seis: Éxito profesional y prosperidad financiera.

Siete: Buena suerte y el comienzo de una época dorada en su vida.

Ocho: Simboliza el balance perfecto entre la mente, el corazón y el espíritu. Predice la llegada de una oportunidad laboral magnífica.

Nueve: Algo negativo saldrá de su vida. Lo que bloquea dejará de existir.

Diez: Augura fama, prestigio, poder.

Otros números con significado onírico importante son:

Cero: Cambio trascendental en el sector económico y social.

Varios ceros: Tendrá amor y riqueza.

Trece: Señal de advertencia. El peligro andará rondando su camino.

Diecisiete: Curación de un mal, la recuperación de un enfermo y la llegada de mejores tiempos después de siete años de mala suerte.

Veintiuno: Se abrirán las puertas de la buena fortuna. Lo imposible ahora estará al alcance de sus manos.

Cincuenta: Gran logro.

Cien: Algo ha llegado a su fin.

Seiscientos sesenta y seis: Alguien conocido practica ritos satánicos.

Por otro lado, si sueña muy a menudo con determinados números, no espere más y juéguelos a la lotería, ya que es muy probable que gane una cantidad considerable. Los astros están alumbrando su camino. La rueda de la fortuna está girando a su favor. Aproveche esta racha maravillosa. 80.

Nutria: Se ha ilusionado demasiado con una situación que de antemano sabe que no podrá ser. Despierte de ese mal sueño y no se aferre a episodios y pasiones que ya son parte del pasado. 13.

Nylon: Una persona visionaria descubrirá en usted talentos que hasta hoy habían permanecido dormidos en su conciencia. 96.

Ñ

Ñacaniná: Soñar con una víbora tan venenosa como ésta presagia que atravesará por un gran peligro. Es posible que tenga un altercado con una persona sumamente violenta. Guarde la calma y evite entrar en una situación de alto riesgo. 52.

Ñamal: Si sueña con una plantación de ñames, es augurio que podría involucrarse sentimentalmente con un sacerdote o una sacerdotisa de un culto misterioso. 17.

Ñame: Tendrá una confusión con la fe que profesa. 18.

Ñandú: Si sueña con esta ave en particular, presagia que ocurrirá un cambio benéfico en su vida. Le viene una etapa próspera y estable, pero antes tendrá que vencer el último obstáculo. 9.

Ñangue: Una túnica sagrada predice que se obrará un milagro en su vida. Si alguien que padece una enfermedad incurable sueña con un ñangue, el sueño revela que se curará como por arte de magia. 80.

Ñu: Los sueños relacionados con este tipo de antílope pronostican que a lo largo de su vida hará un viaje al África negra. 71.

O

Oasis: Llegará a su vida un buen amigo, quien en cierta manera cambiará el curso de su destino y lo ayudará a reflexionar. 60.

Obedecer: Si obedece a alguien, ha ganado el respeto de quienes le conocen. Si alguien le obedece, pronto le pedirán un favor. 8

Obelisco: Hará una excelente compra. 56.

Obesidad: Si se ve obeso, presagia que atravesará una época de grandes retos, por lo tanto debe prepararse física y emocionalmente para superar cualquier situación que se presente. 33.

Obeso: Está maximizando sus problemas y puede atraer la mala suerte. Piense positivamente y sea más optimista. 88.

Obispo: Se ilusiona demasiado respecto a una propuesta que le hicieron. Analice las cosas desde un punto de vista más realista. 63.

Obras de arte: No viva pensando en el ayer porque su futuro inmediato será mucho mejor que el pasado que tanto anhela. 4.

Obreros: Alguien está tratando de explotarle. Abra los ojos. 70.

Observatorio: Vivirá una corta etapa de nostalgia. 27.

Obsesiones: Ruptura sentimental inevitable. 75.

Obstáculos: Si atravieza obstáculos, alguien quiere interponerse entre usted y su pareja. A los estudiantes les augura dificultades en una materia. 45.

Ocaso: Aléjese de un grupo que no le conviene. 59.

Océano: Si está en calma, es paz y prosperidad para su hogar. Tempestuoso, presagia grandes preocupaciones por falta de dinero. 20.

Oceanía: Hará un largo viaje que terminará mejorando el rumbo de su existencia. 39.

Ocio: El mundo sigue cambiando y usted también debe cambiar. No se quede rezagado. 12.

Oculista: Le preocupará el estado de salud de un conocido. 66

Odio: Si lo odian, augura que enfrentará los celos y la envidia de un competidor. Si sueña que odia a alguien que conoce, indica que esa persona lo detesta. 78.

Ofensa: Si ofende a alguien presagia que tendrá una semana complicada e incómoda. Si lo ofenden pronostica que se reconciliará con alguien con quien tuvo una fuerte discusión. 2.

Oficial: No sea tan rígido consigo mismo. Tiene que actuar de manera más solidaria. 41.

Oficina: Si se trata de una oficina gubernamental augura que experimentará retrasos en trámites legales. Una oficina privada indica que una persona a quien usted subestimó en el pasado le hará un gran favor. 83.

Ofrendas: Si sueña que hace ofrendas predice que obtendrá lo que desea, especialmente si son ofrendas de carácter religioso. 15.

Ogro: Tenga mucho cuidado porque alguien quiere hacerle pasar una situación que le hará quedar en ridículo. 49.

Oídos: No sea tan curioso, eso puede causarle grandes problemas. Recuerde que la curiosidad mató al gato. 82.

Ojeras: Debe organizar su vida responsablemente. No se puede vivir de fiesta en fiesta. 96.

Ojos: Si los tiene sanos, anuncian felicidad y paz interior. Enfermizos, tristes o heridos, presagian pérdidas materiales. Si están cerrados, no debe confiar mucho en la gente. Si sueña con muchos ojos, alguien investiga todo lo que usted hace. Si pierde un ojo pronostica que alguien cercano podría enfermar gravemente. Si es así, encienda una vela blanca y rece tres veces la oración a San Rafael Arcángel. Hágalo todas las noches durante un mes. 99.

Ola: Una ola grande augura percances económicos y familiares. Si una ola se desvanece antes de tocarlo, saldrá adelante a pesar de los problemas. Si sueña con una ola gigantesca predice que durante un año se le presentarán graves situaciones que logrará vencer si tiene fe. 7.

Oler: Olores agradables predice que cuenta con la protección de un ángel. Si percibe un mal olor, augura que algo en su salud no anda bien. 22.

Olimpiadas: Tendrá que decidir entre el amor de su pareja o la amistad de su mejor amigo. 55.

Olivo: Podrá realizar el viaje que tanto desea. 76.

Olmo: Deberá ser más sociable y extrovertido, de lo contrario experimentará el aislamiento. 32.

Olvidos: No presuma lo que no le pertenece. 9.

Olla: Entre más grande, mayor será la abundancia que le espera. 45.

Ombligo: Lo acusarán injustamente de algo que usted no hizo. 67.

Ónix: Algo negativo se va de su vida para siempre. 0.

Ópalo: Si desea el bien al prójimo recibirá lo mismo a cambio. 98.

Ópera: Comenzará a relacionarse con personas influyentes y será tomado en cuenta en un importante proyecto. 71.

Operación: Si la operación es exitosa, terminarán todas sus preocupaciones. Si ve que operan a otra persona, indica que la vida le tiene preparada una gran lección. Si siente temor de ser operado, presagia que está a punto de cometer un grave error. Soñar que una operación fracasa señala que ha tomado el camino equivocado. Reflexione antes de que sea tarde. 35.

Oportunidad: Podrá conocer a la persona que le interesa. 10.

Óptica: Analice sus actos porque se ha estado comportando de una manera bastante inmadura. 72.

Opulencia: En tres años su economía estará mejor que nunca. 53.

Oración: No se acuerde de Dios sólo cuando está en problemas. También déle gracias por sus alegrías. 48.

Oráculo: No permita que la superstición lo torne inseguro. 13.

Orador: Un charlatán tratará de impresionarlo con falsas promesas. 51.

Orangután: No haga presión forzando situaciones que no se han dado de forma espontánea. 95.

Orar: Le desconcertará la generosidad de un desconocido. 77.

Ordeñar: Verá una notable mejoría en las finanzas familiares. 44.

Oreja: No crea todo lo que le prometan; espere y confirme los resultados. Si limpia sus orejas, augura el fin de un padecimiento. 43.

Orfanato: Sus presentimientos comenzarán a hacerse realidad. 25.

Órganos sexuales: Si los observa sanos, augura que en unos meses ganará una buena suma de dinero. Si los ve muy grandes o muy pequeños, indican monotonía en sus relaciones íntimas. Si los ve lastimados o heridos, es presagio de infertilidad. 17.

Orgía: Quizás atraviese un corto período de insatisfacción sexual. 3.

Orilla del mar: Será respaldado por alguien poderoso e influyente. 21.

Orinar: Ver su propia orina presagia una corta enfermedad. Orinar en la calle augura que será avergonzado en público. Si se orina en la cama o en la ropa, indica que no debe dejar todo en manos de la suerte. Si ve a otras personas orinando, significa que le confiarán un grave secreto. 84.

Orquesta: Escucharla presagia que será el receptor de una gran felicidad al ver realizado uno de sus más importantes proyectos. Si toca en una orquesta predice que gozará del amor y la fidelidad absoluta de su pareja. 55

Oruga: Un supuesto amigo ambiciona todo lo que usted posee, incluso a su pareja. 5.

Oscuridad: No permita que los problemas y las presiones económicas le causen una depresión profunda. No se deje vencer y actúe con optimismo. Si observa rayos de luz en medio de la oscuridad, el sueño vaticina el fin de un conflicto familiar. 64.

Oso: Encontrará en su camino rivales y competidores muy fuertes, sin embargo, con su astucia logrará superarlos. 39.

Ostras: No deje que los vicios y las malas amistades pongan obstáculos en su vida. 34.

Otoño: Después de siete años difíciles, ahora vienen siete de buena suerte. 92.

Ovejas: Robustas indican abundancia, y flacas, escasez. Si las ve inquietas o peleando, augura problemas legales. Una sola oveja presagia el nacimiento de un bebé en la familia. 61.

Ovni: No se desespere porque la ayuda que necesita llegará en el momento justo. 68.

Oxidar: Si observa objetos oxidados, indica que tendrá que hacer ciertos gastos en el mantenimiento de su vivienda. 14.

Oxígeno: Este sueño indica que los problemas de sus familiares pueden provocarle un estado de ansiedad. Deje de ser el paño de lágrimas de todo el mundo. 56.

P

Pabellón: Mal augurio para invertir o hacer negocios. No es buen tiempo para especular. Asegure lo que tiene, es lo mejor. 76.

Pacto: Le propondrán algo ilícito. Si hace un pacto con el demonio, el sueño presagia que su ambición desmedida le traerá un gran problema 25.

Padrastro: Un hecho bochornoso causará distanciamiento entre usted y sus familiares cercanos. Para niños menores de doce años augura problemas en la escuela con un maestro negligente. 31.

Padre: Saldrá bien librado de una situación difícil. Si habla con él, tendrá buenas noticias financieras y de trabajo. Si está contento, tendrá buena salud. Si lo ve pensativo, triste o en apuros, habrá un pleito en la familia. Si lo toca o lo abraza, resolverá un viejo problema con la ayuda de una persona. Si está enfermo, atravesará por conflictos laborales o enfrentará dos meses pésimos económicamente. Si lo ve muerto, significa que ambos se deben perdonar por cosas terribles que un día se dijeron. Si su padre discute con usted, augura conflictos con un hermano o con un hijo. Si ya falleció y sueña con él constantemente, es señal que le quiere comunicar algo importante, ponga atención porque de ello dependerá una buena decisión. Si lo observa en el campo o cerca del agua, es presagio de tres años de buena suerte para ambos. Si sueña frecuentemente con su padre, necesitará de su consejo para ponerle fin a una situación apremiante. 1.

Padrenuestro: Si se sueña usted mismo o a otras personas rezando el padrenuestro, es presagio que se obrará un milagro en su vida. Le vendrá una gran bendición del cielo. 88.

Padrino: Habrá un importante festejo en su seno familiar. Habrá motivos para celebrar. Se harán alianzas con gente importante. 12.

Pagar: Si le pagan, vienen cuantiosas ganancias. Si usted paga, el sueño predice que se verá agobiado por gastos y deudas. 14.

Paginas: Le dará fin a una relación sentimental perjudicial. 99.

País: Si sueña que vive en otro país, vivirá una corta etapa de melancolía y recuerdos. Si se observa en un país extraño, está perdiendo el control de su vida. Está incurriendo en acciones que lo perjudicarán. Si está en otra nación y sueña con su país, presagia una entrañable reunión familiar. Si sueña que visita un país al que siempre ha querido conocer, hará un viaje a otro continente. Si se sueña perdido en un país desconocido, es augurio de ruptura sentimental o matrimonial. 53.

Paisaje: Muy pronto recibirá buenas noticias de un familiar que radica en el extranjero. 5.

Paisano: Augura que su mejor amigo le negará un favor. Será desilusionado por alguien a quien usted tiene en gran estima. 29.

Paja: Intentarán hacerle un fraude proponiéndole un gran negocio. No preste su dinero porque no se lo devolverán. No acepte el trabajo que le han ofrecido porque si lo hace irá directo al fracaso. 85.

Pájaros: Una banda de pájaros predice que se verá envuelto en chismes y calumnias. Los pájaros nocturnos predicen deterioro en la salud. Los pájaros migratorios auguran la llegada de gente interesante. Pájaros de plumaje exótico predicen el inicio de un afortunado período en el que adquirirá valiosas posesiones a un precio de ganga. Pájaros de mal agüero aconsejan que no haga tratos, viajes ni negocios al siguiente, porque nada saldrá como espera. Es augurio de malas noticias. Pájaros pequeños vaticinan que llegará la buena fortuna a su casa. Si es atacado por pájaros de presa, alguien quiere entablar una falsa demanda judicial en su contra. Pájaros sin plumas pronostican limitaciones económicas y dificultad para pagar sus deudas. Pájaros muertos anuncian deshonor en la familia. Pájaros que cantan simbolizan próxima felicidad, júbilo y ganancias cuantiosas. Si caza pájaros, indica que enfrentará problemas con los impuestos o las utilidades. Si están enjaulados, auguran cárcel para un conocido. Si salen de la jaula, marcan el final de una dura etapa en su vida. 20.

Pala: Trabaja en algo que no le aportará ningún beneficio económico. 49.

Palacio: Está especulaciondo sobre un proyecto que aún no inicia. Sea más realista, o se llevará una gran decepción. 51.

Palafito: Vivirá temporalmente en un lugar que no le agradará. 74.

Palco: Se revelará ante personas que han venido actuando injustamente en su contra. 14.

Palenque: No preste dinero ni haga apuestas porque podría perderlo todo. Confía mucho en su buena suerte y corre el riesgo de perder su patrimonio. 13.

Palidez: Si es en usted, augura que le afectará un padecimiento sanguíneo. Si ve pálida a otra persona, predice que irá a un hospital a visitar a un paciente a quien le practicaron una cirugía. 17.

Paliza: Recibirla, presagia problemas legales. Propinarla vaticina que un remordimiento no le dejará vivir tranquilo. Observarla, indica que habrá un pleito en su casa. 37.

Palma: En menos de un mes obtendrá lo que ha solicitado. 5.

Palmera: Anuncia la llegada de tiempos mejores. Le abundará el dinero y gozará de buena salud. 42.

Palo: Los sueños con este culto de origen africano predicen que en los próximos dos años atravesará por un período de catarsis espiritual. Varias personas intentarán hacerle cambiar de religión. No se aparte de las creencias que aprendió cuando era niño, no le conviene en lo absoluto. 84.

Paloma: Si es una sola, disfrutará de un nuevo placer sexual. Si son varias, una nube negra se posará sobre su casa durante un par de semanas. Para librarse del augurio se recomienda que coloque nueve cabezas de ajo en nueve lugares distintos en su casa, comenzando de adentro hacia afuera. Mientras las va colocando, rece en voz alta en el nombre de Jesucristo. Hágalo el día domingo entre las cinco y las seis de la tarde. 90.

Pan: Presagia que nunca le faltará comida ni a usted ni a los suyos. Siempre habrá una mano amiga dispuesta a acudir en su ayuda. Vencerá problemas y enfermedades. 50.

Pana: En esta semana se topará con una persona muy antipática. No permita que le contagien el mal humor. 18.

Panadería: Tendrá apuros por falta de dinero. Sus recursos son insuficientes. Deberá buscar nuevas oportunidades. 69.

Panadero: Le harán un favor que le costará muy caro. Se arrepentirá por haber confiado en alguien. 39.

Panal: Sueño afortunados que presagia abundancia de salud, dinero y amor. Le llegará una gran felicidad. 55.

Pancartas: Se verá involucrado en un acto de civismo. Es probable que participe en actividades políticas o protestas. 92.

Pandilla: Un grupo de personas se ha aliado para perjudicarle y desprestigiarle. Allí hay alguien que tuvo que ver sentimentalmente con usted en el pasado. Para triunfar sobre ellos se aconseja que encienda una vela roja frente a un espejo durante quince minutos, medite y queme lentamente nueve pizcas de sal con la llama de la vela, luego haga invocaciones a su ángel guardián. Practique este ritual durante 21 noches consecutivas y así logrará vencer a sus agresores. 66.

Pandillero: Alguien se le acercará con el propósito de sacarle dinero. No crea en caras angustiadas ni en situaciones prefabricadas. Abra los ojos. 4.

Pánico: Alguien que le envidia intentará afectar su autoestima. No tome en cuenta las críticas destructivas, tome las cosas de donde vienen. Sólo quieren tratar de desmoralizarlo, pero no lo conseguirán. 93.

Pantalones: Si son nuevos, es presagio de avance laboral y económico. Si lucen muy viejos o rotos, el sueño predice que se verá tentado a realizar un acto inmoral. Si están al revés, augura que tendrá relaciones íntimas con alguien a quien acaba de conocer. 59.

Pantalla: Debe evitar ciertos hábitos porque en este preciso momento todo el mundo lo tiene en la mirilla. 20.

Pantano: Mal presagio. Augura enfermedades, bancarrota y sufrimientos. Para librarse del augurio deberá hacerse una limpieza o practicar este ritual: En día martes, prepare un baño con hojas de menta, un poco de romero fresco, flores de lavanda, un poco de mirra y los pétalos de una rosa blanca. Hierva con agua fresca los ingredientes, cuélelos y los déjelos enfriar. Al estar tibia la mezcla agréguele el agua de un coco y un poco de ron. Use la mezcla como enjuague después de bañarse. Al final encienda una vela color café y rece 4 salmos bíblicos. Si lo hace con fe, el augurio se desvanecerá. 99.

Panteón: Alguien o algo que no le conviene se alejará de su vida para siempre. Este sueño anuncia el final de una mala racha. Los años de mala suerte llegaron a su fin. 9.

Pantorrillas: Próxima lujuria. 11.

Pantuflas: Se ha vuelto demasiado conformista. Si no despierta de su letargo, más adelante se verá consumido por los años y la pobreza. 0.

Pañuelo: Si es blanco, cuenta con buenos amigos. Si es de colores, está rodeado de gente hipócrita. Si es negro, asistirá a un funeral. 67.

Papa (vegetal): Soñar con papas augura que si no controla su dieta, en pocos meses subirá más de veinte libras de peso. 70.

Papagayo: Logrará adaptarse fácilmente a una situación familiar que al principio le parecerá insoportable. 23.

Papaya: Siempre aparentará menos edad de la que tiene. 29.

Papel: Si está en blanco, augura que recibirá una buena noticia. Si lo observa escrito, augura que deberá realizar la misma tarea dos veces. Si observa papeles en desorden, presagia pleitos entre familiares debido a una propiedad en común. 65.

Papelero: Problemas y discusiones en casa causados por la intriga de un pariente político.4.

Paquete: Si lo observa o lo lleva, recibirá un obsequio. Si otra persona lo lleva, será usted quien dé el obsequio. 78.

Parabrisas: Se librará de una persona molesta. Evite el contacto con gente neurótica. 54.

Paracaídas: Encontrará la salida de la pésima situación en la que está. Recibirá ayuda inesperada. Si se lanza de un avión con un paracaídas, está arriesgando demasiado en un proyecto destinado al fracaso. 40.

Paraguas: Cubrirse con un paraguas anuncia seguridad económica para el futuro. Si lleva un paraguas cerrado, presagia problemas con un vecino. Un paraguas roto o con orificios augura que escuchará comentarios terribles en su contra. Un paraguas abierto dentro de la casa presagia falta de dinero y conflictos entre marido y mujer. 19.

Paraíso: Augura una pronta recuperación económica y física para el soñador. Está a punto de obtener lo que siempre ha querido. 80.

Parálisis: Atravesará tres meses llenos de complicaciones económicas y sociales. Descubrirá la falsedad de alguien cercano a usted. 67.

Paranoia: ¡Cuidado! Alguien quiere engañarlo con una gran mentira. A un hombre le augura que una mujer intentará comprometerlo. Las mujeres deberán cuidarse de las malas intenciones de un nuevo amigo. 22.

Parlamento: Irá a una distinguida reunión. Conocerá gente importante. 17.

Pararrayos: Analice la propuesta que le acaban de hacer porque puede ser engañado. Aprenda a decir que no en el momento indicado. 90.

Parásitos: Una persona está abusando del amor que usted siente por ella. Alguien quiere sacarle dinero. 28.

Parche: Si lo ve en su ropa, augura dificultad para ganar dinero. Si lo ve en otra persona, se enterará de la mala situación que está atravesando uno de sus seres queridos. 61.

Pared: Si le impide seguir adelante, indica que tendrá que vencer un obstáculo enorme. Si logra saltar o pasar a través de ella, afirma que la victoria será suya. 92.

Paredón: Será victima de acoso sexual por alguien mucho mayor. 85.

Parientes: Si los ve sonrientes y saludables, abundará el dinero y las buenas oportunidades. Si los ve molestos o discutiendo, se sentirá agobiado por una cantidad de gastos inprevistos. Si los ve heridos, llegará una mala noticia. Si los ve muertos presagia que sabrá de la enfermedad que está padeciendo uno de ellos. Si los ve pobres, contará con la cooperación de ellos. Si los observa disfrutando de riqueza, es señal que ellos le ignorarán. 96.

Parir: Una situación que le hará sufrir varias semanas. Lave su cara con agua de rosas blancas y el augurio será neutralizado. Hágalo nueve noches consecutivas a la misma hora. Comience un viernes. 13.

Parodia: Alguien intentará bajar su autoestima. Sufrirá una burla en su propia cara o en su propia casa. 29.

Parpadear: Presenciará acto repugnante. Observará una gran injusticia. 46.

Párpados: Si lucen normales y sanos, augura que gozará de buen prestigio en su profesión. Si los observa caídos, hinchados o enfermos, presagia que será víctima de una burla cruel. 41.

Parque: Si pasea por un parque, es vaticinio que recuperará algo que parecía perdido. Si asiste a una celebración en un parque, augura que habrá una boda en su familia. Perderse o encontrarse totalmente solo en un parque presagia quebranto de la salud. 59.

Parricidio: Augura que alguien a quien usted ama le detesta. Su cariño será retribuido con perversidad. 52.

Parrilla: Tendrá una corta vacación. Se liberará de tensiones. 10.

Párroco: Un amigo le confiará la pena que le embarga en este momento. Ayúdelo en cuanto le sea posible. Esa persona merece toda su estima. 77.

Parroquia: Se verá involucrado en una organización benéfica. Las obras de caridad que haga hoy serán su recompensa para el futuro. Recibirá una gran bendición. 63.

Partido político: Tendrá que decidir entre la amistad de dos personas. Recuerde que no se puede servir a dos amos al mismo tiempo. 94.

Partir: Está actuando impulsivamente y eso le puede costar muy caro. Relájese y decida con la cabeza. 30.

Partitura: Asistirá al estreno de una obra teatral o un concierto. 25.

Parto: Presenciar un parto predice que encontrará una forma honesta de ganar dinero fácil. Si una mujer sueña que tiene un parto complicado, enfrentará graves problemas con su familia. Observar un parto colectivo presagia riqueza material, pero enfrentará numerosas envidias por parte de sus parientes. Un parto sin dolor le predice que dos hombres pelearán por ella. Si ayuda en un parto, le beneficiará una nueva ley o un cambio en la política de su país. 88.

Pasas: Recibirá una llamada telefónica que le alegrará el día. 44.

Pasadizo: Descubrirá el más intimo secreto de alguien que ha tratado de perjudicarle. Tendrá un "as" bajo la manga cuando tenga que defenderse de su agresor. 60.

Pasajero: Soñarse como pasajero de un avión, tren, metro o autobús presagia que alguien vendrá a visitarle desde muy lejos. Si alguien más es pasajero, usted irá al encuentro de alguien a un lugar distante. 72.

Pasamontañas: Si usted lo porta, augura que observará a alguien cometiendo un delito. Si lo porta otra persona, es presagio que ocurrirá un hecho violento cerca de donde usted reside. 91.

Pasaporte: Si es su pasaporte, viajará en repetidas ocasiones al mismo lugar. Si es de otra persona, se involucrará sentimentalmente con un extranjero. Si lo pierde, será confundido con una persona que ha infringido la ley. 78.

Pasear: Si pasea acompañado, será feliz en el amor, y lo contrario si pasea usted solo. Si pasea junto a sus amigos, alguien quiere ganarse su confianza y merece que usted le dé una oportunidad. Si pasea junto a su mascota, sentirá satisfacción por la decisión que acaba de tomar. 14.

Pasillo: Se dará cuenta que la soledad y el aislamiento no son sus mejores aliados. Haga nuevas amistades, busque compañía. No se encierre en su casa, eso no le hace bien a nadie. 31.

Pastas: Si las come, es augurio que puede confiar en la buena fe que ha venido mostrando uno de sus amigos. Si las observa, presagia que peleará con un pariente y eso provocará un distanciamiento entre ambos que durará varios años. 99.

Pastar: Observar animales pastando indica que se ha vuelto demasiado egocentrista y cree merecerlo todo. Baje de esa nube o se quedará completamente solo. 0.

Pastel: Augura un renacimiento en su vida. Una buena época está por comenzar. Logrará ser feliz y hacer felices a los suyos. 21.

Pastelería: Buenas noticias sobre padres, hijos o hermanos. 50.

Pasto: Si luce verde y fresco, presagia que una buena cantidad de dinero llegará a sus manos de una manera extraña e inusual. Si luce reseco, pronto se verá inundado de deudas. 26.

Pastor: No deje en manos de otra persona su patrimonio o sus pertenencias porque será despojado de las mismas. Si quiere ver crecer su empresa debe manejarla usted mismo. No le confíe a nadie lo que tanto trabajo le ha costado conseguir. 42.

Patán: La persona a quien considera su mejor amigo le defraudará profundamente. Lo bueno es que se dará cuenta a tiempo que esa amistad no vale la pena. 82.

Patente: Su ingenio lo llevará hasta la cumbre, pero no comente sus planes y proyectos porque podría ser víctima de un plagio. 34.

Patíbulo: Atravesará por un corto período de depresión. 49.

Patinar: Se liberará de personas y situaciones que estaban truncando su camino. Por fin se sentirá libre y en paz consigo mismo. 46.

Patio: Hará algunas mejoras al lugar donde reside actualmente. Hágalas y así la suerte entrará con más fuerza a su morada. 70.

Patria: Si sueña con su patria y está lejos de ella, predice que un determinado momento de su vida podrá hacer algo bueno por su tierra y por su gente. Si tiene el sueño estando en su lugar de origen, augura que su extremado nacionalismo le creará conflictos con personas que no comparten su filosofía. 51.

Patrimonio: Un artículo que encontrará a muy bajo precio se convertirá para usted en un auténtico tesoro. Logrará hacer un negocio que le dará ganancias inimaginables. 25.

Patriota: Vivirá lejos de su patria por muchos años y el día que regrese llegará convertido en un alguien importante. 8.

Patrulla: Se verá tentado a infringir la ley. No lo haga porque será descubierto in fraganti. 9.

Pavo: Tendrá un año de buena suerte. Hará un buen negocio, le harán una buena propuesta, se moverá en un ambiente más adecuado. 32.

Pavo real: Para un hombre, augura que tendrá una esposa linda y fiel. Para una mujer, tendrá un esposo trabajador y responsable. Para los casados, uno de sus hijos alcanzará la fama. 55.

Payaso: Alguien se está burlando de usted a sus espaldas. 40.

Peatón: Si es usted, presagia cambio de trabajo o de ocupación. Si es otra persona, vaticina que tendrá que albergar a alguien en su casa durante unos días. Si observa a un desconocido, pronostica que le está frecuentando una persona de mala reputación. 13.

Pecas: Tendrá un padecimiento de la piel y necesitará asistencia médica. 11.

Pecar: No se deje contaminar con las actitudes y los pensamientos derrotistas de las personas que le rodean. Si otros pecan, augura que descubrirá la falsedad de alguien a quien usted le brindó su amistad sincera. 0.

Peces: Ver muchos peces en el agua le auguran buena fortuna. Peces de colores le auguran un viaje al exterior. Si ve peces gordos o grandes, es presagio de triunfo total en todos sus proyectos. Peces muertos presagian la enfermedad de un niño en la familia. 45.

Pecho: En el transcurso de está semana recibirá una gran noticia. Algo que le preocupa se solucionará. 23.

Pedales: Se topará con una persona que intentará dañar su autoestima. Alguien le envidia y se porta frente a usted como un gran confidente. 99.

Pedestal: Idealiza mucho a las personas y eso le ha causado varias decepciones. No se deje impresionar únicamente por palabras, los hechos son los que en realidad cuentan. 74.

Pediatra: Sabrá del embarazo de una mujer allegada a su familia. 81.

Pedicure: Logrará neutralizar a una persona que le ponen obstáculos en el trabajo. Ganará la batalla que ahora enfrenta. 75.

Pedir: Si se observa pidiendo, augura que le negarán un favor o petición. Si alguien le pide algo, será usted quien de la negativa. 34.

Pedradas: Alguien que le envidia está tramando una traición en su contra. Se ha planeado una emboscada para perjudicarle. Para neutralizar a sus oponentes se recomienda que coloque cuatro huevos en los cuatro puntos cardinales de su habitación. Déjelos allí durante 8 días. Al noveno día tírelos en un basurero lejos de su casa. Hágalo comenzando el día domingo. Acompañe el ritual rezando un pasaje de la Biblia cada noche. 20.

Peinarse: Si usted se peina, predice que un enfermo se recuperará totalmente. Si otra persona se peina, augura que se enterará del fallecimiento de un conocido. 31.

Peine: Lo que antes fue pena y dolor ahora se convertirá en alegría. Su vida dará un inesperado giro. 23.

Peineta: Este sueño augura que tendrá un mes estupendo. 5.

Pelar: Cuide su dinero ya que en los próximos tres meses atravesará por una situación económica bastante apretada. 39.

Peldaño: Subirlo, augura honores, y bajarlo, sufrimientos. 18.

Pelea: Observar una pelea indica que una persona abusiva pretenderá hacerle sentir inferior. Si forma parte en una pelea, predice que se revelará ante personas que han estado abusando de su confianza. Si resulta herido en una pelea, predice que sufrirá un accidente doméstico que lo mantendrá inactivo por varios días. 86.

Película: Si ve una película, en un par de semanas hará un gasto fuerte. Si se observa actuando en una película, predice una gran oportunidad. Se acercan los buenos tiempos. Si observa la filmación de una película, una persona pudiente lo elevará a una posición que usted nunca imaginó. 50.

Peligro: Estos sueños tienen un significado contrario porque augurian importantes logros. Tendrá éxito financiero en los próximos tres años. Si huye del peligro, vivirá una efímera aventura sexual. Si es herido, es vaticinio que pasará unos días enfermo. 52.

Pelota: Un trabajo o proyecto que parecía muy fácil comenzará a mostrar grandes inconvenientes. A los niños y jovencitos les predice que enfrentarán problemas en el estudio. 12.

Pelotón: Será testigo de un robo o de un asalto. No intente nada en contra de los malhechores porque podría provocar una tragedia. 61.

Peluca: Si la lleva puesta augura, que no está siendo leal con personas que si lo son con usted. Si otro la lleva, presagia que está rodeado de gente hipócrita. Necesita urgentemente un cambio de amistades y de ambiente. Si únicamente la observa, indica que le costará salir del enredo que usted mismo provocó con una mentira. 14.

Peluquería: Discusión o pleito con un amigo. No se deje lavar el cerebro por gente que sólo quiere sacar provecho de su actual posición. 28.

Peluquero: Cometerá una grave indiscreción que le causará el rechazo de varias personas. 48.

Pena: Si siente pena, es presagio que algo bueno le sucederá en los próximos días. Si observa a otros tristes y con mucha pena, augura que asistirá a un servicio funerario. 90.

Penacho: Cree que está enamorado de alguien que no le corresponde; ha confundido el amor con un capricho pasajero. Busque alguien que de verdad le ame. 66.

Pendiente: Alguien cercano quiere cargarle problemas ajenos. Deje que cada cual resuelva sus propios asuntos. No meta las manos al fuego por alguien antes de saber toda la verdad. 79.

Péndulo: Preste más atención a los mensajes de su subconsciente. Si siente desconfianza por alguien, está en lo correcto. Su yo interno le dará la respuesta que necesita. 42.

Penicilina: Tenga precaución al tener relaciones íntimas con personas poco conocidas, podría contraer una enfermedad venérea. 13.

Penitencia: Tendrá que sacrificarse por alguno de su familia. El sacrificio le traerá más adelante una gran recompensa. 37.

Penitenciaría: Se sentirá acorralado por muchos problemas. Necesita que le hagan una limpieza. Si entra en una, el sueño augura que se enterará de un conocido que está detenido. 54.

Pensión: Si sueña que recibe ayuda financiera este tipo, indica que no se esfuerza para progresar. Busque una motivación. 33.

Pentagrama: Si lo observa, es augurio que contará con la mejor suerte del mundo. Si otra persona lo porta o se lo muestra, el sueño le aconseja que no intervenga en cultos en los que se practiquen rituales oscuros. No pierda la fe que lleva consigo. 69.

Penumbra: Tendrá cuatro meses de mala suerte. Para librarse del augurio deposite en una bolsa fabricada con tela blanca ocho pedazos de coco, harina, los pétalos de ocho rosas blancas y un poco de sal. Luego frote la bolsa por todo su cuerpo desnudo y al mismo tiempo rece el salmo 8. Al final lleve la bolsa al monte y la entierra junto con ocho centavos. Hágalo el día sábado. 89.

Peñasco: Tendrá que ayudar a un familiar a salir de un lío. 63.

Perderse: Si se ha perdido, tendrá que tomar dos decisiones. Las cosas deben cambiar. Si se pierde en un lugar desconocido, su inseguridad le cierra las puertas a un futuro mayor. Necesitará ayuda psicológica o espiritual. 58.

Perdiz: Llegará a sus manos un objeto de gran valor. 26.

Perdonar: Si perdona a alguien, predice que un ser querido le causará tristeza y pesares. Si pide perdón, presagia que será usted quien le cause pesar a otras personas. 70.

Peregrinación: Algo que ha pedido le será concedido. 80.

Peregrino: Logrará progresar económicamente. La vida le comenzará a sonreír cuando comience a tener más fe. 77.

Perejil: Oportunidad de trabajo. En dos meses ganará más dinero. 66.

Pereza: Se queja de su actual situación financiera, pero no hace nada para mejorarla. Debe esforzarse más y quejarse menos. 22.

Perfección: Enfrentará duras críticas respecto a su apariencia personal. Tome las críticas como consejos y no como ofensas. 56.

Perforar: No trate de reparar artículos electrónicos sin saber como hacerlo. Acuda con un experto para evitar un accidente. 64.

Perfume: Vienen en camino sucesos y gente agradable a su vida. Si se está perfumando, le augura una noche de pasión. Si el perfume se derrama, indica que dejará de amar a la persona que está a su lado. Si tiene este sueño en repetidas ocasiones, es presagio que pronto se enamorará. 6.

Perfumería: Tendrá relaciones íntimas con dos personas a la vez. No sabrá por quien decidirse y corre el riesgo de ser descubierto. 47.

Periódico: Si lo lee o lo observa, presagia buenas noticias financieras. Si otros lo leen, escuchará terribles rumores en su contra. Si lee su nombre en el periódico, alcanzará fama, poder y prestigio. Si lee el nombre de otra persona, indica ella llegará a ser muy importante en su vida. Si lee una dirección, vaticina que pronto vivirá en otra ciudad u país. Si reparte periódicos, advierte que reduzca sus gastos. Si trabaja para un periódico, se relacionará con gente importante. 30.

Periodista: Si es usted, le obsesiona saber todo lo que ocurre a su alrededor. Su curiosidad le causará más de un problema. Si observa periodistas, será testigo de un gran acontecimiento. 20.

Perlas: A pesar que es considerado de mal augurio, en realidad es un buen presagio, especialmente en asuntos familiares. Si existen conflictos o limitaciones económicas después de haber tenido este sueño, todo comenzará a cambiar para mejorar, no importa lo difícil o complicado que parezcan los problemas en este momento. Obtendrá el triunfo. 53

Perro: Si es tranquilo y dócil, su pareja le es fiel o se enamorará de una persona que le será fiel toda la vida. Si le ladra, un viejo amigo ahora será su enemigo. Si le ataca, deberá enfrentar adversarios que tratarán de perjudicarlo. Si le muerde, el peligro le persigue y deberá tener máximo cuidado en los próximos cuarenta días. No confíe ni en su sombra porque enfrentará traiciones y problemas. Si le persigue, corre el riesgo de ser asaltado en la calle. Si el perro le muerde y usted le mata, vencerá la adversidad y se impondrá sobre enemigos o competidores. Si le lame la mano, cuenta con un amigo excepcional. Si observa a dos perros peleando, pronostica discusión con un desconocido. Si observa perros apareándose, vaticina el cumplimiento de todos sus deseos. Perros grandes o gordos anuncian avance y riqueza. Perros chicos son augurio de medianía. Perros flacos anuncian varios años de trabajo y sacrificios. Si sueña con un perro que fue su mascota y ya murió, significa que está siendo protegido por un ser de luz. 10.

Persecución: Si sueña que es perseguido, el sueño revela que no es feliz con la vida que lleva. Es necesario que haga grandes cambios en su entorno. Debe alejarse de personas y relaciones perjudiciales. Salga del círculo vicioso en el que ha caído. Entienda que la solución se encuentra en su mente y en el fondo de su corazón. Si es perseguido por monstruos o unas fieras salvajes, es señal que se mortifica demasiado por situaciones que no ocurrirán. Si es usted quien persigue a otras personas, el sueño augura que su actitud injusta le está haciendo la vida miserable a uno de sus seres queridos. 94.

Persiana: Ha tomado una decisión errónea y sin sentido. No se deje llevar por la insensatez. 40.

Personajes ficticios: Soñar con personajes del cine o la televisión presagia que está viviendo la vida de otras personas. No tiene vida propia. Busque su destino. 83.

Personajes de la historia: Una persona que le dobla o le triplica la edad le dará la lección más valiosa de toda su vida. Aprenderá de una persona mayor. Es de sabios escuchar consejos. 75.

Pesadillas: Son sueños muy frecuentes y todos las hemos experimentado varias veces. Se atribuyen a desilusiones, conflictos emocionales o nerviosos y a deseos reprimidos. La gran mayoría de las pesadillas presagian tristeza, errores que están por cometerse, oportunismo, desconfianza, penas morales y apuros económicos, etc. Existe una manera muy fácil para eliminar los malos augurios y es contando lo que soñó. Cuente la pesadilla una, dos, tres o más veces y cualquier mal augurio se desvanecerá por completo. Por otro lado, evite comer a altas horas de la noche porque eso también produce pesadillas durante el sueño. En los últimos estudios que se han hecho sobre el tema, se ha planteado la hipótesis que las pesadillas son como una puerta de escape del subconsciente para desechar todo lo negativo que afecta al cerebro. 0.

Pesadumbre: Este sueño augura que perderá un objeto que tiene un gran valor sentimental para usted. 81.

Pésame: Si da el pésame a alguien, predice que asistirá a una boda. Si alguien le da el pésame a usted, es presagio que asistirá a un velorio. 4.

Pesas: Si levanta pesas, señala que comenzará a darle una importancia prioritaria al cuidado de su cuerpo. Logrará lucir como siempre ha deseado. Si otra persona levanta pesas, presagia que se apasionará por alguien que va a conocer próximamente. Si únicamente las observa, indica que se ha vuelto muy flojo. 62.

Pescado: Tendrá una visita en su casa que le causará grandes molestias. Le costará deshacerse de una persona aprovechada y sin vergüenza. 96.

Pescador: Logrará olvidar con facilidad el penoso incidente que le acaba de ocurrir. 51.

Pescar: En los próximos noventa días encontrará la ocupación ideal, el trabajo deseado, el amigo incondicional, el automóvil adecuado, la casa soñada, etc. Lo que ha buscado durante mucho tiempo lo encontrará en las próximas siete semanas. 88.

Pesebre: Si muestra humildad será engrandecido y admirado, en cambio, si muestra arrogancia será humillado y rechazado. 52.

Pesetas: No contará con el dinero que precisa en este momento. Sus recursos económicos serán insuficientes en este mes. 25.

Pesimismo: Se está dejando dominar por un mal sentimiento. No ambicione lo que poseen otras personas. Si lucha por conseguir lo suyo podrá ser más feliz. 11.

Pestañas: Si las observa abundantes, auguran que siempre gozará de un atractivo físico especial. Siempre llamará la atención del sexo opuesto. Si las observa ralas o muy cortas, es anuncio de vejez prematura. Su organismo precisa ser desintoxicado. Si se le caen las pestañas, presagia que atravesará por un sufrimiento. Si son postizas, presagia que descubrirá la traición de un pariente. 49.

Peste: El sueño augura que logrará tener riqueza, sin embargo, correrá el peligro de que alguien cercano le robe o le haga un fraude. Para protegerse se aconseja que consiga una piedra semi-preciosa conocida como granate, 8 trocitos de frank incense y 8 de mirra. Colóquelos en una pequeña bolsa de tela roja y siempre cárguela con usted, por lo menos durante cuatro meses. Hágalo comenzando un día de luna nueva. 39.

Pétalos: Frescos presagian felicidad en el amor y relaciones sexuales satisfactorias. Pétalos secos predicen que dejará de amar a su pareja o que sentirá poco interés por el amor y el sexo. Si recoge pétalos, espere una buena noticia en los próximos tres días. Si ve pétalos descoloridos o podridos, es señal que requerirá tratamiento para reactivar su vida sexual. 59.

Petardo: Un amigo lo traicionará a pesar de los favores que le ha hecho. 22.

Petate: Ahorre y economice lo más que pueda porque se acercan tiempos de carestía. Le costará mucho trabajo ganar dinero. Encienda una vela verde todos los días martes y el mal presagio se debilitará. 0.

Petición: Hacerla, predice enemistad, y escucharla, burlas. 4.

Petróleo: Quien experimente este sueño está predestinado a ser rico o a convertirse en un gran personaje. La rueda de la fortuna comenzará a girar a su favor. 80.

Petulancia: Una persona a quien usted ofendió se vengará de una manera absurda y ridícula. 2.

Pezones: Vivirá una aventura sexual de corta duración. 69.

Pezuña: Quedará exhausto después de los días tan difíciles que le ha tocado vivir. No valdrá la pena el sacrificio que está haciendo. 93.

Pianista: Sufrirá una pena de amor, sin embargo en unas semanas todo volverá a ser como antes. Por muy grande que haya sido el disgusto con su ser amado, volverán a ser felices nuevamente. 14.

Piano: Este sueño augura que se interesará sentimentalmente en alguien que no le corresponderá de la misma manera. Sentirá obsesión por alguien que le ignora. 45.

Picadillo: Indica que está llevando una dieta perjudicial. 83.

Picadura de insectos: Alguien le está adulando para sacar un provecho económico de su amistad. No permita que le usen. No comprometa su palabra por gente que no conoce a fondo. 36.

Picazón: Ocurrirán disgustos y desacuerdos entre usted y sus familiares cercanos. 64.

Pichel: Descubrirá que un colaborador habla de usted de manera indigna. 9.

Pichón: Le anuncia que todas sus empresas llegarán a un buen fin. Logros y avance si muestra perseverancia y humildad. 89.

Piedras: Anuncian obstáculos y problemas difíciles de superar. Logrará salir adelante si es fuerte y si tiene fe. 12.

Piedras preciosas: Si las observa o las encuentra, es augurio que la abundancia y la felicidad están por llegar a su vida. Iniciará un nuevo camino que le hará sentirse como la persona más dichosa de este mundo. Si las toca o si las guarda, es indicio que la ambición desmedida le puede llevar a poner en riesgo su integridad física. 80.

Piedras semipreciosas: Algunas personas se alejarán de usted porque se darán cuenta que le da más importancia a lo que ellos poseen que a lo que ellos son como personas. Busca amistades únicamente por interés. Si no cambia su manera de ser, estará destinado a vivir sin amigos sinceros y sin gente que le quiera de verdad. 1.

Piel: Una piel sana y tersa augura que se mantendrá con buena salud o la recuperación de la misma. Una piel marchita presagia enfermedad de la nariz, el oído o la vista. Si observa la piel muy pálida, predice que habrá una pena en su seno familiar. Si la piel luce quemada o con úlceras, es presagio que está en peligro de contraer una enfermedad que se contagia sexualmente. Piel reseca predice que se someterá a una cirugía. Piel grasa augura que por muchos años logrará mantener un aspecto atractivo y jovial. Si es piel de niño o de bebé, es el mejor presagio ya que está por comenzar una nueva vida. Llegará a sus manos lo que tanto ha buscado. 90.

Piernas: Si lucen sanas y bien formadas, presagian alegría y acontecimientos agradables. Si las observa muy flacas, golpeadas o con moretones, es indicio que le darán una pésima noticia. Es probable que tenga que pedir dinero prestado. Si le amputan una pierna, predice que tendrá que separarse de la persona que más ama. Piernas deformes vaticinan grandes limitaciones económicas. Piernas cubiertas de vellos indican que su pareja intentará dominar su vida. Si observa más de dos piernas en usted o en otra persona, es augurio que hará un gran negocio o quizá consiga un trabajo estupendo. Si las piernas lucen hinchadas, es pronóstico que llegará dinero inesperado a sus manos. 30.

Pies: Si los observa limpios y sanos, presagian que sus familiares cercanos lo colmarán de satisfacciones. Si lava o le lavan los pies, indica el fin de un problema. Si los ve sucios, es indicio que atravesará por una gran decepción. Pies lastimados presagian que sufrirá de padecimientos óseos. Pies cortados o sangrantes son vaticinio de penas y lágrimas. Si los tiene hinchados, es augurio que gozará de una vejez saludable y económicamente estable. Si tiene los pies fríos, es indicio que enfermará de influenza. Si los tiene calientes, presagia que tendrá una aventura sexual bastante promiscua. Si los ve ulcerados o quemados, es señal que su trabajo no le causa ninguna satisfacción ni profesional ni económica. Si tiene más de cinco dedos en cada pie, le viene riqueza. Si le tocan los pies, augura que le darán una noticia que le hará sentir feliz. Si observa los pies de otra persona, es una advertencia para que no caiga en el juego de aduladores e hipócritas que le andan rondando últimamente. No crea todo lo que le digan porque quieren despojarle y humillarlo. 76.

Pigmeos: Alguien de otra raza o cultura le ayudará a vencer una gran dificultad. Un nuevo conocido será como su ángel de la guarda. 18.

Pijamas: Está evadiendo todas sus responsabilidades y cree merecer la buena voluntad de los demás. Despierte de ese mal sueño o sufrirá las terribles consecuencias. 39.

Pila: Una pila llena de agua augura paz en su hogar. Si está llena de agua bendita, presagia que todas sus penas están por acabarse. Una pila vacía es indicio de escasez económica y mala suerte con el trabajo. 77.

Píldora: Está ingiriendo algo que ha perjudicado su organismo, especialmente el sistema nervioso. Ha adquirido un vicio que está dañando su carácter. Ha creado una dependencia de la cual le parece imposible salir. Busque ayuda profesional. 98.

Piloto: Obtendrá la información que necesita en el momento justo. Esta yendo por el camino que le llevará al triunfo. 91.

Pimienta: Sentirá la necesidad de cambiar su número telefónico, ya que quiere alejarse de varias personas que lo acosan continuamente. Se dará cuenta de la mala voluntad que le tiene un supuesto amigo. 61.

Pinacoteca: De una manera inusual llegará a sus manos una antigüedad de museo por la que podrá obtener una cantidad de dinero insospechada. 29.

Pincel: Dedicará parte de su tiempo para ayudar a otra persona a resolver un problema económico. 16.

Pincharse: Le echarán la culpa por un error que usted no ha cometido. Alguien pondrá en entredicho su integridad. 41.

Pingüino: Augura que no podrá alcanzar la meta que se ha propuesto. Se ha ilusionado con algo que no va a prosperar. 40.

Pino: Presagia larga vida y el cumplimiento de todos sus propósitos. La buena suerte y la justicia estarán de su lado. 80.

Pintar: Le dará un sentido más sensible y humanitario a su existencia. Dejará la frivolidad y la vanidad a un lado. Si pinta su casa, le viene progreso. Si otros pintan, es presagio que se verá involucrado con personas y actividades poco convenientes. 38.

Pintor: Si es usted, es indicio que está tratando de evadir la realidad con un vicio que amenaza con empobrecerlo. Si sueña con pintores famosos como da Vinci, Van Gogh o Picasso, entonces espere lo inesperado, lo que nunca imaginó, porque le llegará dinero y fortuna como caídos del cielo. Si un pintor famoso le habla, presagia que recibirá mensajes telepáticos de un espíritu de luz. 66.

Pintura: Este sueño es de buen augurio para las finanzas, excepto si se observa pintura derramada o si mancha su cuerpo o ropa con la misma porque en ese caso augura que le vienen gastos enormes y no tendrá suficientes medios para afrontarlos. 60.

Pinturas: Si observa una pintura famosa, augura que el cumplimiento de una ilusión que ha tenido durante años le hará sentir inmensamente feliz. Un óleo o una acuarela recién pintada predice que muy pronto hará un viaje al extranjero. Si compra una pintura, es indicio que tomará una decisión acertada. Si observa desnudos en una pintura, pronostica que se verá envuelto en un escándalo. Si aprecia varias pinturas, pronostica que ambiciona lo que no le pertenece. Tiene ambiciones desmedidas. Si se observa pintando un cuadro, es presagio de dos años de buena suerte en las finanzas. Podrá ganar dinero fácil y rápidamente. 88.

Pinzas: Vivirá tres días muy desagradables provocados en gran parte por la actitud de un colaborador o compañero de trabajo. 37.

Piñata: Está por comenzar una etapa alegre y estable en su vida. Tendrá suficientes motivaciones para realizarse sentimental y profesionalmente. 99.

Piojos: Uno de los sueños más afortunados en cuanto a las finanzas. Si necesita dinero, pronto lo tendrá. Si tiene deudas, en breve encontrará una manera o la asistencia para cancelarlas. Si no tiene trabajo, en pocos días le propondrán el puesto o la ocupación ideal. Si anda buscando una vivienda, en estos días la hallará. No se preocupe más porque a partir de esta semana dinero y buena suerte no le van a faltar. 17.

Pipa: Los sueños en los que se observa o se fuma en una pipa auguran que se reconciliará con alguien. Habrá paz entre parientes y solidaridad entre amigos. Limará asperezas. 12.

Piragua: Hará un viaje que le resultará sumamente incomodo. 91.

Pirámide: Augura la obtención de toda clase de privilegios. Le llegará la oportunidad de su vida y debe tomarla en el acto porque será difícil que se le presente otra igual, por lo menos en varios años. Si comparte su éxito, la suerte se le triplicará. 7.

Pirata: A una mujer le aconseja tener cuidado con acosadores sexuales. A un hombre le previene de ser engañado por una mujer trepadora. 40.

Piropo: Si lo escucha, augura que un desconocido le alegrará el día. Si los dice a alguien, será usted quien haga feliz a otra persona. 47.

Piruetas: Aunque enfrente problemas serios y situaciones angustiosas, siempre saldrá bien librado de todo. Alguien que lo ama reza mucho por usted. 3.

Piscina: Si está en su propiedad, augura avance y la llegada de una gran época. Si está ubicada en otra parte, augura que un conocido intentará desprestigiarlo por envidia. Aléjese de él y no le crea cuando finja arrepentimiento. No vuelva a ver hacia atrás. 19.

Piso: Observar el piso indica que le da demasiada importancia al nivel social de las personas. Si se recuesta en el piso, señala que sufrirá una humillación. Si limpia el piso, augura que le encomendarán una labor que le avergonzará. 11.

Pistolero: Este sueño le aconseja controlar sus impulsos porque con sus ataques de cólera puede provocar una desgracia. Modere su carácter y el augurio no le afectará en lo absoluto. 15.

Pitar: Debe tener más paciencia con el mundo que le ha tocado vivir. No busque la perfección en los demás cuando usted está lejos de alcanzarla. 73.

Pitonisa: Le harán un pronóstico astrológico que se hará realidad. Le predecirán con gran acierto lo que le espera en el futuro. El mensaje de los astros le asombrará. 77.

Pizarrón: Tendrá que vencer obstáculos imprevistos antes de conseguir lo que se ha propuesto. Alguien está bloqueando su camino y cuando descubra de quien se trata, no podrá creerlo. 68.

Placenta: A una mujer le augura que hará una visita al ginecólogo. A un hombre le presagia que padecerá de disfunción eréctil. 95.

Placer: Si siente placer en el sueño, es presagio que se dejará llevar por un arrebato que puede causar el deterioro de una relación de pareja o la ruptura de una larga amistad. Si se entrega a un placer, es augurio que tomará una decisión financiera errónea. 20.

Plaga: Debe estar preparado emocional y económicamente porque le vienen dos meses cargados de problemas y tensiones. Si extermina una plaga, augura que pronto llegará el fin de todos sus problemas. 54.

Plagio: Sufrirlo presagia la traición de un pariente o amigo cercano. Si es usted el plagiario, el sueño le aconseja enmendar sus errores y evitar la arrogancia porque está a punto de ser alcanzado por el karma y corre el gran peligro de bajar de nivel económico y social. 9.

Plancha: Este sueño augura que con sus acciones contribuirá para que otra persona sea feliz. Hará el bien a uno de sus amigos. 18.

Planetas: Los sueños relacionados con los planetas auguran la llegada de noticias y eventos importantes que sucederán en breve en la vida del soñador. Si sueña con un conjunto de planetas, es señal que necesitará de orientación astrológica para tomar la decisión correcta. Si sueña con un planeta desconocido, significa que la inseguridad en sí mismo y su falta de optimismo son los mayores obstáculos que debe vencer. 80.

Mercurio: Augurio que sus problemas se solucionarán gracias a la oportuna intervención de otras personas. 7.

Venus: Se relaciona directamente a la felicidad en el amor, al inicio de un noviazgo, al matrimonio y al mejoramiento de la apariencia física. 5.

Tierra: Hará un viaje que cambiará su vida por completo. 3.

Marte: Buen presagio para la salud y el trabajo, aunque en algunas ocasiones puede presagiar momentos de ira. 6.

Júpiter: Trae la gran oportunidad que ha estado esperando. 8.

Saturno: Pronostica lecciones difíciles, tiempo de transición y un cambio total en su vida que al principio le tomará por sorpresa. 1.

Urano: Trae situaciones inesperadas, sucesos imprevistos y en ocasiones presagia falta de cordura. 9.

Neptuno: Crea un puente entre el pasado y el futuro del soñador, un mal sentimiento debe terminar para siempre y así la puerta del destino se abrirá completamente para usted. 2

Plutón: Viene a aclarar su destino, a descubrir secretos y le señala cuáles son las actitudes y situaciones que debe evitar para que alcance el éxito deseado. 4.

Plano: Una puerta se cierra, sin embargo, otra más conveniente se abrirá. Tiene que salir en busca de una mejor oportunidad. 56.

Planta carnívora: Le urge hacer una limpieza en su entorno social, ya que se encuentra rodeado de gente hipócrita que crean intrigas en su contra. Recuerde el dicho que dice cría cuervos y te sacarán los ojos. Debe relacionarse con gente progresista y no con parásitos que obstaculicen su camino. 40.

Plantaciones: Le vienen cuantiosas ganancias por medio de un negocio que al principio lucirá incierto. 88.

Plantar: Toda actividad o trabajo que comience ahora le aportará enormes beneficios económicos y sociales. El sacrificio valdrá la pena. 97.

Plantas: Saludables y frondosas auguran un próspero futuro económico. Resecas o marchitas señalan que deberá trabajar más duro porque viene una época de recesión. 85.

Plantas medicinales: Soñar con plantas medicinales, como aloe vera, romero, salvia, menta, ruda, etc., es un excelente augurio de recuperación. Si está enfermo, pronto se curará. Si no tiene trabajo, enseguida encontrará el cargo soñado. Si le falta amor, pronto se enamorará y será totalmente correspondido. Quien experimente este sueño gozará a plenitud de salud, dinero, amor y paz. 3.

Plástico: No se conforme con solucionar las cosas a medias porque después no le hallará la salida a nada. No viva lamentándose por todo lo que le ocurre. Desista de esa actitud derrotista, mejor busque soluciones y salga adelante. 92.

Plataforma: Este sueño augura que comenzará a subir de peso. 10.

Plátanos: Si están verdes, le previenen de no cometer una grave indiscreción que puede dañar una relación sentimental ajena. Si están maduros, gozará de una vida sexual activa. Si lucen pasados o podridos, predicen que perderá el apetito sexual. 14.

Plato: Algo que por mucho tiempo parecía un sueño inalcanzable, ahora llegará a sus manos sin que usted haga ningún esfuerzo. 26.

Playa: Si sueña que camina a la orilla de la playa, presagia que necesitará asistencia financiera. Si observa la playa de lejos, indica que nada le contenta y piensa que es desafortunado cuando posee más que mucha gente. Si se baña en la playa, es señal que una gran preocupación llegará a su fin. Si está acompañado, el sueño predice que comenzará a progresar rápidamente. Si corre a la orilla de la playa, significa que logrará conseguir lo que más desea en este momento. 70.

Plaza: Si la observa concurrida, le vienen días de mucha felicidad. Si la ve solitaria, presagia que enfrentará una corta depresión. 37.

Plazo: Poner o cumplir un plazo augura que podrá desquitarse de dos personas que le han estado haciendo la vida imposible. Si le ponen un plazo, uno de sus familiares le causará una gran decepción. 13.

Plebiscito: Será testigo de un fraude o de una injusticia social. 67.

Plegaria: Todo lo que pida con fe, si es para bien, le será concedido. 44.

Pleito: Tendrá que enfrentar enemigos y opositores. Podrá vencerlos si logra ser más inteligente que ellos. Actúe con paciencia y vencerá. 94.

Plomero: Anuncia la solución de conflictos y tensiones entre familiares o asociados. 50.

Plumas: Este sueño predice que recibirá una buena noticia, excepto si las plumas son negras ya que éstas predicen aflicciones. 12.

Pobreza: Este sueño augura todo lo contrario. Gozará de abundancia y prosperidad después de haber atravesado por años difíciles. 80.

Pocilga: Se sentirá agobiado por su situación económica. Las deudas lo preocupan. Dése ocho baños con agua de menta y su suerte mejorará. Hágalo durante ocho martes consecutivos. 73.

Podar: Está despreciando una buena oportunidad. Si no la aprovecha, difícilmente aparecerá otra igual en varios años. 19.

Poder: Si es poderoso e invencible, es indicio que su ego le está haciendo ganar enemigos. Se cree superior a todo el mundo y por ello sufrirá una caída estrepitosa. Si sueña con una persona poderosa, indica que enfrentará a un rival que será capaz de todo por vencerle y verle derrotado. 99.

Podredumbre: Peligro de enfermedad. Cualquier síntoma menor deberá ser atendido inmediatamente para que no se convierta en un padecimiento grave. Cuide al máximo su salud. Su sistema inmunológico dará señales de deterioro. 49.

Poema: Augura fidelidad en su relación amorosa. 38.

Poeta: El amor que sentirá por una persona transformará su vida para bien. Se sentirá rejuvenecido. 55.

Póquer: Soñar que juega al póquer indica que despilfarra el dinero que después le hará falta. 0.

Polea: Se ha encaprichado con algo que jamás podrá ser. 33.

Policía: Soñar con policías predice el triunfo sobre sus adversarios. Si un policía le arresta, augura que se verá involucrado en una discusión o pelea. Si el policía le ataca o le persigue, el sueño le aconseja cuidarse de ladrones y plagiarios. Si sueña que usted es policía, significa que se convertirá en el protector de su familia. 60.

Poligamia: Es augurio de separación o divorcio. 3.

Políglota: Augura la llegada de cinco meses de buena suerte. Si es usted el políglota, es vaticinio que sus mejores amigos siempre serán personas nacidas en un país diferente al suyo. 52.

Polilla: Le costará trabajo librarse de una amistad perjudicial. 18.

Politeísmo: Sentirá confusión respecto a la fe que profesa, ya que varias personas proselitistas intentarán hacerle cambiar de religión. No es prudente afiliarse a un culto que no conoce a fondo. 94.

Políticos: Alguien pretenderá hacerle un lavado de cerebro para que usted apoye una causa que no es justa. 79.

Polos: Los sueños con los polos presagian la realización de un viaje a un lugar muy frío. Si es el polo norte, el viaje lo hará dentro de un año, y dentro de cinco años si se trata del polo sur. 28.

Polvo: Enfrentará problemas y disgustos con una persona a la que le dio excesiva confianza. 83.

Pólvora: Ocurrirá un feliz acontecimiento en su entorno laboral. Tendrá motivos para sentirse dichoso. 55.

Pollos: Si son muchos, auguran la solución de problemas económicos. Ver polluelos presagia un gran acierto, buenas ideas y originalidad. Si los oye piar, indica que se inventarán chismes e infamias en su contra. Pollos sin plumas vaticinan falta de recursos y escasez de oportunidades laborales. Si observa polluelos saliendo del cascarón, alégrese, porque son presagio de la mejor suerte en el amor y el dinero. Un solo pollo augura que pasará una larga temporada sin tener relaciones íntimas. 11.

Pomada: Saldrá por ahora de todos los problemas, sin embargo, la buena racha durará sólo un mes. Más adelante deberá esforzarse el doble. Si tiene confianza en sí mismo logrará el triunfo absoluto. 62.

Pómulos: Se está obsesionando demasiado con su apariencia y esto le puede llevar a poner en riesgo su salud. 41.

Pontífice: Sus innovadoras ideas y su gran iniciativa le llevarán a alcanzar la cumbre. 66.

Popularidad: Si es popular, logrará destacar en su profesión. Si otros son populares, conocerá a alguien que se convertirá en su mejor maestro. Aprenderá mucho junto a un ser dotado de una inteligencia especial. 10.

Porcelana: Un objeto que alguien tiró a la basura llegará a sus manos y se convertirá en uno de sus tesoros. Encontrará una pieza valiosa en una tienda de segunda. 75.

Pordiosero: Si es generoso con el necesitado, el Todopoderoso será generoso con usted. 7.

Pornografía: Augura monotonía y frustración en su vida sexual. Si se repite el sueño, es presagio que lleva una vida sexual demasiado promiscua, y eso le afectará profundamente tarde o temprano. 69.

Portaaviones: Hará un viaje de emergencia por motivos familiares. No se alarme porque nada desagradable ocurrirá. 99.

Portafolios: Logrará ahorrar una buena suma de dinero, pero si no lo invierte bien correrá el riesgo de gastarlo en cosas innecesarias. 50.

Portavoz: Tendrá la opción de ayudar o perjudicar a muchas personas. Inclínese por ayudar y muy pronto tendrá su recompensa. 30.

Portero: Descubrirá un secreto que le ayudará a vivir mejor. Establecerá una perfecta relación entre su mente y su espíritu. 16.

Posada: Una persona de nobleza excepcional le ayudará a eliminar un trauma o temor que le ha perseguido desde su infancia. 18.

Posdata: Tendrá que pedir disculpas a la persona que ofendió en días pasados. Se dará cuenta que ha cometido un gran error. 29.

Postal: Si la recibe, anuncia la llegada de grandes noticias. Un atraso económico será resuelto en breve. Si la envía, predice que se encontrará con un familiar a quien no ve desde hace varios años. 86.

Postres: Serán acertadas las especulaciones que ha estado formulando. Su sexto sentido le está indicando el camino a seguir. 14.

Potrero: Tendrá nuevas responsabilidades y asignaciones en su trabajo. Alguien pondrá a prueba su capacidad e inteligencia. 81.

Potro: Es muy probable que reciba la inesperada colaboración de alguien a quien no consideraba como su amigo. Hará amistad con un adversario del pasado.56.

Pozo: Si saca agua fresca de un pozo, es renovación y la llegada de tiempos mejores. Si es turbia, pasará unas semanas enfermo. Si cae en un pozo, será victima de una grave calumnia. Encontrar un pozo pronostica que hallará amigos nobles y sinceros. Un pozo vacío augura problemas económicos o pérdida del empleo. Si sale agua de un pozo, es señal que ocurrirán eventos desafortunados en la región donde usted vive. Si cae en un pozo y es rescatado, el sueño vaticina que se librará de un padecimiento emocional o físico. 91.

Precipicio: Fracaso económico o matrimonial. Tendrá que comenzar de cero. No se frustre porque la vida le brindará una nueva oportunidad. 19.

Predicador: Será expuesto a la burla y crítica injusta de gente grosera. 90.

Preguntar: Si durante el sueño se observa haciendo preguntas, significa que atravesará por una situación sentimental confusa en la cual no encontrará la salida. Si alguien le hace preguntas, es augurio que cuestionarán su ética y moral. 4.

Prehistoria: Vive pensando en el pasado y nunca encuentra las mejores opciones para salir adelante. Una mala experiencia se ha convertido en su peor fantasma. Si se sueña frecuentemente como un cavernario, es presagio que comenzará a recordar episodios de vidas anteriores. 99.

Premio: Augura que tendrá que decidirse entre un amor verdadero o una relación por conveniencia. Si entrega un premio, predice que obtendrá todos los bienes materiales que ambiciona. 83.

Prensa: Por motivos de estudio o trabajo, se verá forzado a separarse temporalmente de sus seres queridos. 54.

Preocupaciones: Observarse atribulado y con muchas preocupaciones augura que muy pronto tendrá la necesidad de pedir dinero prestado o favores de un familiar. Una dura situación le hará cambiar una actitud arrogante por otra más serena y humilde. 19.

Presentir: Si sueña con presentimientos que se hacen realidad, es presagio que un sueño el cual experimentó en días recientes se materializará en las próximas semanas exactamente como lo soñó. Tendrá una experiencia paranormal. 61.

Preservativo: Será arrastrado por una pasión que le traerá consecuencias desagradables. Se verá comprometido en una situación que no va a poder prevenir. 13.

Presidente: Soñar con un presidente augura que se le presentará la gran oportunidad de conocer a un personaje famoso que ha sido de su admiración durante muchos años. Si habla o le da la mano a un presidente, predice que alcanzará riqueza y popularidad. 1.

Presidenta: Este sueño augura que deberá hacer tratos con una mujer en un cargo de poder. Ella se comportará al principio de una manera prepotente y audaz, sin embargo, de su astucia dependerá convertirla en su amiga o en su principal opositora. 2.

Presidiario: Este sueño le aconseja evitar las malas amistades. Alguien que le frecuenta está involucrado en narcotráfico o contrabando. 40.

Prestamista: Necesitará solicitar un préstamo o un crédito. Estará agobiado por deudas que no podrá cumplir. Para mejorar su situación se aconseja que rocíe agua de ruda en la puerta de su casa (por afuera) durante 9 noches consecutivas. Si lo hace con fe, logrará salir de todas sus penas. Comience el día viernes. 79.

Prestidigitador: Adquirirá artículos que no le servirán. Gastará el dinero en vicios y bagatelas. No derroche lo que mañana le hará falta. 39.

Primavera: Dichoso aquel que sueñe estar gozando de la primavera porque en breve será protagonista de la más completa felicidad. Renovación, curación, crecimiento económico y espiritual, dicha familiar y éxito profesional será lo que le espera al soñador que experimente este sueño. También es un excelente pronóstico cuando se inician actividades relacionadas al estudio, negocio o matrimonio. Alguien que esté a punto de casarse y tenga este sueño antes del día de la boda, será completamente feliz con su cónyuge y siempre se amarán como el primer día. A una mujer embarazada le augura que tendrá un hijo del cual se sentirá orgullosa. Para alguien que padezca una enfermedad terminal el augurio es de recuperación total. 21.

Primos: Habrán disgustos entre familiares causados por las intrigas de gente ordinaria. Debe mantenerse al margen de los enredos y conflictos que ocurrirán entre dos de sus parientes. 98.

Primogénito: Está por comenzar un período muy productivo. Serán ocho años magníficos que deberá aprovechar al máximo. 21.

Princesa: Ver en sueños a una princesa le advierte que la prepotencia y el egoísmo le pueden ocasionar la pérdida de los pocos amigos con los que cuenta. No crea que lo merece todo porque se llevará un tremendo fiasco. Si habla con ella, predice que en breve recibirá un obsequio. 17.

Príncipe: Por muchos años ha deseado subir de nivel y mejorar su estilo de vida. La oportunidad que tanto ha buscado está por llegar, no obstante, deberá luchar por mantener su humildad y sencillez porque corre el riesgo de convertirse en una persona déspota y materialista. No permita que un puñado de billetes distorsione su personalidad. 11.

Principiante: Algo nuevo llegará a su vida en el transcurso de este mes. Se augura la llegada de un nuevo amor o un mejor trabajo. 55.

Prisionero: Soñar con un prisionero augura gastos y angustia por falta de dinero. Si sueña que está prisionero, es señal que alguien le abusa física o psicológicamente. Ver un grupo de prisioneros presagia la detención y arresto de un conocido. 51.

Probar: Tenga cuidado de lanzarse a empresas o proyectos demasiado arriesgados. No cambie un trabajo estable por otro que no le ofrezca ninguna garantía. 65.

Prócer: Tendrá que realizar un proceso legal. Todo saldrá a su favor gracias al excelente desempeño y a la orientación que le dará su abogado. 96.

Procesión: Llega el fin de un padecimiento. El fin de todo sufrimiento. Su buena fe, le librará de todo mal. 77.

Procurador: En los próximos meses enfrentará el asedio de un competidor inescrupuloso. Alguien intentará quitarle lo que le pertenece. 9.

Procuraduría: Augura la separación de una pareja, el fin de una sociedad o la ruptura definitiva de una vieja amistad. 83.

Profanación: Ha cometido una falta terrible y los remordimientos no lo dejan vivir tranquilo. Enmiende su falta en cuanto le sea posible y acepte con resignación las consecuencias. 4.

Profecía: Se está haciendo demasiadas ilusiones con una situación que nunca sucederá. Deje de vivir en las nubes y aterrice en la realidad. Acepte con valor las pruebas que la vida le está poniendo. 42.

Profesor: Parece que todos sus planes de ser exitoso se desmoronaron al primer intento y esto le ha dejado muy deprimido. Comience todo de nuevo, poniendo más energía y entusiasmo porque esta vez si logrará triunfar. Precisaba vivir una experiencia que le hiciera cambiar de actitud. 18.

Profeta: No se deje impresionar por las apariencias. Alguien desea arrebatarle algo que es suyo. Protéjase colocando una cinta roja en el interior de la puerta de entrada de su casa. Hágalo el viernes por la mañana. 48.

Programas de computadora: Decidirá seguir estudiando y se preparará para un mejor futuro. Ha tomado la más sabia decisión. 62.

Progreso: Si progresa, alégrese, porque así será. Ver a otros progresando es señal que cuenta con más amigos de los que usted imagina. 16.

Prohibir: Si hace una prohibición, es indicio que le falta tacto al hablar. Está poniendo al descubierto todas sus debilidades. Si le hacen una prohibición, es augurio que resentirá el asedio de un enemigo gratuito. 92.

Promesas: Si las hace, alguien le está engañando para sacarle provecho económico. Si le prometen algo, notará la extraña obsesión que un amigo siente por usted. Si alguien que conoce le hace promesas, desconfíe de esa persona porque no es sincera. 67.

Promiscuidad: Vivirá tres meses difíciles y deberá adaptarse a una nueva realidad. Quizás reciba huéspedes indeseables que le causarán molestias. Su ambiente será viciado por otras personas. 69.

Promotor: Augura que unirá fuerzas con otras personas para lograr obtener un bien en común. Encontrará al asociado perfecto. 51.

Propaganda: Soñar con cualquier tipo de propaganda presagia que realizará labores que no le aportarán ningún beneficio económico. Perderá el tiempo en un proyecto que no se llevará a cabo. 28.

Propiedades: Participará de un negocio que le dará buenas ganancias. Tendrá una estupenda opción para ganar buen dinero en poco tiempo. 82.

Propina: Darla augura abundancia, y recibirla, limitaciones. 95.

Proselitismo: Si alguien le quiere hacer cambiar de religión, tendrá una crisis emocional que lo deprimirá por un par de días. Luego podrá reponerse rápidamente y olvidará con facilidad el percance que le ocurrió.18.

Prostituirse: Si es hombre, indica que tendrá un padecimiento de tipo sexual. Si es mujer, le aconseja ser más precavida en sus relaciones porque puede caer en los engaños de un hombre que únicamente querrá usarla y burlarse de sus sentimientos. 0.

Prostituta: Atravesará por una mala situación financiera, y podría ser rechazado por sus familiares debido a una mala pareja o amistad. En la antigüedad se decía que era la advertencia de un error a punto de cometer. El hombre que sueñe estando con una prostituta será desprestigiado por sus amigos. La mujer que sueñe recibir los favores de un prostituto sentirá el acoso sexual por parte de otra mujer. Actualmente tiene un significado onírico menos dramático, sin embargo, quien lo experimentó sufrirá algún tipo de rechazo, ya sea social, racial o sentimental. 40.

Protección: Si pide protección, augura que pasará por varios días de depresión. Si protege a otra persona, es vaticinio que la conducta de un familiar le causará angustia y pesar. 67.

Prótesis: Es augurio que necesitará de la buena voluntad de otras personas para lograr sus objetivos. Su futuro inmediato dependerá de la decisión que tome otra persona. 54.

Protesta: Si participa en una, es presagio que será víctima de una injusticia. Si únicamente la observa, predice que le harán un reclamo por algo que usted no hizo de la manera correcta. 47.

Provinciano: Una persona que aparenta ser muy humilde le dará una lección que jamás olvidará. 18.

Provisiones: Es presagio que en los próximos días conocerá a una persona muy misteriosa. Alguien le intrigará profundamente. 91.

Proyectil: Habrá una recesión económica en su país de origen, afectándolo indirectamente. Ahorre porque vienen meses difíciles. 38.

Pseudónimo: Se verá atrapado en una mentira que usted mismo ha fabricado. Esconde una verdad que le está pesando más de lo que cree. 13.

Psicoanálisis: Un hecho violento que ocurrió en su infancia le persigue como una sombra. Necesitará buscar ayuda psicológica para dejar atrás los traumas del pasado. 84.

Psicólogo: Su irritabilidad y mal carácter están haciendo que muchos de sus afectos se alejen de usted. Debe recapacitar y darse cuenta de los errores que está cometiendo, de lo contrario se podría encontrar en la más completa desolación. No crea que siempre tiene la razón y acepte que ha actuado de una manera absurda. 1.

Psiquiatra: Aléjese de una persona que aparenta quererle, pero sólo desea perjudicarlo. Para alejar a esa ave negra de su vida se aconseja que llene una copa con agua mineral y dentro de ella coloque un huevo. Luego encienda una vela blanca, colóquela junto a la copa y rece en voz alta el salmo 118. Repita este ritual durante trece noches consecutivas. Al decimocuarto día tire el agua y el huevo en el sanitario. Comience este ritual en día martes. 66.

Psíquico: Soñar con un psíquico presagia que en breve tendrá en la necesidad de consultar alguna de las artes adivinatorias. Para los escépticos predice que les ocurrirá una experiencia paranormal. Si sueña que usted es un psíquico, es augurio que tendrá una visión o un sueño que le revelará todo su futuro. 88.

Publicista: Se le ocurrirá una buena idea que le hará aumentar el monto de sus ingresos mensuales. Su buena suerte podría estar en el inicio de un negocio. 12.

Pueblo: Un pueblo limpio y pintoresco augura estabilidad económica, paz en su hogar y con su familia. Un pueblo sucio o decadente presagia problemas de dinero o pérdida del empleo. Pueblos antiguos predicen que enfermará un familiar en edad avanzada. Un pueblo deshabitado vaticina circunstancias imprevistas, tendrá que alejarse de las personas que más quiere. 90.

Puente: Atravesar un puente predice un gran cambio laboral. De usted depende que los eventos le ayuden o le perjudiquen. Un puente en mal estado o derrumbándose predice traición de un amigo. Caerse de un puente augura que perderá la cordura por alguien que no lo merece. Puentes famosos son pronóstico de la llegada de tiempos mejores y logros económicos. Un puente rústico presagia que la persona a la que ama le decepcionará. 11.

Puerta: Si está abierta, tendrá éxito en todo lo que se proponga. Si está cerrada, un competidor le arrebatará una oportunidad que era suya. Si la derriba, vencerá un problema que le tenía al borde de la desesperación. Atravesar una puerta ancha es augurio de una vida larga y libre de enfermedades graves.

Muchas puertas indican triunfos en la vida. Una puerta antigua augura felicidad después de años de calamidad. Si atraviesa la puerta de su casa, recibirá visitas que no espera. Si atraviesa una puerta imaginaria, tendrá recuerdos concretos de una vida anterior. Si mientras atraviesa una puerta está lloviendo o haciendo mucho viento, se aconseja limitar sus gastos porque le vienen fuertes compromisos económicos que le serán difíciles de afrontar si no cuenta con ahorros. 20.

Puerto: Anuncia que se encontrará con un ser querido a quien no ve desde hace años. Tendrá un feliz encuentro con un amigo del pasado. 18.

Puesta del sol: Es presagio que alguien se irá de su vida para siempre. Un ser negativo se apartará de su camino. 63.

Pulga: Le viene un mes de penas familiares y preocupaciones por falta de dinero. Encienda tres velas azules con mucha fe y el augurio se disipará. Hágalo al siguiente día de haber tenido este sueño. 9.

Pulir: Está siendo demasiado rígido consigo mismo y eso no le deja encontrar su felicidad. Sea más flexible y podrá ver la vida desde una mejor perspectiva. 83.

Pulmones: Sanos, auguran el fin de una época triste. Enfermos o heridos, predicen peligro de contraer una enfermedad infecciosa por medio de una comida en mal estado. 0.

Pulsera: Un conocido se ha obsesionado sexualmente con usted. Despertará una pasión enfermiza en alguien de costumbres extrañas. 54.

Pulverizar: Tendrá una necesidad económica urgente. Es muy probable que solicite dinero prestado de un amigo o de un pariente. 91.

Puntapié: Si recibe un puntapié de algún conocido, es augurio que enfrentará problemas e inconvenientes en su trabajo. Si alguien desconocido le da un puntapié, es señal que enfrentará la mala fe de un adversario. Si le da un puntapié a otra persona, es presagio que le despojarán de algo que estaba destinado a ser suyo. Si le da de puntapiés a un animal, predice que alguien le tratará con crueldad. 40

Puñal: Alguien quiere jugarle sucio e intentará darle un golpe bajo. Recuerde y aplique aquel dicho que reza, "Del agua mansa líbrame Dios porque del agua brava me libro yo". La persona en quien más confía es quien está a punto de traicionarle. No crea en caras de angustia ni en gestos de dolor porque todo es pura pantomima. 65.

Puñalada: Vigile todos sus pasos y en especial sus posesiones porque corren el peligro de ser vandalizadas por pandilleros. 38.

Puño: Si es su puño, recibirá la mejor noticia en lo que va del mes. Si es el puño de otra persona, realizará una acción humanitaria que logrará darle ilusión y esperanza a varias personas. 88.

Puro: Soñar que fuma o que alguien fuma un puro es presagio que una relación sentimental que ha permanecido oculta, muy pronto será del dominio popular. Se descubrirá un secreto que guardaba celosamente. 15.

Pupilas: Critica demasiado a los demás y no corrige sus propias fallas. Su manera de ser le atraerá problemas con gente rencorosa. 96.

Purgante: Le augura la visita a un médico debido a padecimientos en el sistema digestivo. Es probable que padezca de gastritis. 31.

Pupitre: Falta madurez y sentido común a la hora de actuar y tomar decisiones importantes, y por ese motivo nadie le toma en serio. 78.

Purgatorio: La ley del karma se hará presente en su vida en los próximos seis meses. Si ha actuado de una manera correcta tendrá bendiciones, si ha obrado erróneamente atravesará por duras lecciones. Tenga en cuenta que toda la energía que envíe, sea buena o mala, siempre regresará a usted. Le llegó el tiempo de cosechar lo que sembró. 17.

Púrpura: Sentirá a su alrededor la presencia del espíritu de uno de sus antepasados. 90.

Pus: Atravesará por una enfermedad que le dejará convaleciente durante varias semanas. Cuídese de entrar en contacto con un conocido que padece una enfermedad contagiosa. 13.

Pústulas: Si observa pústulas en su cuerpo durante el sueño, no se alarme ya que es un buen presagio, especialmente en cuestiones de dinero. Si las ve en otras personas, es augurio que visitará a un amigo que está guardando cama debido a una grave enfermedad. 71.

Quebrada: Verse en el sueño al borde de una quebrada augura incremento del amor y la pasión en la pareja, si el agua es clara cristalina. Si el agua es turbia, presagia el deterioro de una larga relación. A los solteros les vaticina el inicio de un apasionado romance. 32.

Quebrar: Si se observa quebrando cualquier clase de objetos, indica que se deja llevar por sus instintos y no por sus razonamientos. 15.

Queja: Si escucha una queja, predice que un comentario que usted hizo recientemente, está dañando a terceras personas. Si se queja, augura que recibirá una visita indeseable. 3.

Quemadura: Si no enmienda sus errores a tiempo, tendrá que aprender una dura lección. 91.

Quemar: Es tiempo para hacer borrón y cuenta nueva. 11.

Querella: Enfrentará serios inconvenientes por meterse en asuntos ajenos a su incumbencia. 45.

Querer: Si ha soñado que un amigo o conocido le quiere, augura que esa persona es noble y sincera. Soñar que quiere a alguien a quien usted conoce predice que recibirá un favor de esa persona. Si quiere a un desconocido, el sueño le advierte a no dejarse llevar por una pasión efímera. Si sueña que quiere a su pareja, es presagio de felicidad y estabilidad para ambos. Si su pareja le quiere indica fidelidad absoluta en la relación. 53.

Queso: Si se sueña elaborando queso, es augurio de progreso. Si únicamente lo observa o lo huele, presagia que enfrentará un problema social. Si lo come, el sueño revela que necesita consumir más proteínas. 62.

Quijada: Peligro de accidente en la calle. Tenga mucho cuidado y encomiéndese a su ángel guardián antes de salir de casa. 80.

Quimera: Reflexione, porque ha estado imaginando cosas que no son ciertas. 20.

Quinceañera: Ver a una quinceañera en el sueño presagia la llegada de un nuevo amor o el inicio de una época más próspera. 7.

Quinta: En el transcurso de cinco años llegará a poseer una hermosa propiedad. Si sueña con su propia quinta, el sueño le sugiere que se tome unas vacaciones. 43.

Quirófano: Con fuerza de voluntad y valor logrará vencer la difícil prueba que está enfrentando en este momento. 16.

Quiromancia: La respuesta que busca la encontrará en su interior y no en las deducciones de otras personas. 68.

Quiste: Necesitará de tratamiento médico para eliminar definitivamente un molesto padecimiento. 55.

Rábanos: Encontrará en un nuevo amigo todo el afecto que le ha sido negado en su casa. 26.

Rabia: En breve recibirá una noticia muy desagradable. Le tocará vivir un mal momento. 31.

Rabino: Cuídese de ser engañado por un falso predicador. 81.

Racimo: Soñar con racimos de frutas es augurio de prosperidad y abundancia para los años venideros, especialmente si son racimos de uvas y plátanos. 17.

Racismo: Si ve actividades o actitudes racistas, se halla encerrado en un mundo muy pequeño, tiene temor al rechazo y trata de vivir aislado. Debe ampliar sus horizontes, conocer más gente y aprender lo grande que cada ser humano lleva en el alma. 61.

Racista: Si es usted, enfrentará un problema de tipo legal. Si es otra persona, predice que tendrá un altercado con un desconocido. 28.

Radar: Descubrirá la envidia y el rencor que siente por usted aquel que dice ser su gran amigo. 73.

Radiación: Cuando se sienta enfermo, evite automedicarse porque corre el peligro de intoxicarse con productos químicos que pueden poner en riesgo su vida. 91.

Radiador: Es probable que su automóvil comience a dar señales de deterioro. Es probable que decida comprar un nuevo vehículo. 76.

Radio: En breve recibirá la noticia que ha estado esperando. Todos sus asuntos saldrán justo como los ha planificado. 56.

Radioaficionado: Le presentarán a alguien que le interesará románticamente. Se dejará llevar por una gran pasión. 93.

Radiografía: Por motivos de estudio o trabajo, tendrá que hacerse varios análisis médicos. 52.

Radioterapia: Vencerá una enfermedad que comenzó a afectar su organismo hace varios años.

Raíces: Sea prudente en cuanto sus conocimientos, o tendrá problemas con personas que no comparten su estilo de vida. Escuche lo que los demás quieran decir. Usted sabe su verdad y eso es lo más importante. 14.

Ramas: Verdes y frondosas auguran abundancia de trabajo. Ramas secas predicen limitaciones y pobreza para un familiar cercano. 90.

Ramo de flores: Su máximo deseo se materializará en las próximas cinco semanas. En cuestiones románticas le espera la más hermosa sorpresa. 5.

Ranas: Buen para comenzar negocios o empresas arriesgadas. Para los solteros auguran matrimonio con personas acomodadas. Si está rodeado de ranas, encontrará en una amistad sincera, el tesoro más valioso de la vida. Si come ancas de rana, el sueño le augura riqueza y popularidad. 80.

Ranchero: Se le revelarán los verdaderos sentimientos de sus amigos más cercanos. 25.

Rancho: Soñar que está en un rancho augura un feliz reencuentro con familiares que no ve desde hace tiempo. 18.

Rapto: Sentirá amor por una persona que no corresponderá a sus sentimientos. Sus ideas serán rechazadas. 54.

Raqueta: Irá a un paseo el cual le resultará sumamente fastidioso. Se topará con alguien que le desagrada. 0.

Raquitismo: Mal presagio para su situación financiera. Quizás pierda su trabajo. Para librarse del augurio se recomienda que le unte miel y canela en polvo a dos velas azules, luego colóquelas en un plato blanco, enciéndalas y ponga junto a ellas tres manzanas partidas por la mitad. Deje que las velas se consuman en su totalidad y más tarde entierre la cera sobrante junto a las manzanas y cinco monedas de a cinco centavos. Si lo hace con fe, el mal presagio se desvanecerá por completo. Hágalo un viernes. 9.

Rascacielos: Entre más alto sea, más pronto verá sus deseos convertidos en realidad. 50.

Rascarse: Acepte lo que está ocurriendo, nada gana con evadir la realidad. Sea optimista porque pronto vendrán tiempos mejores. 56.

Rasgarse: Tendrá una desagradable discusión telefónica con un miembro de su familia. 18.

Rasparse: Se sentirá marginado en un nuevo círculo social. Le costará hacer amigos en su nuevo empleo. 92.

Rastrear: Logrará sobreponerse rápidamente de la pena que ahora le embarga. Vienen tiempos de recuperación en todos los sentidos. 41.

Rastrillo: Un amigo le busca sólo por conveniencia. No sea tan abierto ante los demás cuando recién comienza una amistad. 76.

Ratas: Puede contraer una enfermedad infecciosa. Una plaga de ratas presagia serios problemas financieros y hasta la pérdida del empleo. Si lo persiguen, un competidor trata de desbaratar sus planes. Si mata una rata predice el triunfo sobre cualquier adversario o problema. Si sueña a menudo con ratas, significa que un mal recuerdo de su niñez le persigue. 66.

Ratones: Si ve ratones en el sueño, es presagio que se enemistará con una persona a quien consideraba un buen amigo. Se dará cuenta que alguien cercano a usted le envidia profundamente. 13.

Ratonera: Puede ser víctima de una estafa. No participe en el negocio que le han propuesto porque es malo y saldrá perdiendo. 58.

Rayos ultravioleta: Tendrá problemas con la piel o la vista. 95.

Rayos X: Alguien a quien creía su mejor confidente lo defraudará, ya que contará ese íntimo secreto que usted le pidió que guardara para siempre. Será traicionado de la manera más injusta. 18.

Reactor nuclear: Sentirá enormes remordimientos por las frases tan duras que le dijo a uno de sus seres queridos. 29.

Realeza: Sea precavido y muy discreto con sus nuevos conocidos. Varios de ellos se han presentado ante usted como algo que en realidad no son. 31.

Rebanadas: Son augurio de limitaciones económicas temporales, excepto si son rebanadas de pan, ya que presagian que la felicidad se hará presente en su vida en los próximos meses. 75.

Rebaño: Los sueños en los que se observen rebaños de cabras, ovejas y otros animales, son pronósticos de tres años de buena suerte, si el rebaño es numeroso. Si el rebaño luce escaso o desnutrido, es presagio que se verá agobiado por deudas que no podrá saldar a tiempo. 52.

Rebeldía: Cometerá un gran error por no haber escuchado el consejo que le dio uno de sus padres. 90.

Rebelión: Vientos de guerra azotarán en un país donde radican varios de sus familiares. 4.

Recaudar fondos: Si usted los recauda es presagio que en el futuro cercano participará activamente en una labor humanitaria. Si los recauda otra persona es indicio que por motivos económicos tendrá que cambiar de trabajo. 96.

Recepción: Asistir a una recepción augura que le darán una noticia que le hará sentir muy dichoso. 88.

Recepcionista: Recibirá una visita en casa que le desagradará. 41.

Recetas de cocina: Encontrará la solución más adecuada para resolver el problema que le ha estado quitando el sueño. 38.

Recetas médicas: En los próximos tres meses acudirán a usted varias personas, quienes le pedirán ayuda económica. 96.

Recetario: Notará que ha estado prejuzgando a uno de sus vecinos. 54.

Recibidor: Se comprometerá en trabajo con alguien que no le agrada. 29.

Recibos: Debe hacer a un lado todas las relaciones perjudiciales que no le dejan progresar y enfocarse más en su desarrollo profesional. El trabajo debe ser su máxima prioridad en este momento. Tenga en cuenta que otras personas dependen de usted. 72.

Recién nacido: Siempre recordará esta fecha, porque aquí comenzará a vivir la etapa más importante y productiva de su vida. 17.

Recipiente: Buen momento para hacer inversiones o negocios que hagan crecer su capital. Tendrá la responsabilidad de manejar sumas importantes de dinero. 20.

Recital: Logrará tener el éxito y el reconocimiento que ha buscado cuando confíe plenamente en lo que está haciendo. 81.

Recitar: Un familiar le contará una verdad a medias. Si ve recitando a otra persona es presagio que un amigo le agradecerá verbalmente. 65.

Reclamos: Hacerlos vaticina que le darán un pésimo servicio en una tienda o comercio. Si alguien le reclama a usted, es señal que se verá involucrado en un malentendido entre un grupo de amigos. 54.

Recluta: Anuncia la realización de un ambicioso proyecto. Algo que desea llegará a sus manos dentro de muy poco. 3.

Reclutamiento: Si observa un reclutamiento augura que habrá tensiones diplomáticas entre su país y otra nación. Si es reclutado es presagio que le brindará su ayuda a una persona desamparada. 89.

Recobrar: Está en el camino correcto que le llevará al progreso. 23.

Recoger: Triunfará en grande cuando utilice al máximo todas las habilidades que tiene. 1.

Recomendar: La actitud ambigua de un amigo le hará sentir que tiene ante usted a un rival disfrazado de camarada. 42.

Recompensa: La paz y el bienestar económico se harán presentes en su hogar. Recibirla, se verá en la necesidad de solicitar dinero prestado. 11.

Reconstruir: Tendrá la gran oportunidad de recomenzar su vida. Tome las experiencias que le dejó el pasado como lecciones y no como castigo. Un mejor porvenir está muy cerca de ser alcanzado. 33.

Record: Marcar un record predice la firma y realización de un importante convenio o contrato. Si otros lo marcan, señala que está viviendo a la sombra de otra persona. 95.

Recordar: Se verá separado temporalmente de sus seres queridos y amigos. Se le abrirán las puertas de una gran oportunidad profesional en una ciudad distante de la que radica actualmente. 89.

Recortar: Viene una época de tranquilidad después de haber pasado por semanas de angustia. 3.

Recrear: Anuncia que usted será el portador de una gran noticia que dará tranquilidad y esperanza a muchas personas. 56.

Rector: Encontrará una fuerte oposición a todas sus ideas y aspiraciones. Es muy probable que su propia familia le dé la espalda. 84.

Rechazar: Si es rechazado, alguien intentará buscarle pelea. Si rechaza a otros, corre el riesgo de sufrir una caída o un mal golpe. Para desvanecer el augurio se recomienda que ponga a hervir los pétalos de una rosa blanca, un trocito de alcanfor y nueve hojas de laurel. Cuele la mezcla, deje que enfríe y úsela como enjuague después de bañarse. Al final rece en voz alta la oración al ángel de la guarda o la oración a San Alejo. Hágalo al siguiente día de haber tenido este sueño. 85.

Redes: Si las observa, está perdiendo el tiempo en una relación que no tiene futuro. Si se observa atrapado por unas, busque ayuda y asistencia para resolver la apremiante situación que está viviendo. Familiares y amigos cercanos le ayudarán a salir del hoyo en el que ha caído. 40.

Redactar: El sueño augura que uno de sus amigos creará una intriga entre usted y uno de sus familiares. 68.

Redada: Se verá obligado a pagar una multa o una fianza. Correrá el riesgo de dañar accidentalmente una propiedad privada. 18.

Redondel: Es muy probable que vuelva a ver después de mucho tiempo a la persona que fue su primer amor. También augura el entrañable encuentro con un ser querido. 62.

Referéndum: Presagio que deberá cumplir con un deber cívico. 10.

Refinería: Es augurio que a partir de la próxima semana comenzará a vivir un año de buena suerte. Le llegará abundancia, prosperidad y mucha calma a su vida. 80.

Reflector: Este sueño augura que será víctima de un rumor mal intencionado. Alguien intentará dañar su imagen. 13.

Reflexionar: Tomará una drástica decisión que terminará favoreciendo a varias personas. 50.

Refrán: Escuchar o recitar un refrán predice que alguien está tratando de dominar su vida. Alguien quiere cortarle las alas. 97.

Refrescos: Logrará sobreponerse rápidamente al bajón económico que sufrió en semanas recientes. Vienen buenas noticias en camino. 75.

Refrigerador: Tendrá que amarrarse el cinturón durante varios meses, ya que su situación económica se mostrará inestable. Evite gastar en extravagancias y en cosas que realmente no necesita. 22.

Refrigerio: Se verá comprometido en una relación sentimental que en el fondo no desea. No cree falsas expectativas en otras personas. 14.

Refugiado: Si es usted augura que vivirá gran parte de su vida en un país extranjero. Si es otra persona predice que ocurrirán calamidades en un país vecino al suyo. 66.

Refugio: Neutralizará a quien que le estaba creando problemas. 18.

Regadera: Las finanzas familiares no andan bien y por ello se verá en la obligación de buscar un trabajo extra. 72.

Regadío: Augura buen acierto en un proyecto o negocio que envuelve a varios familiares. Su economía mejorará notablemente. 34.

Regalos: Si da uno, triunfará en todos sus planes. Si le dan uno, es augurio que recibirá una noticia buena y otra regular. Si ve muchos regalos, será invitado a una reunión. Si le da regalos a otra persona, recibirá una llamada telefónica o un correo electrónico que le hará sentir muy dichoso. 55.

Regaños: Se suscitarán serias desavenencias en su hogar debido a la pésima actitud que ha venido mostrando un familiar que se ha dejado arrastrar por un vicio. 31.

Regar: Si sueña que riega agua a plantas o flores, es presagio que al día siguiente algo hermoso y gratificante le sucederá. 80.

Regata: Podrá enterrar un mal sentimiento que no le dejaba vivir en paz. Dejará en el pasado la mala experiencia por una persona que le engañó. 47.

Regatear: Presagia que le falta sentido común a la hora de tomar decisiones importantes, especialmente cuando se trata de dinero, negocios o trabajo. Necesita cambiar de actitud. 98.

Régimen: Un miembro de su familia se inmiscuye en sus asuntos y trata de regir su vida. Detenga la situación antes que sucedan episodios desagradables que atraigan discordia a su hogar. 59.

Regimiento: No piense que todo el mundo tiene algo en su contra o que nadie lo quiere, ya que el problema en sí, se encuentra en su mente. Precisa de ayuda profesional para liberarse de la paranoia. 2.

Regla: Recibirá un obsequio que le hará revivir épocas que ya pasaron. Se vislumbran días de nostalgia. 96.

Regocijo: Este sueño augura que tendrá serias preocupaciones debido a su actual situación económica. Precisará de un préstamo. 0.

Regresar: Un cargo o puesto de gran importancia le será propuesto dentro de muy poco. Llegó el tiempo para hacer un significativo avance en su vida laboral. Es hora de subir de nivel. 18.

Rehabilitación: Un inesperado suceso llenará de alegría a uno de sus seres queridos. 7.

Rehén: Si es usted, será testigo de las crueles acciones de un demente. Si es otra persona, tenga cuidado en sus desplazamientos, puede tener un accidente. Observar o formar parte de un grupo de rehenes, habrá un acto de vandalismo cerca de su trabajo. Para minimizar el augurio se aconseja que porte consigo durante cinco semanas algún artículo religioso, como un crucifijo, un rosario, un salmo bíblico o una oración escrita en un papel. Su fe le salvará de cualquier peligro. 23.

Reina: Buena suerte para todas las actividades. Gran acierto en los negocios y triunfo en la profesión para los estudiantes. Si una reina le abraza o tiene algún contacto físico con usted, triunfará donde otros han perdido. Saldrá victorioso en todas sus metas. Si ve a una reina demacrada, enferma o con mal aspecto, su actual relación amorosa se deteriorará por una infidelidad. La mujer que se sueñe como una reina llegará a ser rica. 77.

Reír: Si ríe en el sueño, es pronóstico que en los próximos dos días le darán una noticia que no le agradará. Si otros ríen, presagia que alguien se burla de usted a sus espaldas. Si observa riéndose a uno o varios niños, entonces ríase usted también porque en breve dará comienzo una época fabulosa en todos los aspectos de su vida. 90.

Rejas: Por fin podrá liberarse de una relación que le perjudicaba. Algo o alguien negativo se alejará de su camino. 19.

Rejuvenecer: Una gran oportunidad se abrirá a su paso. Podrá realizar todos los sueños que motivan su vida. Será muy dichoso. 21.

Relaciones sexuales: Si es soltero, pronto se enamorará. Si es casado, tendrá la tentación de cometer adulterio. Si ve a otras personas teniendo relaciones sexuales, su vida sexual está pasando por una etapa de aburrimiento. Es probable que ya no sienta por su pareja la misma pasión de antes. Si la relación fue placentera le espera una vida romántica activa y feliz. Si la relación fue desagradable, enfrentará muchos problemas y obstáculos para encontrar el amor o una pareja estable. 41.

Relajo: Si lo observa, es presagio que en breve enfrentará serios problemas económicos. Si forma parte en un relajo, el sueño le aconseja que vigile quien entra y sale de su casa porque le quieren robar un artículo que usted valora mucho. 56.

Relámpago: Nuevos acontecimientos cambiarán sus planes futuros. Ocurrirán situaciones que jamás imaginó. Si sabe adaptarse a las nuevas circunstancias, triunfará con plena seguridad. 72.

Relicario: Se le concederá lo que ha pedido con tanta fe. 3.

Religión: Tendrá serias discrepancias con personas que no comparten sus ideas. Existe la posibilidad de ruptura con un amigo. Debe aceptar las opiniones ajenas aunque no las comparta. 9.

Religiosos (as): Observar un grupo de religiosos/as sugiere que se acerque más a Dios, que rece más a menudo y no solo en momentos de tribulación. Establezca una relación directa con el creador para que su vida sea más próspera, llena de fe, esperanza y caridad. 37.

Reliquia: Se le presentará la oportunidad de cooperar en la rehabilitación de un enfermo. Si lo hace, recibirá más adelante una gran bendición. 78.

Reloj: Verlo, indica atrasos y obstáculos financieros. Si es de bolsillo, perderá de un documento importante. Un reloj de pared predice una boda en la familia. Si ve un reloj que no camina, indica el fallecimiento de un conocido. Si observa muchos relojes, le llegará una oportunidad laboral "única". Si escucha el sonido de uno o varios relojes, es presagio que vendrán tiempos difíciles para toda una nación. Un reloj antiguo presagia que el soñador recibirá una herencia en los próximos siete años. Un reloj electrónico augura un romance de corta duración. 51.

Relojería: Tendrá que hacer algo para ayudar a un amigo a salir de una fuerte depresión. 82.

Relojero: Participará en un negocio riesgoso, de su astucia depende que salga perdiendo o ganando. No haga demasiadas especulaciones. Vaya a lo seguro. 70.

Remar: Se augura la realización de un viaje por motivos laborales. Cuando vuelva recibirá una gran noticia. 30.

Remedio: Presagia el fin de una época triste y negativa. Llegó el fin de un gran problema. Podrá vivir en paz nuevamente. 61.

Remiendo: Experimentará tres años difíciles en sus finanzas, sin embargo, después le vendrán cinco años fabulosos. 45.

Remolacha: Alégrese porque dentro de tres días comenzará a mejorar su suerte. Sucesos inesperados le harán sentir muy dichoso. Alguien que estuvo enfermo, se recuperará notablemente. 37.

Remolino: Pedirá disculpas a alguien a quien ofendió sin darse cuenta. De ahora en adelante debe medir sus palabras y ser más cauto en sus opiniones, ya que no es la primera vez que esto le ocurre. 65.

Remolque: Recibirá una recompensa o promoción en su trabajo, gracias a su impecable labor. Su talento será reconocido. 12.

Remordimiento: Tiene que aprender a perdonar las faltas y los errores de los demás para que Dios perdone sus propias fallas. 47.

Renacuajos: Peligro de infección estomacal. Tendrá que hacerse unos análisis médicos lo más pronto posible. Ha ingerido comida que estaba contaminada. 18.

Rencor: Si siente rencor hacia alguien durante el sueño, significa que esa persona le detesta. Si otros sienten rencor hacia usted, es presagio que un viejo amigo se convertirá en su peor rival. 31.

Rendirse: Augura problemas familiares causados por un pariente político. Si otros se rinden, el sueño augura que en breve le pedirán que sirva de fiador en un contrato comercial. 19.

Renegar: Escuchará una información que le causará un gran placer. Una buena noticia viene en camino a su casa. 86.

Renta: Pagarla, augura aumento de bienes materiales y fortuna para la familia. Deberla, presagia la llegada de una visita molesta a su hogar. Recibirla, descubrirá un grave defecto en la persona que más ama. 47.

Renunciar: Si renuncia al trabajo, en breve iniciará una época de altibajos financieros. Si renuncia a una causa, sucederán cambios trascendentales en su vida, ante los cuales no estará preparado. Posible cambio de domicilio a otra ciudad u otro país. Lave su cara con agua de rosas blancas durante veintiuna noches consecutivas, de ese modo contribuirá místicamente a que su nueva realidad le favorezca en todos los sentidos. Comience el ritual un día de luna nueva. 65.

Reñir: Se mostrará desanimado debido a su actual situación económica. Utilice su inteligencia al máximo y haga gala de un renovado optimismo, de ese modo en pocas semanas logrará salir adelante. 95.

Reo: Soñar con un reo augura que se verá involucrado indirectamente en un penoso proceso legal. Si se sueña como reo, es presagio que alguien intentará demandarle para sacarle dinero. 73.

Reo político: Si es usted, es indicio que será víctima de la injusticia social. Su camino será obstaculizado por un burócrata. Si se trata de una u otras personas, es presagio que alguien cercano cometerá un delito. 38.

Reparar: Hacer reparaciones significa que un ciclo de su vida ha llegado a su fin. Otro más próspero y estable está por iniciarse. Tiene que dejar ir personas, situaciones y cosas que ya no figurarán en su futuro cercano. 15.

Repartir: Le será impuesta la mayor responsabilidad que hasta ahora ha tenido. De su buen desempeño depende que se forje un nombre y un futuro prominente. Acepte el reto que la vida le ha impuesto. 87.

Repelente: Una persona envidiosa quiere hacerle sentir mal, tratando de crearle inseguridades sobre sí mismo. Detecte a esa ave de mal agüero y retírese de ella con la mayor brevedad posible. 59.

Réplica: La actitud obsesiva de un amigo le desconcertará. Tenga mucho cuidado con él porque además de copiarle en todo lo que usted hace, quiere tener todo lo que usted tiene. El sujeto en cuestión presenta una patología psicológica demasiado compleja. Lo mejor es que tome distancia antes que algo desagradable ocurra. 29.

Repollo: Descubrirá un secreto que le ayudará a lucir más joven. 17.

Reportaje: Verlo y realizarlo, tendrá un mes de buena suerte. 1.

Reportero: Sabrá de una calumnia acerca de un conocido. Alguien intentará envolverle con una gran mentira. No crea el rumor que escuchará porque estará ocurriendo todo lo contrario a lo que andan diciendo. 49.

Reposar: Le agobiará el comportamiento de un conocido porque ha venido mostrando una fijación con su persona. No se enrede con gente que no conoce porque puede terminar lamentándolo. 4.

Repostería: Come de una manera muy desordenada, en horarios poco convenientes y lleva una dieta poco saludable. De seguir así su organismo dará señales de deterioro. 13.

Reprobar: Vencerá una prueba difícil. Triunfará sobre un obstáculo mayor. La victoria será suya si se concentra en un solo objetivo. 62.

Reprochar: Uno de sus secretos más íntimos será descubierto por una persona intrigante. Resentirá la hipocresía de un mal amigo. 49.

Reproducir: Este sueño anuncia un cambio favorable en su situación económica. Un período de gran bonanza está en camino. 30.

Reptiles: Los sueños con reptiles han sido asociados desde la antigüedad con personas y ambientes falsos. Es muy probable que uno de sus amigos se comporte de una manera indigna con usted. También podría ocurrir que se levanten perversas calumnias en contra suya. Soñar con animales que se arrastran es presagio de gente envidiosa y maligna a su alrededor. No confíe en gestos muy bondadosos ni en rostros que aparenten pena y sufrimiento, podría ser engañado. No se deje engañar por gente melosa. 22.

Requesón: Sufrirá un malestar respiratorio que le mantendrá indispuesto por un par de días. 45.

Requisitos: Cumplirlos, predice que le otorgarán un favor o una petición que ya hizo con anterioridad. Si no los cumple, es augurio que enfrentará un retraso económico. 57.

Resbalar: No preste el dinero que le han solicitado porque no se lo pagarán. Vigile todos sus movimientos minuciosamente porque una mala decisión podría causarle un retroceso en su camino al triunfo. No arriesgue dinero en negocios o planes inseguros. No es conveniente en este momento. 85.

Rescate: Se encontrará en una situación penosa y cuando crea que está más solo que nunca, entonces acudirá en su ayuda una persona a quien usted trató de manera incorrecta en el pasado. Resolverá todos sus problemas con la ayuda de otros. 64.

Resentimientos: Si tiene resentimientos, es indicio que las penas que sufrió hace algunos años le persiguen y no le dejan encontrar un nuevo rumbo en la vida. Si otra persona se muestra resentida por sus acciones, es augurio que una mala noticia causará un gran sufrimiento a uno de sus amigos más cercanos. 51.

Resfriado: Cuídese del infortunio que desea causarle otra persona. Alguien muy cercano a usted quisiera verle derrotado y sumido en la tristeza. Coloque tres ramas de romero fresco y una de ruda dentro de su almohada. En las próximas tres noches tendrá un sueño que le revelará el rostro del traidor. 30.

Resignarse: Observará una desagradable discusión entre sus parientes, en la que usted no deberá intervenir. Absténgase de opinar aunque ellos se lo pidan. No meta las manos al fuego por nadie. 79.

Resistir: Es demasiado frívolo en sus apreciaciones y bastante superficial con sus afectos. Si no cambia de actitud, comenzará a perder el cariño de familiares y amigos, y hasta es probable que llegue a quedarse completamente solo. Rectifique y sea más humano. 0.

Resorte: Vienen tres días de serios contratiempos. Deberá estar muy alerta ante las inconveniencias que se le presentarán. 19.

Resplandor: Próximamente tendrá un sueño que le revelará gran parte de su futuro. 8.

Respuesta: Escucharla anuncia buenas nuevas y darla lo contrario. 96.

Restar: Experimentará una pérdida de poca monta. Es probable que extravíe un billete de mediano valor. 67.

Restaurante: El espíritu emprendedor y un temperamento moderado son sus mejores aliados en este momento de su vida. Siga adelante porque encontrará el camino que le llevará a la victoria. 71.

Restaurar: Su personalidad se ha visto mermada por resientes situaciones difíciles. Sea positivo, reestablezca su ánimo y vuelva a ser como antes. Si tiene confianza en sí mismo, lo logrará. 84.

Resumir: Todo lo que se hace apresuradamente nunca sale bien. La paciencia es el arma que le ayudará a vencer la adversidad. Lo que desea se hará realidad si lo hace con calma e inteligencia. 78.

Resurrección: Todo lo que antes parecía difícil o imposible de alcanzar, en breve será puesto en sus manos como por obra divina. Le espera un futuro lleno de felicidad y abundancia. 99.

Retardo mental: Si sueña que sufre de retardo mental, la actitud de un familiar le hará sufrir mucho. Si otra persona lo padece, es indicio que usted hará sufrir a uno de sus seres queridos. 28.

Retazo: Sea gentil, ecuánime y justo con todo el mundo, porque la vida da muchas vueltas y es muy probable que se vea en la necesidad de solicitar grandes favores de personas a quien subestimo en el pasado. 46.

Retén: Alguien que frecuenta su casa le envidia terriblemente. Reconocerá a la persona al darse cuenta que siempre le crítica cuando le visita. Detecte a esa mala influencia y aléjela de una manera diplomática. 15.

Retoño: Observar el retoño de una planta durante el sueño anuncia la llegada de un bebé al seno familiar. Pronto sabrá del embarazo de una parienta. A las parejas jóvenes les anuncia la llegada de un hijo varón. 96.

Retraso: No podrá cumplir con todas sus obligaciones financieras en los próximos dos meses. Le urgirá ganar dinero extra. 32.

Reumatismo: Se sentirá atrapado en una relación sentimental carente de amor. 77.

Reunión: Conocerá a tres personas que llamarán mucho su atención. Nuevos amigos están por llegar a su entorno. Lo novedoso se impondrá en su vida en los próximos meses. 18.

Revender: La ambición desmedida y la avaricia pueden truncar su camino. Si actúa de una manera más justa y correcta, la suerte estará de su lado. El dinero mal habido se pierde con la misma rapidez con la que se obtiene. 37.

Revista: Leer u observar una revista augura la llegada de novedades y buenas noticias acerca de amigos y parientes que radican lejos o en el extranjero. Si observa su retrato o lee su nombre en una revista, es indicio que alcanzará el triunfo en su profesión, además comenzará a gozar de una enorme popularidad. 17.

Revelación: Si es favorable, indica que se obrará un milagro en la vida de alguien cercano a usted. Si es negativa o sombría, augura que llegará una mala noticia procedente de una tierra lejana. 60.

Revolución: Viene una época de problemas y tristeza para la familia. Todo esto se originará por la falta de comunicación y la intriga que causarán dos personas ajenas al hogar. La ausencia de unidad y los conflictos entre parientes les puede llevar a la decadencia. Esta situación podría evitarse si todos los miembros que moran en su casa, se unen y deciden cortar con amistades e influencias perjudiciales. Para encontrar protección se aconseja que reúnan una camisa o blusa de todos los que habitan en su casa. Acto seguido, amarre las camisas de los extremos una a una haciendo nudos. Al final se cuelgan en un lugar donde nadie lo vea. Practique este ritual en luna creciente o el primer martes del mes. 26.

Revólver: Es probable que discuta fuertemente con un desconocido debido a una injusticia cometida en su contra. Actúe con cautela porque la otra persona podría estar bajo la influencia del alcohol o alguna droga. No subestime al enemigo. 20.

Rey: Observar un rey joven y erguido es presagio de éxito profesional, prosperidad económica, estupendas noticias y realización personal. Si el rey le toca o le abraza, es pronóstico que recibirá favores de una persona en un cargo prominente. El hombre que se sueñe como rey deberá tener cuidado y no permitir que la prepotencia y la soberbia le hagan perder la perspectiva y el buen juicio. Si observa un rey enfermo o muy anciano, es indicio que habrá un cambio en el poder político de su país. Si recibe honores o halagos de parte de un rey, es vaticinio que logrará ver realizado su máximo deseo. 1.

Reyes magos: Los sueños relacionados a los reyes magos le pronostican que encontrará el balance ideal en su vida, además, disfrutará a plenitud de salud, amor y dinero. Sus ruegos y oraciones han sido escuchados. Con seguridad obtendrá lo que tanto ha solicitado. Vienen en camino obsequios inesperados. 88.

Rezar: Le será perdonada una gran falta. Será disculpado por la persona a quien ofendió. Se resolverá a su favor un pendiente legal. Si otros rezan es augurio de paz y bienestar para su hogar. 36.

Riesgo: Si sueña que corre algún tipo de riesgo durante el sueño, no se alarme, ya que el significado es totalmente opuesto. Es presagio que le viene una gran alegría. Vivirá días de una inmensa felicidad, después de sobrepasar los problemas que ahora le afectan. 72.

Rifa: La buena suerte y popularidad con que cuenta en este momento le hará perder la amistad de dos personas cercanas. Si se alejan de usted es por celos y envidia. Déjelos ir y aunque intenten volver a su vida, nunca más confíe en ellos. 69.

Rifle: Es augurio de enemistad. Si se dispara, presagia separación con el ser amado. 25.

Ring: Será atacado verbalmente por una persona frustrada. No permita que gente amargada le haga sentir mal. No deje que le contagien el mal humor. 83.

Rinoceronte: Enfrentará problemas económicos este mes. Los gastos que surgirán inesperadamente le dejarán corto de efectivo. Precisará de un préstamo a corto plazo. 41.

Riñones: Es posible que tenga un fuerte enfrentamiento con un pariente debido a una propiedad o una suma de dinero. Alguno de la familia quiere quedarse con algo que es suyo. 13.

Río: Cuando se observa un río o un riachuelo cuentan con un significado onírico favorable en la mayoría de los casos. Por ejemplo, si sueña con un río caudaloso es presagio que su vida seguirá un camino ascendente y todos sus sueños se verán materializados. Un río en el que no se observe una de las orillas predice que alcanzará la riqueza en unos ocho años. Un río de agua cristalina anuncia paz, unión y avance económico para usted y su familia, especialmente si se baña o nada en él. Si el agua está sucia o contaminada, no tome decisiones precipitadas, sin antes pensar y consultar a otros porque podría afectar su camino al éxito. Un río de agua turbia también le aconseja no realizar ningún negocio ni poner en riesgo sus ahorros o capital, porque podría perderlo absolutamente todo. Un río que se desborda pronostica una época de turbulencia para toda una familia. Si observa a otra persona junto a usted, será feliz en el amor, aunque en este momento pase lo contrario. Si se ahoga en un río, sabrá de la calamidad ocurrida a un amigo. Si navega en un río, se mudará a otro lugar o país donde encontrará la fortuna. Si camina junto a la orilla, atravesará por un período de introspección donde evolucionará como ser humano. Soñar con río tranquilo y apacible es augurio del cumplimiento de un deseo de amor. 5.

Ripio: Haga una renovación de energía en su hogar. Debe desechar todos los objetos y pertenencias que ya no va a utilizar. Venda, regale o simplemente deshágase de lo que ya no le es útil. En pocos días comenzará a ver la diferencia y observará cómo la energía positiva y la buena suerte se hacen presentes en su vida y en la de sus seres queridos. 10.

Riqueza: El significado de este sueño es muy controversial. Fuentes modernas consideran que entre más rico y próspero se sueñe, más trabajo le costará llegar a la meta que se ha propuesto. Si sueña que otros son ricos, es augurio que varios amigos le rescatarán cuando se encuentre en apuros. Si una persona sueña a menudo con riquezas materiales, es pronóstico que tiene aspiraciones que sobrepasan la realidad. Filósofos antiguos afirmaban que el camino más fácil para alcanzar la prosperidad material, se inicia cuando el ser humano primero alcanza la riqueza espiritual. 66.

Rito: Ser testigo o participar en un rito es augurio que alguien intentará viciar sus buenas costumbres. Nunca permita que un puñado de billetes le haga cometer actos de los cuales podría arrepentirse toda la vida. 40.

Ritual: Un ritual de naturaleza positiva le afirma que tendrá larga vida. Si observa o participa en un ritual oscuro, es presagio que se verá tentado a cometer un acto reprochable. Piense bien lo que va a hacer, antes de arruinar su vida o la de alguien más. 0.

Robar: Si roba es pronóstico que tomará una decisión que le hará perder una suma considerable de dinero. Si le roban, es augurio de tres meses de mala suerte. Para liberarse del augurio será necesario que haga una obra de caridad al día siguiente de haber experimentado este sueño. Recuerde que no importa la cantidad, sino la buena fe con la que lo haga. 86.

Roble: Soñar con un roble augura que gozará de buena salud durante toda su vida. También predice que nunca enfrentará una enfermedad seria. A los que estén enfermos les presagia la recuperación total, sin importar la enfermedad que estén padeciendo. 17.

Robot: No dé crédito a las especulaciones, pronósticos y profecías que escuche en la calle o vea en la televisión. No permita que un augurio falso le haga perder la fe. 98.

Roca: Viene un obstáculo difícil de superar, sin embargo, con la astucia y determinación que siempre le han caracterizado, lo podrá vencer. Puede tratarse de un bache económico o de un competidor que desea sabotear sus planes. 20.

Rocío: A los tres días de haber experimentado este sueño, le darán una noticia maravillosa. Por fin se hará realidad lo que ha estado esperando por tanto tiempo. 14.

Rodeo: Asistir a un rodeo presagia la llegada de problemas. Serán muy serios y tendrá que afrontarlos, no obstante encontrará la solución más adecuada a todo. Además un verdadero amigo le propondrá su ayuda desinteresada desde el principio. Acéptela. 91.

Rodilla: Este sueño le está indicando que precisa ingerir más alimentos que contengan calcio. Necesita fortalecer el sistema óseo. 74.

Roedor: Intrigas y problemas causados por alguien que le envidia. 54.

Rogar: Si ruega es augurio que le será concedido un favor. Si le ruegan es indicativo que le harán un desprecio. Rogar a Dios durante el sueño anuncia el final de un conflicto familiar. 29.

Romance: Si sueña que vive un romance significa que algo bueno se avecina. Recuerde que Dios tarda pero no olvida. 62.

Romper: Si se observa rompiendo algo, será el final de un ciclo y el inicio de una etapa más próspera. Si quiere mejorar su vida, deberá tomar una decisión muy grande. 70.

Roncar: Le fastidiarán las malas costumbres que mostrará un huésped inesperado. Le visitará una persona fastidiosa. 58.

Ropa: Si luce limpia, tendrá un empleo estable. Si es nueva, habrá un cambio de suerte, tiempo de cosecha. Ropa usada o vieja, señala estancamiento, poca suerte y en ocasiones depresión. Si está rota o manchada, cuide su trabajo porque alguien intentará quitárselo. Para lo anterior se recomienda que porte consigo un pequeño cristal de cuarzo rosa o una amatista. Hágalo durante un mes. Comience el día martes. 33.

Ropa interior: Predicen noches de placer y realización de las fantasías sexuales del soñador, sin importar que las prendas sean suyas o de alguien más. Si sueña que se quita la ropa interior, es presagio que se iniciará un período de cambios económicos y de evolución en su vida privada. Aunque surjan situaciones complicadas y momentos de angustia, todo lo que suceda terminará beneficiándole. 18.

Ropero: Le obsequiarán una pieza de colección, un objeto antiguo, un artículo de valor. 7.

Rosas: Soñar con rosas es de buen augurio, especialmente en lo sentimental. Si observa un ramo de rosas, pronto experimentará una gran alegría. Si se observa recolectando rosas, sus sentimientos serán correspondidos. Si alguien que conoce le obsequia rosas, esa persona le quiere de verdad. Los solteros que sueñen con rosas pronto se enamorarán. Si una persona viuda observa o toca una rosa, es vaticinio que se volverá a casar. Rosas marchitas anuncian el deterioro de una relación y la falta de amor en una pareja. Si se pincha con las espinas de una rosa, alguien muy cercano le traicionará. 50.

Rosal: Feliz presagio de amor para los enamorados. Los solteros encontrarán a la persona ideal. Los que ya tengan un amor, encontrarán en un nuevo conocido el amigo fiel y sincero. 15.

Rosario: Quien es puro de corazón es un bienaventurado y recibirá la recompensa de comer del árbol de la vida eterna. La fe que siempre le ha acompañado le hará ganarse una gran bendición. 10.

Rubí: Augurio de buena estrella y bonanza económica. En pocos días ocurrirá un hecho fabuloso que le hará sentir feliz, un golpe de suerte. Dinero inesperado llegará a sus manos. Logrará independencia económica. Buen augurio para los negocios y las especulaciones comerciales. 60.

Rueda: Señala que huye de sus problemas en vez de solucionarlos. Si observa muchas ruedas, desea fervientemente que ocurra un cambio en su vida, sin embargo, no se empeña en lo más mínimo para que eso ocurra. Le tiene que echar más ganas a la vida. 49.

Rufián: Le propondrán que haga algo ilícito. No caiga en la tentación aunque le prometan todo el oro del mundo. Si lo hace le descubrirán y será castigado. 22.

Ruidos: Si escucha ruidos, uno de sus espíritus protectores quiere alertarle ante una situación difícil. No tome riesgos en las próximas seis semanas. No se comprometa, ni comprometa su crédito por otra persona. 31.

Ruina: Augura todo lo contrario, ya que le vienen varios años de prosperidad. Está a punto de ocurrir un cambio que transformará su vida totalmente. Déle la bienvenida al cambio. 52.

Ruiseñor: Vivirá un idilio amoroso de muy corta duración. Creerá estar enamorado pero se tratará de una ilusión pasajera. 11.

Ruleta: Se enterará de la fatalidad que le ha ocurrido a un conocido. Alguien cercano a usted necesitará de todo su apoyo. 48.

Rulos: Para una mujer indica que se deja dominar por la vanidad. Para un hombre presagia que una mujer está jugando con sus sentimientos. Si son rulos eléctricos, el sueño augura viaje por motivos de emergencia. 39.

Runas: Si se observa consultando este antiguo arte de adivinación, uno de sus antepasados le hablará en un sueño. Quizá sea necesario que busque orientación astrológica o psíquica para descifrar correctamente el mensaje que va a recibir. Si toca las runas, es augurio de dos años de buena suerte. Si es usted quien interpreta el mensaje de las runas, es pronóstico que hará un viaje a otro continente. La mayoría de sueños relacionados a las runas, marcan el inicio de un tiempo de transición para el soñador, después del cual su vida ya no será igual, será mucho mejor. 1.

S

Sábado: Abandone relaciones y actividades perjudiciales. Es hora de tomar un nuevo camino. 13.

Sábanas: Rencillas pasajeras con el ser amado. 96.

Saborear: Siga adelante con todos sus planes porque el triunfo está muy cerca de ser alcanzado. La victoria será suya. 50.

Sabotaje: Alguien pretenderá hacerle perder la calma en público. 40.

Sacacorchos: Saldrá airoso del problema que le aflige. Tenga fe porque todo se resolverá. 38.

Sacerdote: Antes de realizar el cambio definitivo, medite los pro y los contra, así evitará tomar la decisión equivocada. No se deje llevar por el primer impulso, piense muy bien cada paso que va a dar. 19.

Sacerdotisa: Un clarividente le dará una información que necesita saber. Una buena noticia llenará de calma su espíritu. 18.

Saco: Buen momento para contraer deudas o hacer negocios audaces. Cuide su dinero, el trabajo será escaso en los próximos meses. 0.

Sacrificios: La buena voluntad con uno de sus amigos le será pagada con ingratitud. Alguien a quien ayudó le perjudicará. 29.

Sacrilegio: Será testigo de la desventura que sufrirá una persona que se consideraba superior a los demás. Deberá tomar distancia de una amistad que le busca únicamente por conveniencia. 58.

Sacristán: Eventos desagradables están por suceder en su hogar causados por una mala amistad. Identifíquela y sáquele de su vida para siempre. 4.

Sacristía: Asistirá a un servicio fúnebre. Le causará tristeza el fallecimiento de una persona allegada a su familia. 67.

Safari: Lo invitarán a un viaje de placer con todos los gastos pagos. 52.

Sahumerio: Se librará de una pena que no le dejaba vivir en paz. Ahora sentirá paz en su corazón y verá el futuro con mayor optimismo. Su aura será purificada con la ayuda de un ángel. 17.

Sal: Observarla es bueno para las finanzas. Si la toca, su salud y su entorno serán purificados. Si se derrama, habrán discusiones pasajeras en el hogar. Un saco lleno de sal le anuncia que en el futuro alcanzará felicidad y riqueza. Soñar con sal le revela que alcanzará lo que más desea en este momento. 10.

Salario: Cambios favorables en su mundo laboral. Nnueva oportunidad le devolverá la ilusión que había perdido. El dinero necesario pronto llegará. 12.

Salchicha: Se acerca una nueva oportunidad, un mejor empleo. 60.

Salida: Sus problemas están por terminar. Renovación. Renacimiento. 12.

Salir: En menos de tres días le darán una noticia magnífica. 78.

Saliva: Alguien intentará hacerlo entrar en un negocio o asociación que no ofrece ninguna garantía. No se deje embaucar. 43.

Salmo: Ver o leer un salmo anuncia el fin de una mala época. 91.

Salmón: Oportunidad de ganar buen dinero por medio de un negocio. 21.

Salón de belleza: El ocio y la falta de responsabilidad no le llevarán a ningún lado. Es hora de ponerse a estudiar o trabajar muy duro. Solamente así podrá convertirse en un triunfador. 26.

Salpullido: Se enterará que un conocido se ha expresado de usted de una manera indigna. Le irritará lo que comentaron sobre su familia. 45.

Salsa (condimento): Es augurio de larga vida. Los que estén enfermos pronto se curarán. 99.

Saltar: Si salta, es augurio que atravesará un período de inconstancia financiera. Si salta sobre cualquier objeto, es presagio que vencerá todas las dificultades que le aquejan. 96.

Salud: Presagio estupendo para iniciar nuevas actividades de estudio o trabajo. Si sueña que tiene mala salud, no se alarme porque vaticina todo lo contrario, larga vida y felicidad. Si sueña que tiene buena salud, alégrese porque se mantendrá saludable por largo tiempo. El avance que tanto ha deseado apenas está por comenzar. 17.

Saludar: La repentina llegada de un ser querido que estaba ausente colmará de dicha a toda la familia. 54.

Salvajismo: Cuenta con un par de adversarios que desean bloquear su camino. Este mes se enterará de quienes se trata. 29.

Salvar: Si le salvan, sufrirá de aflicciones causadas por un familiar cercano. Si salva a otra persona, será usted quien le causará preocupación a su familia. 31.

Sanar: Augura un posible encuentro con un amor del pasado. 71.

Sandalias: Si son nuevas, logrará todos sus propósitos. Viejas o muy usadas, se verá en la necesidad de solicitar un préstamo. Si se pone unas sandalias, es señal que tendrá que realizar un trámite legal. 18.

Sándalo: Se iniciará en su vida una verdadera evolución espiritual. Le interesará el estudio de las ciencias metafísicas. 82.

Sándwich: Deberá mejorar sus hábitos alimenticios. Padecerá una deficiencia vitamínica. 50.

Sangre: Ver sangre es un mal presagio, especialmente si es la propia. Si padece una hemorragia, augura de grandes penas. Si ve su ropa ensangrentada, alguien que desea verle derrotado. Ver alguna parte de su cuerpo cubierta de sangre es augurio de una larga enfermedad. Ver la sangre de otras personas señala que ha cometido un error y tendrá serias consecuencias. Si ve a su pareja sangrando, el amor entre ambos ha terminado. Si observa sangrando a un ser querido, éste necesitará su ayuda para salir adelante. Si ve sangrando a un amigo, éste le pedirá un gran favor. Ver la sangre de un animal, en un par de semanas sufrirá una gran decepción. Para librarse de los malos augurios de este sueño, se recomienda que se dé un baño con agua de canela el primer día de luna llena. Acompañe el ritual rezando en voz alta un proverbio bíblico. 66.

Sánscrito: Descubrirá un secreto que al ser revelado pondrá en tela de juicio la honestidad de varias personas. Se descubrirá un fraude. 13.

Santera: Su vida comenzará a dar un giro inesperado. No luche contra fuerzas que no podrá vencer y mejor permita que el poder de Dios le lleve al sendero que ha sido trazado para usted. En unos meses entenderá por qué le está sucediendo todo esto. 7.

Santería: Es presagio que se librará para siempre de una mala influencia que ronda su vida. Puede tratarse de un ser dañino que desea malograr su destino o de un mal espíritu que ha buscado atormentar su alma. Es fuerte el enemigo que ha de enfrentar, sin embargo logrará vencerlo con la ayuda de ángeles que irán apareciendo en su camino. 4.

Santero: En breve se verá consultando algún método de adivinación. Es probable que consulte a un psíquico. La buena noticia es que acudirá con un vidente real que le dará toda la información que necesita saber. 6.

Santos: Quien sueñe con los santos de cualquier religión está predestinado a cumplir una gran misión espiritual que aún desconoce. Y aunque encuentre muchas espinas en su andar por el mundo, al final será el receptor de la más sublime bendición. El agradecimiento y el perdón son las virtudes que distinguen a los nobles de espíritu y usted e uno de ellos. 21.

Santuario: Llegará a sus manos lo que ha pedido con tanta fe. 16.

Sapo: Si ha atravesado por una época de limitaciones, no se preocupe ni se angustie más porque a partir de la próxima semana, dinero llegará a sus manos en abundancia. 53.

Saqueo: Descubrirá la falsedad de alguien conocido. Una careta se caerá. 94.

Sarampión: Si lo padece, un familiar le causará un gran pesar. Si alguien lo padece, son malas noticias. Si lo padece un ser querido, usted le hará sufrir. 13.

Sarcófago: Un error del pasado que creía secreto será revelado por uno de sus parientes. Alguien le pedirá dinero a cambio de un favor. 91.

Sardina: Al siguiente día de haber tenido este sueño tendrá una discusión por motivos de trabajo. Un colaborador le va a contradecir en público. 61.

Sartén: Augura un día de mal humor. 27.

Sastre: Se está sacrificando por alguien que no lo agradecerá. Se está esforzando en una actividad que no le dará ningún fruto. 43.

Sastrería: Será invitado a un importante evento social. Tendrá que invertir en su vestimenta. 35.

Satélites: Un viaje imprevisto le mantendrá nervioso durante varios días. Deberá realizar un trámite urgente. 58.

Sauna: Se verá agobiado por problemas y deudas atrasadas. Es necesario que deje a un lado el orgullo. Pida ayuda lo antes posible de lo contrario experimentará la decadencia. 39.

Savia: Augura recuperación económica, curación inmediata, solución ante cualquier adversidad, paz después de una época turbulenta. 32.

Secadora: Vigile su proceder. Está a punto de cometer el mismo error por tercera vez. 1.

Secadora de cabello: Buscar un empleo mejor remunerado deberá ser su prioridad en las próximas semanas. Se aproximan gastos para los que no está preparado. 25.

Secretaria: Recibirá buenas noticias a través de correo electrónico, cartas o fax. 33.

Secretario: llevará buenas noticia. Enviará por correo electrónico una información que le traerá paz y confianza a otra persona. 63.

Secreto: Si le cuentan un secreto durante el sueño, es advertencia para que modere sus impulsos y le ponga un freno a su carácter explosivo. Si le confía un secreto a otra persona, presagia el fin de una relación amorosa o la ruptura de una larga amistad. Si un desconocido le dice un secreto al oído, es augurio que dentro de unos años heredará de un familiar. Si divulga un secreto, es pronóstico que su vida íntima será motivo de intrigas y malos entendidos. 0.

Secta: Corre el peligro de caer en una adicción peligrosa. Un ser de malos sentimientos hará todo lo posible para lograr pervertir su alma. Para alejar a las malas vibras de su camino se aconseja que escuche diariamente música sacra, cantos gregorianos, melodías con mensaje religioso o canciones dirigidas a los Orishas. 22.

Secuestro: Si sueña que lo secuestran, es presagio que podría perder dinero o sufrir daños en su propiedad privada. Si observa un secuestro, es señal que ha entablado una relación de amistad con gente poco conveniente. Si una mujer joven sueña que ha sido secuestrada, es augurio de su próximo embarazo. Si secuestran a un niño, es indicio que habrá una pena en la familia. Ver la noticia de un secuestro por la televisión augura que será testigo de un acto violento. 31.

Sed: Si tiene sed, es augurio de angustia, disgustos y falta de liquidez económica. Si logra saciar la sed, es presagio que triunfará en todos sus proyectos y alcanzará un mejor nivel de vida. Si ve a un conocido teniendo sed, es indicio que usted le verá en problemas. 84.

Seda: Presagia que se ha vuelto un tanto narcisista. Aterrice en la realidad antes que esta actitud le aleje de todos sus afectos. 18.

Sedante: Está sintiendo demasiados rencores hacia una persona que le perjudicó. No busque venganza, perdone, intente olvidar y deje que la ley del karma cumpla su misión. 30.

Seducción: Disfrutará instantes de gran placer sexual. 69.

Segundas nupcias: Alguien intentará separarle de la persona que ama. Un amigo(a) desea arrebatarle lo que es suyo. 41.

Seguro de vida: Llegará a consolidar un buen patrimonio que le hará gozar de una vejez tranquila y apacible. Lo que guarde ahora será su sostén del mañana. Si sueña con otro tipo de seguros como seguro para el auto, negocio, etc. es presagio que la rueda de la fortuna comenzará a girar a su favor. Si le pagan un seguro, siéntase dichoso porque le viene en abundancia dicha, felicidad y dinero. 80.

Selva: Si sueña que se ha internado en la selva, es señal que la rutina diaria está asfixiando sus aspiraciones. Necesita con urgencia que algo nuevo llegue a su vida. Si se encuentra perdido en la selva, es indicio que no se ha curado del todo de una enfermedad. Si escucha ruidos mientras camina por la selva, es augurio que enfrentará rivales en el amor y el trabajo. Si se halla acompañado, es indicativo que cuenta con la fidelidad de un gran amigo. Tener un romance mientras anda por la selva presagia que tendrá la misma pareja durante toda su vida. 75.

Sello: Descubrirá un secreto que le ha evitado una pena. 99.

Sello postal: Un nuevo amigo le ayudará a cambiar algunos conceptos erróneos que tiene de la vida. Al mismo tiempo le abrirá los ojos para que descubra una realidad que no ha querido ver. 51.

Semáforo: El significado de este sueño dependerá de la luz que observe en el semáforo. Si la luz está verde, es augurio de éxito seguro. Si está amarilla, le aconseja actuar rápidamente y no dejar pasar las oportunidades. Si la luz está roja, es advertencia para que cambie de planes porque los que tiene en mente no resultarán. Si observa la luz intermitente, es indicio que le confundirán con otra persona. 30.

Semanario: Surgirá una oportunidad para que gane buen dinero a través de una actividad comercial. 8.

Semana santa: El lugar que antes era ocupado por la oscuridad, melancolía e incertidumbre, ahora será iluminado por un rayo de luz que vendrá a transformar su vida para bien. Este sueño augura recuperación en todos los sentidos de su vida. Espere un milagro. 21.

Sembrar: Fabuloso para estudiantes y comerciantes. Si inicia una nueva actividad, triunfará. En unos meses comenzará un buen período. Aprovéchelo. 62.

Semen: Si un hombre sueña con su propio semen, es presagio que tendrá abundancia material en el futuro. Si es el semen de otro hombre, predice que se verá involucrado en un acto bochornoso. Para una mujer augura que será víctima de un escándalo. 96.

Semental: Surgirá la posibilidad para que inicie su propia empresa. Los comerciantes verán crecer sus negocios. 26.

Semillas: Los sueños en los que se observan semillas significan para muchos investigadores oníricos la presencia viva de la fe, como si fuese un elixir de esperanza que viene a ponerle fin a todos los males que aquejan al soñador. Es augurio que vencerá cualquier adversidad, problema o enfermedad. 17.

Seminario: Pasará por una etapa en la que decidirá alejarse un poco de los demás para poder reencontrarse consigo mismo. 11.

Senado: Deberá tomar una gran decisión en la que pueden salir beneficiadas o afectadas varias personas. No permita que sus convicciones sean influenciadas por gente que sólo piensa en el dinero. 48.

Senador: Le harán una promesa que no será cumplida en su totalidad. No crea verdades a medias ni se deje vender ilusiones descabelladas. 84.

Sendero: Va cabalgando por el camino correcto que le dirigirá al progreso. Se encontrará con muchas piedras y espinas en su camino, sin embargo le será fácil esquivarlas. 38.

Senos: Se llevará un chasco porque le da demasiada importancia a cosas superfluas. Las personas son valiosas gracias a un conjunto de virtudes y características y no únicamente por su físico y manera de vestir. 14.

Sentarse: Momento ideal para hacer un auto análisis y reestructurar su vida. Existen actividades y personas a las que debe decirle adiós. 93.

Sentencia: Se verá obligado a colaborarle a una persona que no le agrada. Actúe de acuerdo a lo que es mejor para sus intereses. No es momento para sentimentalismos. 81.

Señalar: Antes de ver la paja en el ojo ajeno, vea primero la viga que hay en el propio. 37.

Señales de tránsito: Actualizar conocimientos e integrarse a la tecnología moderna serán actividades prioritarias en su agenda de los próximos meses. Si no entiende las señales, es indicio que viajará a un país donde se habla otro idioma. 60.

Señores: Se reunirá con un grupo de amigos que no ve hace tiempo. Se pronostica la firma de un contrato. 89.

Señoras: Harán un comentario sobre usted que no le agradará. 77.

Señoritas: La inocencia es una virtud que tendrá el resto de su vida. 55.

Separación: Existe un vicio o hábito prejudicial que debe eliminar. 40.

Sepulcro: Sufrirá una ligera depresión causada por problemas económicos. No desespere porque dentro de dos meses todo mejorará. 31.

Serenata: Una nueva ilusión romántica le dará un toque de alegría y fantasía a u vida. Será correspondido totalmente por la persona amada. 33.

Seriedad: Será criticado por una persona que aparenta ser muy correcta, pero en el fondo es hipócrita e inmoral. 54.

Sermón: Alguien intentará dominarle psicológicamente. No se deje imponer la voluntad ajena. Termine con una relación que le está perjudicando. 22.

Serpentina: Será invitado a una boda, aniversario o conmemoración. 7.

Serpiente: Es augurio que se levantará una calumnia en su contra. Si le muerde una serpiente, es indicio que alguien muy cercano a usted le traicionará. Si ve un nido de serpientes en el sueño, revela que está rodeado de gente que le envidia profundamente. Si mata una serpiente, presagia que vencerá obstáculos difíciles y adversarios perversos. La mayoría de experiencias oníricas relacionadas con serpientes le aconsejan que aprenda a ser desconfiado porque la persona de la que menos sospecha es quien desea hacerle daño. 66.

Servidumbre: Tendrá problemas e inconvenientes causados por su propia familia. La falta de sentido común de un colaborador puede entorpecer sus planes. 63.

Servilleta: Es presagio que se sacrificará por ayudar a un ser querido que se encuentra en problemas. Enfrentará muchas presiones en los próximos cuatro meses. 86.

Sesión: Cortará con una relación amistosa que se ha vuelto insoportable. Descubrirá que lo han estado usando. 67.

Seudónimo: Ha pasado por una gran decepción sentimental y teme que le vuelva a ocurrir lo mismo. Levante su autoestima y entierre el pasado. En corto tiempo volverá a ser feliz. 7.

Shampoo: A la mañana siguiente de haber tenido este sueño le darán una noticia que le alegrará el día. 32.

Sheriff: Enfrentará un contra tiempo menor con una autoridad local. 59.

Sierra: Anuncia cambios favorables para su economía. Promociones, aumentos y ganancias están por llamar a su puerta. Si sueña con una sierra eléctrica, es presagio que alcanzará riqueza material y paz espiritual. En buena hora. 88.

Siglas: Debe soñar y pedir en grande para que todos sus deseos se conviertan en una realidad latente. Si pide o espera poco de la vida, el caudal de su suerte será demasiado gris. 27.

Signos de puntuación: Le preocupará la conducta agresiva que ha tenido su hijo (a) o un hermano (a). Un familiar lo está engañando. 15.

Silbar: Después de una época tempestuosa, ahora llega la paz. 48.

Silbato: Ha pasado por un mal momento, sin embargo muy pronto tendrá un motivo para sentirse feliz. 64.

Silencio: Se acerca un período de inestabilidad económica. Trate de economizar y no haga gastos innecesarios. 95.

Silueta: De nada le servirá subir a una posición elevada, si antes debe pasarle por encima a todo el mundo. Tentación a cometer un acto deshonroso. 56.

Silla: Quien sueñe estar sentado en una silla con seguridad alcanzará hasta el último de sus propósitos. 23.

Silla de ruedas: Presagia que alguno de la casa enfermará. Tenga extremo cuidado en sus desplazamientos porque corre el riesgo de tener un accidente doméstico. 4.

Sillón: Es pronóstico que alcanzará una cargo importante. Le será encomendada la responsabilidad de dirigir a muchas personas. Para los políticos este sueño les augura que ganarán una reñida elección. 1.

Símbolos astrológicos: Si sueña con símbolos astrológicos o con signos zodiacales, es augurio que le harán un pronóstico que se convertirá en realidad. La actual posición de los astros le beneficiará notablemente. Le viene un año de buena suerte. 52.

Sinagoga: Podría suceder que a lo largo de su vida decida cambiar de religión. Para los que buscan pareja el sueño les augura que encontrarán el amor en una persona que profesa una creencia espiritual diferente. 61.

Sindicalista: Será testigo de los problemas sociales que enfrentará su ciudad. Presenciará huelgas y manifestaciones que afectarán a muchas personas. Habrá despidos masivos en varios centros de trabajo. 46.

Sindicato: Se incorporará a un grupo de personas que lucharán por un bien común. Se integrará a una asociación que le producirá estupendos beneficios. En la unión está la fuerza. 64.

Sinfónica: Realizará labores que le agradarán y al mismo tiempo conocerá personas que le ayudarán a realizar uno de sus sueños. 38.

Sinusitis: Este sueño le advierte que deje de fumar, hacer drogas o beber porque está en riesgo de desarrollar una enfermedad grave. 13.

Sirena: Es augurio que puede caer en una pasión destructiva. No se deje arrastrar por el deseo. 0.

Smoking: Será invitado a un importante evento social. 72.

Soborno: Si es sobornado es augurio que alguien le pedirá dinero prestado. Si usted soborna a otra persona, presagia que sentirá la tentación de quedarse con algo que no es suyo. 64.

Sobre: Recibirá correspondencia y noticias poco gratas. 59.

Sobrecargo: Es presagio que iniciará una nueva actividad laboral. Le harán una propuesta de trabajo que no debe rechazar. 73.

Sobrenatural: Lo que espera que ocurra sucederá totalmente a la inversa. Están por ocurrir eventos insospechados. 62.

Sobresalir: No crea en las palabras de los aduladores ni en personas que se muestren demasiado condescendientes. Detrás de esa actitud existe un propósito que usted desconoce. 94.

Sobrevivir: Tras largos períodos negativos, ahora vienen siete años de abundancia y progreso. 71

Sobrinos: Le será devuelto con creces un favor que hizo hace unos meses. La recompensa vendrá de donde menos imagina. 68.

Sociedad: No es el mejor momento para hacer inversiones o proyectos sin garantías. No preste dinero porque no lo se lo pagarán. 33.

Socios: Atravesará una etapa de incertidumbre en cuanto a la economía se refiere. Se verá obligado a pedir ayuda, solamente así podrá resolver el problema que le tiene abatido. 9.

Sofá: Está creándose falsas expectativas con una situación que no ocurrirá. Si no cambia de rumbo se verá entre la espada y la pared. 83.

Sofocar: Alguien intentará vengarse de usted por algo sucedidohace más de cinco años. No acepte bebidas o tragos de extraños. 94.

Soga: Se encontrará enredado en relaciones que le perjudican. Debe escoger mejor a sus amigos. Intentarán comprometerlo sentimentalmente basándose en engaños. 12.

Sol: Llega una época maravillosa. Los enfermos o deprimidos se recuperarán. Los solteros hallarán su alma gemela. Los que han atravesado por crisis matrimoniales se reconciliarán. Si está tiene una mala racha financiera, llegarán dos años de prosperidad. Aquellos con problemas legales los resolveran. Quien enfrente problemas migratorios gozará de los beneficios de una nueva ley. Si ha perdido dinero o posesiones conseguirá recuperarse e incluso llegará a tener más que antes. Los comerciantes verán crecer sus negocios. Los artistas alcanzarán la fama. Si observa un sol sombrío, atravesará por una etapa de transición que le ayudará a transformarse en un mejor ser humano. Soñar con la puesta del sol pronostica el final de un ciclo y el inicio de otro más próspero. Todo aquel que sueñe con el sol logrará ver realizado su máximo deseo. 10.

Soldado: Analice a fondo sus amigos y medio ambiente porque alguien está tratando de frenar su camino al éxito. 27.

Soldar: Servirá de mediador entre dos personas que están en conflicto. Le será posible reunificar a su familia. 55.

Soledad: Es augurio que gozará de dicha y felicidad después de haber atravesado por años inciertos. Encontrará en otra persona las virtudes humanas que más le agradan. 98.

Solfa: Escuchará una nueva canción que le llegará al corazón y se convertirá en su favorita. Es posible que le obsequien un disco o una cinta que contenga su música preferida. 60.

Soltería: Para los solteros es pronóstico que les será complicado encontrar todas las cualidades que buscan en una sola persona. A los casados se les presentará una tentación casi irresistible. Si busca la perfección en otros no la encontrará, porque usted tampoco puede ofrecer lo mismo. 94.

Sombra: Alguien le está jugando sucio. Si la sombra le persigue, un amigo cercano le envidia. Si es su sombra, controle su temperamento porque podría perder años de sacrificio. Muchas sombras augura que un ser querido pasará por una situación apremiante. 13.

Sombrero: Si luce viejo, un familiar revelará un secreto que le avergonzará. Un sombrero nuevo o en buen estado pronostica la llegada de dos meses de buena suerte. Lucir un sombrero artístico es augurio de riqueza. Si se quita el sombrero, es señal que un desconocido le ofenderá. Si se lo roban, augura que alguien intentará poner a la familia en su contra. 31.

Sonambulismo: Es probable que dentro de unos meses sea testigo de un tumulto o una aglomeración de tráfico que durará por varias horas. 96.

Sonido: Escuchar sonidos anuncia que muy pronto se le presentará la gran oportunidad que ha estado esperando. 53.

Sonrisa: Una buena noticia le hará saltar de alegría. Se sentirá más dichoso que nunca. Si está soltero, el amor tocará a su puerta. 18.

Soñar: Si se observa durmiendo o soñando, le falta desarrollar su edad espiritual. No debe centrar su felicidad y bienestar únicamente en lo material porque de esa manera creará un gran vacío en su interior. 79.

Sopa: Buena época para las finanzas familiares. En breve recuperará la que ha perdido. Si es sopa de pollo, vaticina la recuperación de un enfermo y si es de mariscos, la reactivación de su vida sexual. 11.

Soplar: Alguien le declarará su amor. Es posible que le hagan una propuesta de matrimonio. 14.

Soplete: Tenga mucho cuidado al maniobrar con fuego, herramientas y objetos puntiagudos. La precaución evitará un accidente. 85.

Sordera: Si sueña que se ha quedado sordo, es advertencia para que no crea en falsas promesas. Si es otra persona quien padece de sordera, es augurio que sus peticiones serán rechazadas. 49.

Sordomudo: Cuenta con la inteligencia y las aptitudes necesarias para triunfar, sin embargo, el temor al futuro está bloqueando su camino. Atrévase romper las cadenas que no le permiten progresar. 54.

Sorpresa: Recibirla presagia aumento de bienes materiales, ganancias y buenas noticias. Dar una sorpresa indica que por medio de su sacrificio hará feliz a otra persona. 35.

Sorteo: Problemas graves están por resolverse. 71.

Sotana: Tiene demasiados prejuicios que no le dejan ver la realidad de la vida. Debe incorporarse a la actualidad que estamos viviendo. 85.

Sótano: No confíe a sus amigos todas sus intimidades. Si quiere que su secreto se mantenga a salvo, guárdelo para sí mismo. 0.

Subasta: Tendrá gran acierto en todas las especulaciones económicas que ha formulado. El sueño marca el inicio de un período afortunado para comenzar en un nuevo trabajo o para la apertura de un comercio. 27.

Subir: Inmejorable augurio para su situación financiera. Comenzará a ver el fruto de todo su esfuerzo y sacrificio. Alcanzará la estabilidad económica por la que tanto ha luchado. 8.

Submarino: Es presagio que llegará a realizar el viaje que para usted ha significado una ilusión durante toda su vida. Un sueño largamente acariciado se convertirá en una latente realidad. 61.

Subrayar: Crítica en otros las cualidades que usted desearía tener. La originalidad es su única arma para luchar contra la insatisfacción que se ha apoderado de su ser. 24.

Subsuelo: Para estar seguro de lo que se habla se debe profundizar en el tema, de ese modo se evitará el ridículo. Será tachado de ser superficial porque juzga lo que no conoce. 87.

Subterráneo: Está enfrentando fuertes obstáculos que le impiden alcanzar el éxito. Es probable que se vea afectado por una complicación legal. Para mejorar la situación, cambie de amistades, de ambiente y quizá hasta de trabajo. Un mejor nivel de vida le espera en otro sitio y con otra gente. 72.

Suburbio: Su salud no tendrá fallas pero será necesario que se mantenga alejado del cigarrillo y el alcohol. 75.

Suciedad: Pronto conocerá a un extraño de tez oscura quien le hará vivir instantes de peligro. Si se observa rodeado de suciedad, ninguno de sus amigos está siendo sincero con usted. 59.

Sudario: Comparta su triunfo y felicidad para que perduren. 68.

Sudor: Notará cierta alza en su economía, no obstante evite cualquier derroche porque en un par de meses necesitará urgentemente de una buena cantidad de dinero. 82.

Suegra: Será mediador entre familiares que están distanciados. 33.

Suegro: No todo aquel que le sonríe es su amigo ni todo el que afirma serle fiel lo es. Vivirá una experiencia que le enseñará a no ser tan confiado. No todo lo que brilla es oro. 41.

Sueldo: La estrella de la abundancia comenzará a brillar en su camino. Si experimenta este sueño con frecuencia, es presagio que a lo largo de su existencia no llegará a conocer la pobreza. 8.

Suela: Realizará un viaje que sólo le causará gastos y pesares. 37.

Suelo: Será víctima de una humillación. 56.

Sueños en blanco y negro: Algo o alguien está haciendo falta en la vida del soñador. 75.

Sueños eróticos: Es pronóstico que atraviesa por un breve período de insatisfacción sexual. Su cuerpo le está pidiendo pasión. 69.

Sueños homosexuales: Sueños homosexuales en una persona heterosexual no significan que hay tendencias sexuales de este tipo. El sueño hace alusión a un desbalance entre la parte masculina y femenina. Si sueña a un conocido practicando actividades homosexuales, es presagio que un amigo le confesará sus verdaderas tendencias sexuales. Para los homosexuales este sueño indicará que aún no han encontrado a la persona con la cual desean compartir su vida. 22.

Suero: Atravesará por una corta enfermedad. 16.

Suerte: Soñar que tiene buena suerte indica que no sucederán cambios relevantes en su vida por lo menos en el lapso de un año. Si sueña que la mala suerte le persigue, no se preocupe porque es presagio que los tiempos de felicidad y abundancia comenzarán a rondar en el horizonte. 80.

Suéter: Si no comienza a trabajar duro y a luchar por un mejor porvenir, será alcanzado fatídicamente por la más absoluta calamidad. 4.

Sufrir: Un evento desfavorable le ha dejado deprimido. En unos días volverá a la normalidad. No permita que un mal momento afecte su futuro. Si ve sufriendo a otros, alguien necesitará que usted le auxilie. 94.

Suicidio: Revelan sufrimientos y penas causadas por usted mismo. No cargue con cruces y desgracias que no son suyas. 13.

Sultán: La ambición desmedida le está haciendo fabricar castillos en el aire. Recuerde que todo lo que haga regresará a usted con triple intensidad. 66.

Sumar: Podrá contar con el dinero que necesita. Ganancias imprevistas vienen en camino. 5.

Sumergirse: Es pronóstico que sufrirá una pena pasajera. 31.

Supermercado: Un supermercado surtido y concurrido augura que gozará de estabilidad financiera durante muchos años. Uno vacío o con poca mercancía predice que alguno de la familia perderá el empleo. Si trabaja en un supermercado, se aconseja no perder la oportunidad presentada, porque difícilmente tendrá otra igual. 26.

Superstición: Existe una duda que no le deja vivir tranquilo. Quizá sea necesario que busque la ayuda de un buen psíquico. 59.

Suplantar: Un colaborador está tratando de plagiar todas sus ideas e iniciativas. Deberá ser lo más discreto posible de ahora en adelante. No comente sus planes hasta que los vea convertidos en una latente realidad. 45.

Suplicar: Si le suplican, dará por terminada una larga amistad. Si usted suplica, es presagio que un ser querido le negará un favor. 83.

Suplicios: Penas causadas por un familiar cercano. Se enterará que un pariente anda en muy malos pasos y lo peor de todo es que no permite que alguien le ayude a salir del abismo. 39.

Supositorio: Es presagio que en estos días sufrirá de fiebre alta. 71.

Surco: Se sacrificará por una persona que le pagará con ingratitud. Alguien le está usando y hasta hoy no ha querido darse cuenta. 63.

Surfing: Gozará de días placenteros. Disfrutará de unas merecidas vacaciones en las que el romance será el ingrediente indispensable. 14.

Surtir: Le espera una época de gran bonanza económica. Hará una inversión que le retribuirá jugosas ganancias. 44.

Suspirar: Se conmoverá al saber que la pena que ahora le embarga, es motivo de alegría para alguien que le detesta. Desean verle derrotado pero al final será usted quien saldrá victorioso. 77.

Susto: Si siente susto durante el sueño, es presagio que le darán la buena noticia que ha estado esperando. Si usted asusta a otra persona, quiere decir que será el portavoz de una gran noticia. 29.

Susurro: Sentirá una extraña presencia a su alrededor. El espíritu de un antepasado desea librarle de un peligro. Durante un lapso de tres meses será preciso que crea en todas sus corazonadas y presentimientos. Sus guías espirituales le están hablando. 9.

Tabacalera: Está incurriendo en acciones masoquistas. No permita que la falta de voluntad le convierta en su peor enemigo. 0.

Tabaco: Si lo fuma, tendrá buenos ingresos en los meses venideros. Si otros lo fuman, se reconciliará con un viejo amigo. Si camina por una plantación, hará un viaje a una isla tropical. 66.

Taberna: Mala suerte con amigos o traición por parte de un amante. 31.

Tabique: No crea ciegamente en la proposición que le han de hacer próximamente porque se trata tan solo de una teoría utópica. 90.

Tabla: Encontrará la ayuda que precisa en el momento que más lo necesite. Sobrevivirá a una catástrofe. 18.

Tablero de ajedrez: Es augurio que tendrá que decidir entre la amistad de dos personas. 2.

Tablero de güija: La grave acción que cometió hará que le remuerda la conciencia por varios meses. Arrepiéntase antes que el karma se vuelque en contra suya. 96.

Tablero de juegos: Ha perdido su tiempo en una relación romántica que no podrá mantenerse por más tiempo. Le jugan sucio y se niega a creerlo. 51.

Tacañería: Se está haciendo falsas expectativas económicas. Aprenda a ser más terrenal para que así no sufra otra decepción. Si otros son tacaños, es señal que le pedirán dinero prestado. 82.

Tacones: Para un hombre el sueño presagia que ascenderá a una mejor posición económica y social. A una mujer le anuncia que alcanzará un sueño largamente acariciado. 5.

Tachuelas: Problemas y malos entendidos con amigos y/o compañeros de trabajo. Si están regadas por el suelo, cuídese de sufrir un accidente. 49.

Taladro: Descubrirá que alguien cercano intentaba hacerle víctima de un engaño. Pretenderán usarle pero usted se dará cuenta a tiempo. Una falsa imagen se desmoronará ante sus ojos. 22.

Talar: Talar árboles revelan que personas muy allegadas a usted le han estado perjudicando. Si observa a otros talando árboles, un conocido se presentará en su casa y le propondrá que participe de un negocio fabuloso, sin embargo, no lo haga porque se trata de una estafa planificada. 0.

Talcos: Logrará llenar el vacío que siente en su interior, si se involucra de lleno en actividades filantrópicas. Si sueña con talcos para bebé, es anuncio que una de sus parientes le notificará que está embarazada. 51.

Talismán: Según antiguos almanaques, este sueño lo experimentó el célebre mago Merlín. Cuenta la leyenda que un día en el que él se encontraba enfermo y desolado, entonces decidió preparar una pócima que le hiciera dormir y descansar. Después de tomarla se quedó dormido. En uno de sus sueños él vio su pecho adornado por un cordón cristalino del que sobresalía un talismán en forma de corazón color verde claro. La mañana siguiente recordó lo que había soñado y esto le causó una emoción que le hizo levantarse de su lecho y salir a la puerta de su casa. Tal fue su sorpresa que de momento pensó que todavía estaba soñando porque todos los síntomas de su enfermedad habían desaparecido, además había encontrado junto a la puerta un obsequio. Al abrirlo, era el mismo talismán que adornaba su pecho en el sueño, pero al tocarlo se dio cuenta que no estaba soñando porque el brillo de aquella aguamarina era tan real como el resplandor del sol. Junto al obsequio encontró un papiro donde leyó palabras de agradecimiento de una varonesa a quien él había librado de un peligro mortal. Aquí se puede observar cómo el karma juega un papel fundamental. Soñar con un talismán presagia que recibirá una recompensa por todas las buenas acciones, sentimientos y deseos que ha cosechado por muchos años. Llo que usted más desee en este momento, la vida se lo regalará. 25.

Talón: Tiene que aprender a dominar sus emociones porque gente astuta podría sacar ventaja de sus debilidades. No le cuente a nadie sus secretos porque el amigo de hoy puede llegar a ser su enemigo mañana. 67.

Tallarines: Molestias estomacales le harán variar en gran medida su dieta alimenticia. Existe una bebida que no le hace bien, no obstante, usted insiste en tomarla. 42.

Taller: Es presagio que intentarán cobrarle de más por un servicio. 39.

Tallo: No crea que el triunfo ya es suyo porque apenas se encuentra a la mitad del camino. Debe luchar muchísimo más si quiere llegar a la posición soñada. 59.

Tambor: Muy pronto la felicidad se hará presente en su hogar. Si toca un tambor, es anuncio que le viene seis meses de gran prosperidad. Si escucha tambores en el sueño, es presagio que necesitará cumplir una ofrenda religiosa para así obtener el favor que le ha pedido al cielo. Escuchar tambores rituales revela que en las próximas semanas sentirá a su alrededor la presencia de un espíritu de luz y no deberá temerle o preocuparse demasiado por ello, porque él viene a salvarle de un peligro. 60.

Tanga: Una persona atractiva a quien conocerá pronto, despertará en usted pasiones insospechadas. Ella o él sentirá lo mismo por usted. 69.

Tapadera: Le pedirán que encubra una fechoría. Si coloca la tapadera a un bote o recipiente, desechará de su vida un sentimiento de sufrimiento. Si observa a otros colocando tapaderas, un falso amigo desea obstaculizar su camino. 45.

Taparrabo: Cuenta con la noble virtud de la inocencia, sin embargo no debe permitir que cualquier persona le tome el pelo. Sea más selectivo a la hora de escoger sus amistades. 3.

Tapete: Le darán un obsequio que mejorará en gran medida la decoración de su casa. 7.

Tapicería: Está arriesgando demasiado en un proyecto que no ofrece ninguna garantía. Desista de ese plan antes de que pierda lo que tanto esfuerzo le costó conseguir. 40.

Tapizar: Gastos inesperados y deudas acumuladas le harán vivir semanas de mucha tensión. Necesitará solicitar un crédito lo antes posible. 28.

Tapón: La discreción es una de las mejores armas con las que cuenta a la hora de ganarse el respeto y la consideración ajena. Muchos acudirán a usted en busca de orientación. 84.

Taquigrafía: Anuncia desazones en casa por falta de entendimiento entre sus miembros. Padres e hijos no lograrán entenderse hasta que una de las partes ceda un poco. 68.

Taquilla: Le gusta ayudar y siempre acude en auxilio de gente necesitada, pero no permita que todo el mundo le utilice como paño de lágrimas porque a la larga, su estabilidad emocional se verá afectada. 11.

Tarántula: Alguien cercano se ha propuesto hacerle la vida pesada. Si mata una tarántula, es augurio que le pondrá punto final a un problema que le ha estado quitando el sueño. Sabrá imponerse ante la adversidad. 79.

Tarde: Si sueña que disfruta de una tarde soleada y placentera, es señal que después de días difíciles logrará reencontrarse consigo mismo y gozará de paz interior. Una tarde opaca, fría o lluviosa, es anuncio de malas noticias respecto a las finanzas. 63.

Tarea: Si se observa contento, es pronóstico que todas sus proyecciones económicas marcharán por el camino deseado. Si siente pereza o mal humor mientras lleva a cabo una tarea, predice que alguien abusará de su confianza faltándole al respeto a uno de sus familiares. 19.

Tarifa: Se aproxima una época de bonanza financiera. 80.

Tarima: Encontrarse sobre una tarima vaticina un ascenso de posición, aumento de sueldo o un cambio provechoso en el trabajo. Si otros están sobre una tarima es señal que dos amigos le ayudarán a subir de posición. Si la tarima luce sucia o resbalosa, tenga cuidado, porque alguien pretende ensuciar su nombre y el de toda su familia. 91.

Tarjeta: Si observa una tarjeta de cumpleaños, es posible que reciba en breve, un regalo inesperado. Una tarjeta de felicitaciones presagia la llegada de buenas noticias por medio de una carta o correo electrónico. Las tarjetas de San Valentín le anuncian que comenzará a vivir un período muy feliz en su vida afectiva, también presagian el inicio de un idilio amoroso. Las tarjetas con motivos familiares indican que habrá unión y reconciliación entre parientes que se han mantenido distantes. Las tarjetas navideñas revelan que un ciclo está terminando porque otro más próspero está por llegar. Si recibe una tarjeta, es vaticinio que le será cumplida una promesa. Si envía una o más tarjetas, el sueño le avisa que llegará a su casa un huésped que usted no espera. 23.

Tarjeta de crédito: Los lujos y extravagancias pueden hacer que de pronto olvide los valores más importantes del yo interno. Vea a su alrededor y se dará cuenta que puede llamarse afortunado. 21.

Tarjeta de identificación: Organice y ponga al día todos los documentos que precisa tener en regla. Valore lo que posee. 34.

Tarot: Según las leyendas populares, varios personajes de la historia compartieron esta experiencia onírica. Entre ellos Napoleón Bonaparte quien hizo caso omiso al augurio del carro junto al cuatro de espadas y pocos días después sufrió aquella célebre derrota en Waterloo en el año 1815. Semanas antes que fuera apresada y ejecutada, la emperatriz María Antonieta soñó con tres cartas del tarot: el colgado, la torre y la muerte. También soñar con el tarot ha presagiado grandes triunfos como el del español Narciso Monturiol que soñó con la carta del universo junto al as de oros, lo que se asocia al prestigio e inmortalidad y vaya que lo logró al haber inventado meses después, el primer submarino llamado Ictíneo en 1859. En la época actual los estudiosos de los sueños concluyen que soñar con las cartas del tarot presagia que ocurrirá un cambio trascendental en la vida del soñador. Si las cartas que observa son positivas como el as de copas, la rueda de la fortuna, el nueve de copas, seis de oros, etc. Es presagio que una oportunidad de oro está por cruzarse en su camino. Si observa cartas poco agradables como las espadas, la torre o la luna; auguran que atravesará por una mala racha que no durará por mucho tiempo, afortunadamente. Los arcanos mayores se refieren a personas que interactúan en su entorno habitual. La carta que representa la muerte le presagia un cambio radical en su mundo actual. La ruleta de la vida marchará por un camino aún desconocido. Los arcanos menores se relacionan a sucesos imprevistos que deberá enfrentar en breve. Los bastos están asociados a situaciones referentes a documentos y asuntos legales. Las copas a sentimientos, amistades, fiestas, pasiones y relaciones amorosas. Las espadas a los problemas cotidianos, conflictos y falta de liquidez económica. Por su parte, el ocho de oros le anuncia que contará con un buen trabajo y que gozará de una economía estable. La carta del diablo se asocia a tentaciones y relaciones perjudiciales. Mientras que el sol y el as de oros le auguran triunfo, buena salud, ganancias y éxito total. Lo cierto es que después de haber experimentado este sueño, su vida dará un giro que le significará provecho. Si ha soñado con cartas que le produjeron temor o ansiedad, lo más recomendable será que encienda una vela roja a la luz de la luna llena y que ore con fe al Creador. Repita el ritual los tres días de luna llena durante una hora cada día, de esa manera cualquier augurio negativo será desintegrado místicamente. Buena suerte. 77.

Tarro: Le está dando demasiada importancia a la opinión pública y al que dirán. Viva su vida a plenitud y no se mortifique por pequeñeces. 59.

Tartamudo: Muy pronto se solucionará el problema que tanto le aflige. Si es usted el tartamudo, indica que no se está esforzando lo suficiente en la lucha por la vida y corre el riesgo de quedarse rezagado. 12.

Tatarabuelo: Presagia que en un futuro cercano alguien le heredará. 1.

Tataranieto: Llegará a consolidar una familia respetable y tendrá numerosa descendencia. 10.

Tatuaje: Si observa un tatuaje en su cuerpo, es señal que no ha podido olvidar a una persona que lastimó sus sentimientos. Si otros llevan tatuajes, es indicio que se verá forzado a alejarse temporalmente de un ser querido. Si ve su cuerpo cubierto de tatuajes, es presagio que alguien tratará de obligarlo a cometer un acto que va en contra de su naturaleza. Los tatuajes en la cara predicen que sufre por un incidente que ocurrió en su niñez. Si observa un tatuaje en sus partes íntimas, es augurio que atravesará por una decadencia física y emocional. Si entra a un sitio donde hacen tatuajes, vaticina que ha hecho amistad con una persona de obscuros instintos. 96.

Taxi: Tendrá problemas con su auto y tendrá que adquirir otro. No le alcanzará el tiempo para cumplir todos los compromisos señalados en este mes. 54.

Taxista: Sentirá el deseo de contarle sus penas y problemas a una persona desconocida. Hágalo y así se quitará un gran peso de encima. 58.

Taza: Tiene dos opciones para salir adelante, sin embargo sólo una de ellas vale la pena. Y aunque la otra garantice fortuna inmediata, sabe bien que después se verá obligado a pagar un alto precio por ello. Si sueña con una taza con café o té, es presagio que le leerán la suerte y le harán un pronóstico que se cumplirá en su totalidad. Una taza de oro, plata o bronce augura que la abundancia se hará presente en su hogar. 50.

Té: Si toma el té, es augurio que llegarán visitas agradables a su casa en los próximos días. Si lo bebe junto a otras personas, tendrá que asistir a varios compromisos sociales en las próximas seis semanas. Si lo derrama, no deje escapar de sus manos la gran oportunidad que se le ha de presentar. Ver frascos o depósitos llenos de té, le anuncia que iniciará un período afortunado para la economía familiar. 71.

Teatro: Observarse en un teatro rodeado de mucha gente le anuncia que nuevos amigos están por llegar a su vida. Si actúa en el teatro, es indicio que trata de ocultar un lado de su vida que nadie conoce. Estar solo en el teatro augura que sufrirá una crisis emocional causada por la mala situación económica. Si está afuera de un teatro, significa que se inclinará por un arte que promete darle grandes satisfacciones profesionales y económicas. 80.

Técnico: Se encuentra en un buen momento para hacer inversiones que le produzcan ganancias a corto plazo. 66.

Tecnología: Llegó el fin de una situación que le causaba pesar, un problema se soluciona, alguien se cura de una grave enfermedad. Comenzará a obtener las herramientas que le harán vivir una vida más sana y feliz. 50.

Techo: Si está parado en el techo, en pocos años alcanzará la cumbre. Si un techo se cae, le caerá una responsabilidad que le corresponde a otro miembro de su familia. Si ve un techo, quiere ser el centro de acción y cuando no lo es, se siente ofendido y mortificado. Si cae de un techo, sufrirá una pequeña pero a la vez dolorosa pérdida. Si el luce hundido o presenta orificios, verá forzada a solicitar un préstamo porque sufrirá un severo desajuste financiero. Si se ve colocando un techo, gozará de un futuro promisorio. Si lo ve ardiendo en llamas, viene un período en el que vivirá ardientes pasiones. 27.

Tejas: Le darán un obsequio que no le agradará. 0.

Tejer: El ahorro que ha venido haciendo será su patrimonio en el futuro. Trabaje duro y guarde para la vejez. 85.

Tela: No le cuente a nadie su triunfo hasta que esté totalmente seguro de ello. No cante victoria antes de tiempo. 51.

Telaraña: Si ve una telaraña, es indicio que muy pronto llegará dinero inesperado a sus manos. Si observa un lugar cubierto por telarañas, es presagio que un pariente le heredará una propiedad que necesitará una remodelación. Si se observa atrapado en una telaraña, es augurio que la persona que dice amarle es en verdad una víbora que sólo desea sacarle ventaja y verle derrotado. Abra bien los ojos y no entregue su corazón tan rápido. 4.

Teleférico: Hará un paseo por el campo. Despejará su mente y podrá resolver sus problemas con calma y serenidad. Tome unas cortas vacaciones. 19.

Teléfono: Si contesta, será positiva la respuesta que espera. Si lo instala en su casa, todo comenzará a marchar por buen camino aunque por el momento no lo parezca. Si llama, es señal que tomó una decisión precipitada y ahora desea rectificar. Si llama y nadie contesta, sus planes se retrasarán un par de meses. Si alguien le llama y se queda callado, alguno de la casa le está mintiendo. Si suena ocupado, enfrentará serios obstáculos antes de ver sus planes realizados. Si le llama un desconocido, cuídese de un amigo hipócrita. 51.

Teléfono celular: Ha llegado el momento de tomar la iniciativa e iniciar actividades que le hagan sobresalir y sobre todo que le produzcan mayores ingresos. Es presagio que un nuevo camino le está aguardando. Podrá contar con la suma de dinero que necesita. Es probable que encuentre un empleo más rentable del que tiene actualmente. 15.

Telégrafo: Irá a un lugar donde no le ofrecerán las comodidades que espera. 28.

Telegrama: Es augurio que un familiar cercano necesita comunicarse urgentemente con usted, pero no ha podido hacerlo. Averigüe quien es y prepárese a brindarle todo su apoyo y en especial, toda su comprensión. 90.

Telenovela: Ver una telenovela señala que no está utilizando su tiempo de una manera productiva. Si se observa como actor en una telenovela, significa que vive de recuerdos y fantasías. No le rehuya a la realidad, acepte la vida como es, venza sus miedos y quiérase más. Es bueno soñar con un futuro promisorio, pero lo mejor es moverse para conseguir que así sea. 43.

Telepatía: Tendrá visiones y sueños que le revelarán el futuro inmediato de seres queridos y personas que se encuentran en su entorno habitual, pero coméntelos con cautela porque de lo contrario será criticado con severidad. Un amigo que ya falleció le hablará en un sueño. 81.

Telescopio: Saldrán a la luz secretos y verdades que habían estado ocultos por mucho tiempo. Si ve planetas o estrellas en el telescopio pronostica que le vienen tres años de buena suerte. 88.

Telesquí: Conocerá un hermoso lugar al que deseará irse a vivir. 64.

Televisión: Los presagios de este sueño dependen en gran medida de las escenas que observe en la pantalla del televisor. También es de suma importancia las sensaciones que experimente. Por ejemplo si ve escenas que le agradan es indicio que superará todos los problemas que esté enfrentando.

Escenas grotescas le indican que toma demasiado a pecho las observaciones y sugerencias que le hacen sus amigos. Las escenas cargadas de violencia auguran que vivirá un mes lleno de altibajos emocionales. Si ve escenas románticas, es augurio que comenzará a sentirse satisfecho con el nuevo rumbo que ha tomado su vida. Las escenas sangrientas presagian conflictos en la casa del soñador. Una escena cómica anuncia que en breve recibirá una noticia que le hará sentir muy dichoso. Por otro lado, los estudiosos en el tema han llegado a la conclusión que este sueño lo experimentan con frecuencia aquellos que se dejan influenciar con facilidad por otras personas. Tome decisiones que le favorezcan y principalmente que le hagan sentir feliz. No permita que otros decidan por usted o manejen su vida. 36.

Telón: Un capítulo ha finalizado en su vida. Debe moverse e ir en busca de nuevas oportunidades y quizá hasta en busca de un nuevo amor. 91.

Temblar: Está ingiriendo algo que le hace daño o le causa reacciones alérgicas. Puede tratarse de comida, bebida o un medicamento. Si otros tiemblan es presagio que un ser querido le decepcionará profundamente. 74.

Temblor: Graves acontecimientos por venir le abrirán los ojos y le harán ver con claridad su realidad. Si el temblor ocurre lejos, en esta semana recibirá una llamada telefónica con noticias desalentadoras. Si tiembla y no puede moverse, vienen varios meses pésimos para su economía. 13.

Temor: Experimentar temor en el sueño es un buen presagio, ya que logrará esquivar con cierta facilidad todos los hoyos y piedras que encuentre en su camino. Si tiene temor al fracaso, es señal que la falta de confianza y seguridad en sí mismo, son adversarios que han truncado su desarrollo social y económico. Por lo tanto se recomienda que busque orientación y ayuda por medio de una terapia psicológica. Si otros le temen, es pronóstico que tres personas se confabularán en contra suya. Si le teme a un espíritu o fantasma, es indicio que un remordimiento no le deja vivir en paz. 47.

Témpano de hielo: Augura fracaso en una relación sentimental, ruptura de una amistad y posiblemente pérdidas en una mala inversión. Sin embargo la intervención de un buen samaritano podría salvar la situación. 83.

Tempestad: Cuídese de los hipócritas, porque la persona que luce más condescendiente, quien más le adula, es sin lugar a dudas, quien está tratando de perjudicarle. No confíe en gente melosa. 39.

Templo: Quien se sueñe dentro de un templo puede sentirse dichoso porque una etapa de gran prosperidad está por iniciarse en su vida. Unión familiar, paz, progreso, avance y felicidad, son los augurios prometedores de este sueño. Aquellos que estén enfrentando procesos legales, podrán sentirse tranquilos, ya que todo se solucionará favorablemente. Si se encuentra afuera del templo, es presagio que asistirá a un oficio religioso. 21.

Temporal: Inmejorable augurio para las finanzas familiares. Están por comenzar cinco años fabulosos, en los cuales tendrá la oportunidad de subir como la espuma y alcanzar la posición económica y profesional con la que ha soñado. 8.

Tenazas: Es pronóstico que se ha vinculado con personas que no le aportarán nada positivo. Será indispensable para su desarrollo laboral, buscar un ambiente más acorde a su estilo de vida. No se deje rodear por aves de mal agüero. 31.

Tender: Está por descubrirse quien es quien en su vida. Es presagio que varias caretas se caerán. 74.

Tendón: Le anuncia que en breve tendrá que visitar a un médico especialista o a un dentista. Momento para mejorar el estado de su salud. 18.

Tenebroso: Soñar con un episodio tenebroso presagia que sufrirá una tremenda decepción con uno de sus amigos. 29.

Tenedor: Augura una corta separación con la pareja o un desagradable mal entendido con alguno de la familia. 51.

Tenor: Se augura la existencia de nuevas oportunidades en el sector laboral. Es muy probable que reciba un entrenamiento o capacitación. Llegó la hora de aprender algo nuevo. 53.

Tentaciones: Piense bien lo que ha de hacer en los próximos días porque ha tomado una decisión que le terminará perjudicando. Si experimenta este sueño en repetidas ocasiones es señal que evade los problemas haciendo uso de tendencias escapistas. Busque ayuda. 81.

Tentáculos: Existe una persona que se ha encaprichado con usted y quiere enredarlo en una relación romántica viciada. No debe sentirse forzado a estar con alguien sólo por compromiso o agradecimiento. 22.

Teoría: Tiene una corazonada que al parecer de todos, es totalmente descabellada, sin embargo, en cuestión de días se dará cuenta que estaba en lo correcto. 39.

Terciopelo: Analice sus asuntos con extremo cuidado, porque está por acordar un convenio que no le beneficiará. Vestir prendas de terciopelo predice el desvanecimiento de una ilusión. 92.

Terminal: Tendrá que realizar un viaje repentino. Le tomará por sorpresa la llegada de un invitado inesperado. 24.

Termo: Se mortifica demasiado ante situaciones fáciles de solucionar. Necesita sentirse en paz consigo mismo. Busque esparcimiento. 30.

Termómetro: Es el mejor augurio de longevidad. Si ve roto o rompe un termómetro, es presagio que alguno de la casa enfermará. 99.

Termostato: A los casados les augura que se verán tentados a cometer adulterio. Para los solteros es augurio que no les será fácil encontrar la pareja que buscan. 33.

Ternero: Un golpe de suerte le ayudará a mejorar en gran medida su situación económica actual. Se vislumbra en el horizonte la llegada de meses muy prósperos para las finanzas. En el cambio oportuno podría encontrarse la clave de su éxito. 65.

Terraza: Debe aceptar con madurez y cordura cuando otras personas le dicen no. Ha perdido una batalla pero al final resultará siendo el vencedor absoluto. Paciencia. 71.

Terremoto: El significado de este sueño constituye una advertencia general para la vida del soñador, ya que se avecina una época marcada por una serie de eventos negativos, como por ejemplo: un fuerte desequilibrio económico, pérdida del empleo o dificultad para encontrar uno, altibajos en el estado de salud, pleitos entre familiares, etc. También deberá cuidarse de tener accidentes automovilísticos, hacer malas inversiones o enredarse sentimentalmente con gente poco conveniente. Si durante el terremoto observa que se caen techos, paredes o puertas, es presagio que corre el peligro de tener una gran pérdida material, e inclusive quizá esté por hacer un negocio que podría llevarle a la quiebra. Si presencia el derrumbe de viviendas o edificios es indicio que alguno de la casa podría enfermar de gravedad. Si tiene este sueño con frecuencia, es augurio que en verdad ocurrirá un sismo, sin embargo, la ubicación del mismo se encontrará muy lejos de su lugar de residencia. Para minimizar los presagios negativos de este sueño, se aconseja que en día martes se dé un enjuague con dos litros de leche tibia y también que vista de blanco todo el día, al mismo tiempo, será necesario que ore con mucha devoción a su ángel guardián y al Creador. Si lo hace con verdadera fe, no tendrá nada que temer. 40.

Terreno: Ha iniciado un nuevo camino que le está siendo difícil, no obstante, podrá vencer todas las pruebas si actúa con perseverancia. Tenga en cuenta que la paciencia es la herramienta indicada que le ayudará a vencer la adversidad. 94.

Terror: Si experimenta terror durante el sueño, es señal que sus propios actos lo están perjudicando. Cuidado con tomar decisiones que le causen un retroceso en la vida. Piense con inteligencia y no se deje vencer por sus emociones o arranques temperamentales. 20.

Terrorismo: Sin lugar a dudas, este sueño se ha convertido en la pesadilla colectiva de muchos seres humanos alrededor del mundo. Y no es de extrañarse después de lo sucedido la trágica mañana el 11 de septiembre del 2001. Los analistas de los sueños en sus últimos reportes llegaron a la conclusión que el significado onírico de esta pesadilla, no refleja en sí, que algo similar vaya a ocurrir, más bien su connotación señala que existe en el soñador un temor de perder su estatus laboral, económico y social. Por lo tanto es posible que en los próximos meses experimente un déficit financiero, sin embargo, la mala racha durará muy poco. Manténgase a la expectativa, no incurra en gastos innecesarios, economice lo más que pueda y ore por la paz del mundo. 40.

Terroristas: Soñar con terroristas revela que existen a su alrededor personas que se han presentado ante usted fingiendo lo que no son. Abra bien los ojos porque alguien quiere aprovecharse de su buena voluntad. Si sueña que es un terrorista, es indicio que su manera de proceder le está causando penas y perjuicios a la gente que se encuentra en su entorno habitual. 4.

Tesis: Ha llegado el momento ideal para que finalice todos los proyectos que han quedado rezagados o a medias. Viene en camino una gran oportunidad para subir a un mejor nivel económico. 21.

Tesorero: Hay cosas que aunque sean ciertas, no deben ser mencionadas. Haga uso de tacto y diplomacia cuando vaya a comentar asuntos que involucren la vida íntima de sus amigos más cercanos. 18.

Tesoro: Encontrar un tesoro augura que encontrará el camino correcto que le hará triunfar en la vida. Si busca un tesoro, es presagio que hallará el amigo o el socio perfecto. Si pierde un tesoro, indica que está despilfarrando el dinero que después no podrá recuperar. Si le roban un tesoro, es indicio que una persona de pocos escrúpulos, intentará poner a su familia en contra suya. Si roba un tesoro, es señal que la ambición le está convirtiendo en un ser frío y pobre de espíritu. 88.

Test: Saldrá airoso de una prueba kármica. 79.

Testamento: Si lo redacta, es indicio que todas sus proyecciones económicas saldrán como lo ha imaginado. Si se extravía un testamento, es señal que se verá forzado a hacer un fuerte desembolso. Si su nombre es pronunciado en un testamento, significa que atravesará un año de limitaciones financieras. Si ve a una persona haciendo un testamento, vaticina que muy pronto recibirá la mejor noticia que habrá escuchado en años. Si observa o lee el testamento de otra persona, predice que en breve asistirá a un funeral. 90.

Testificar: Es probable que sea testigo de un delito menor. 38.

Testigo: Si es usted, es presagio que le culparán de un hecho que no ha cometido. Si se trata de otra persona, indica que un familiar le meterá en problemas. Si observa varios testigos, es augurio que romperá su amistad con dos amigos. Para complementar el augurio, es necesario que busque el significado de la acción de la cual fue testigo. 65.

Tétano: Se alejará para siempre de su camino una persona que le hacía la vida difícil. Si lo padece otra persona, es vaticinio que ayudará a un ser querido que está pasando por una situación caótica. 17.

Texto: Pondrá en práctica una idea que le hará ganar dinero extra. 26.

Tía: Es probable que en los próximos días discuta con algún familiar. 58.

Tiara: Tiene un complejo de superioridad que le hace pensar que es el merecedor de toda la consideración y admiración de los demás. Cuando se de cuenta de la realidad, se llevará un gran chasco. 94.

Tiburón: Descubrirá la otra cara de uno de sus mejores amigos. Alguien cercano a usted le detesta aunque no lo demuestre abiertamente. Si el tiburón le ataca, es señal que un pariente está planeando robarle una de sus pertenencias. Si ve una mancha de tiburones, es señal que habrá una fuerte recesión económica en su país. 74.

Tiempo: Ocurrirá un cambio radical. Donde antes había oscuridad muy pronto habrá luz. Donde hubo tristeza y melancolía, ahora habrá dicha y felicidad. Donde hubo escasez habrá abundancia. Quien estuvo enfermo, sanará. Quien se encontraba confuso, encontrará su camino en la vida. Si la familia estaba dividida, en cuestión de semanas estará más unida que nunca. El significado onírico de este sueño le anuncia que su vida dará un giro hacia el bienestar y la prosperidad. Cinco años de buena suerte están por llegar. 0.

Tienda: Conseguirá tener éxito donde otros han conocido el fracaso. Está destinado a ser el pionero en una importante misión. Logrará destacar. 25.

Tienda de campaña: Se verá forzado a hacer un viaje que no le agradará, pero después al volver, querrá regrezar al mismo lugar una y otra vez. 10.

Tierra: Observar la tierra fértil y cubierta de vegetación augura buena suerte y estabilidad, especialmente en el sector financiero. Si la tierra luce rojiza, significa que obtendrá la riqueza y comodidad con la que ha soñado. La tierra negra presagia varios años de arduo trabajo y sacrificio. Si ve tierra árida, augura que contraerá una enfermedad que le mantendrá débil por varios meses. 50.

Tigre: Se enemistará para siempre con una persona que estuvo obstaculizando su camino. Si el tigre le ataca, cuídese de amigos traicioneros. Si mata un tigre, es indicio que saldrá airoso de una época marcada por la incertidumbre. Si observa varios tigres, es señal que ninguno de sus amigos es sincero. Ver a un tigrillo anuncia penas para una familia, causadas por un miembro en edad adolescente. 33.

Tigresa: Una persona mucho mayor que usted intentará seducirle en repetidas ocasiones. Alguien se ha obsesionado con su persona. 12.

Tijeras: Momento para cortar de raíz con todo aquello que le causa retraso o conflicto. Algo o alguien debe irse de su vida para que ésta tome un rumbo más apropiado. 77.

Timbalero: Sentirá que tiene vocación para la música y el arte. 62.

Timbre: Está por recibir la correspondencia que ha estado esperando. 54.

Timidez: Vivirá una dura lección que le ayudará a no ser tan confiado. No ponga sus manos al fuego por gente que no lo merece. 46.

Timón: Aunque la suerte no haya estado de su lado en los últimos tiempos, puede sentirse tranquilo porque todo comenzará a cambiará en cuestión de semanas. La rueda de la fortuna dará un giro a su favor. 55.

Tina: Indica que gozará de estabilidad económica si está llena de agua. Si la observa vacía, es presagio que contraerá deudas y compromisos que no podrá cumplir. 93.

Tinieblas: Es presagio que atravesará por un período de mucha infelicidad. Vivirá una difícil etapa de transición en la cual todo cambiará, varias personas se irán de su vida y quizá experimente la decadencia física. Serán de seis a ocho meses tempestuosos. Después de haber atravesado la crisis, las aguas volverán a su cauce y logrará ser aún más feliz y dichoso que antes. 9.

Tinte: Se sentirá insatisfecho con una parte de su cuerpo. No se obsesione y busque la solución. Hoy en día todo es posible. 22.

Tinta: Si son manchas de tinta, sufrirá una pena sentimental. Si derrama la tinta en su piel o en su ropa, podría incurrir en actos deshonestos de los cuales pudiera arrepentirse. Si la tinta es roja, sufrirá una pena en la familia. La tinta negra predice que un mal período financiero está por terminar. Tinta azul, despertará en su ser, una extraordinaria habilidad para la pintura o la escritura. Si observa depósitos de tinta, una época de buenaventura está por cruzarse en su camino. 80.

Tiña: Ha hecho amistad con alguien que creará intrigas entre usted y las personas que ama. 47.

Tíos: Es pronóstico que un familiar lejano le tenderá la mano cuando atraviese por momentos críticos dentro de dos años. 11.

Tiquete: Llegó el momento para defender sus derechos y ejercer su deber. Tiene una encrucijada ante usted y deberá tomar una decisión salomónica. 71.

Tirabuzón: Es presagio que está luchando por una causa perdida. No luche contra la corriente, mucho menos usted solo. 57.

Tirano: Alguien está utilizando todo su poder para obstaculizar sus planes, pero logrará darse cuenta a tiempo. Si usted es un tirano, su manera de proceder le convierte a veces en su peor enemigo. Le falta tacto cuando comunica lo que siente. 59.

Tirantes: No se conforma con lo que tiene y desea con ansiedad lo que otros poseen. Luche por conseguir lo suyo y deje en paz a los demás. 13.

Tiroides: Se está obsesionando con una enfermedad que no padece. Necesita darle un toque de optimismo a su existencia. 18.

Tiroteo: Si está en el medio de un tiroteo, atravesará una serie de conflictos emocionales, causados por la falta de logros personales. Debe buscar una motivación que le haga alcanzar nuevas metas. Si escucha un tiroteo, el problema de un familiar le afectará indirectamente. Si resulta herido, tendrá problemas de salud. Si auxilia heridos durante un tiroteo, es indicio que una situación que le mortifica, pronto dejará de existir. 90.

Tisis: La acumulación de varios problemas le causará una crisis nerviosa. 58.

Títere: Notará que uno de sus amigos o colaboradores se alejará de usted cuando le vea progresar. Alguien le cela de una manera enfermiza. No ceda ante la manipulación. 66.

Título: Ha pasado por varios años que han sido difíciles, no obstante, en un par de meses comenzará una nueva era en su vida, podrá reponerse del dolor que sufrió y llegará a ser muy dichoso. 33.

Tizón: Vivirá momentos de gran tribulación, pero nada malo ocurrirá y al final todo volverá a la calma. 21.

Toalla: No inicie proyectos que no estén del todo claros. Espere un momento más propicio para llevar a la práctica las ideas, planes o negocios que tiene en mente. La posición de los astros no le es favorable. 82.

Tobillo: Alguien que le quiere bien le hará un gran favor sin notarlo. 9.

Tobogán: Todo aquel que desea triunfar siempre debe correr algún tipo de riesgo. El que no arriesga no gana. Atrévase y verá que saldrá ganando. 77.

Tocadiscos: Hace ya algunos años, perdió una gran oportunidad. Debido a los conflictos sentimentales que sufría, la dejó escapar. Esa misma oportunidad, volverá, pero si la deja ir, no regresará nunca más. 10.

Tocador: Verá realizado un deseo que tiene que ver con un miembro de su familia. Un hijo o un hermano le darán una alegría enorme. 97.

Tocar: Si toca animales o plantas, vienen meses muy afortunados en sus finanzas. Si toca a otras personas, un amigo le dará la espalda cuando le vea en problemas. Si toca a un desconocido, alguien quiere entorpecer sus labores en el trabajo. Si toca basura o suciedades, un malestar menor se convertirá en un padecimiento que requerirá atención médica. Si alguien conocido le toca, esa persona le hará una seria confidencia. 48.

Tocino: Es urgente que cambie sus hábitos alimenticios, de lo contrario se verá a merced de sufrir una enfermedad de la cual le será difícil sanar. 82.

Toga: Le conviene cambiar de imagen y mejorar su apariencia. Si lo hace, verá como se abrirán a su paso puertas que antes parecían estar selladas. 55.

Tomates: En un lapso de cinco años alcanzará el patrimonio que le hará sentirse seguro y ubicado en la vida. Si están podridos es augurio que recibirá una mala noticia respecto a las finanzas. 27.

Tómbola: Se verá obligado a adquirir un compromiso que no será de su agrado. 47.

Tonel: Si está lleno, es presagio que le viene una buena oportunidad laboral. Si está vacío, es indicio que tendrá apuros económicos. 14.

Tónico: Marca el fin de una mala época. Ocurrirá una serie de acontecimientos que cambiarán para bien el rumbo de su vida. Quien esté enfermo y sueñe que toma un tónico, puede tener la certeza que muy pronto se recuperará. 12.

Tonterías: Se está aficionando a eventos y actividades que no le aportarán nada bueno. Gasta tiempo y energía en cosas que no debe. Recapacite y piense en el futuro. 0.

Topacio: Realización personal o romántica. Se vislumbra en su horizonte una gran sorpresa. Algo que desea que suceda, ocurrirá con plena seguridad en las próximas seis semanas. 16.

Topo: Alguien le está usando, todo mundo ya se lo ha advertido, pero su orgullo y prepotencia no le dejan ver la realidad. Reaccione antes que sufra un daño mayor. 64.

Tórax: Es verdad que ha logrado un avance significativo en casi todos los aspectos de la vida, sin embargo, en cuestiones espirituales no ha dado ni un paso adelante desde hace varios años. El vacío que siente en su interior podrá ser cubierto cuando se acerque más a una creencia religiosa. 24.

Torbellino: Atravesará por un período de gran insatisfacción romántica y sexual. Debe analizar detenidamente si la persona que está a su lado le hace feliz. No debe estar con alguien sólo por agradecimiento o conveniencia. 81.

Torcedura: Cuídese de tener un accidente doméstico que le pueda mantener inactivo por varios días. Hace las cosas muy aprisa. 87.

Torear: Está arriesgándose demasiado en una aventura de la cual puede salir muy perjudicado. Ha puesto sus ojos en una persona que ya está comprometida. Siente una obsesión desmedida por la pareja de otra persona. 60.

Torero: Desea imponer su voluntad a toda costa y por ello está teniendo tantos problemas, especialmente con las personas que más le aprecian. Deje de ser tan indulgente. 45.

Tormenta: Desde la antigüedad, las tormentas siempre han sido tomadas como signos de muy mal augurio. Actualmente se les ha dado un significado menos siniestro, sin embargo, se llegó a la conclusión que el mensaje onírico le advierte al soñador que atravesará por una serie de problemas que le dejarán exhausto y desanimado. Es probable que enfrente limitaciones económicas y grandes disgustos con la familia, también el trabajo, le dará más de un dolor de cabeza, e incluso es posible que sufra una decadencia física. Será como una nube gris que le acompañará por unas tres o cuatro semanas. Si en el sueño la tormenta termina antes que usted despierte, entonces los problemas durarán unos pocos días. 99.

Torneo: Si participa en uno, es señal que va cabalgando por el camino correcto. Observar un torneo presagia que hará un viaje insospechado en los próximos cuatro meses. Si es juez en un torneo, es augurio que deberá decidir entre el amor que le ofrecen dos personas. 11.

Tornillos: Es presagio que algo en la casa dejará de funcionar. 61.

Torniquete: Sabrá de un ser querido que está pasando por momentos de angustia. Un amigo le necesita más que nunca. 29.

Torno: Está realizando labores que no le aportarán ninguna satisfacción. 94.

Toro: Si lo observa robusto y apacible, es augurio que cederá ante una pasión indebida. Si el toro le persigue, es indicio que pasará unos días muy deprimido. Si ve un toro flaco, es señal que enfrentará problemas económicos. Si ve muchos toros, es presagio que le viene una oportunidad de oro. 77.

Toronja: Comenzará a preocuparse por mantener un peso adecuado. Hará del ejercicio físico una de sus principales prioridades. 20.

Torpedo: Estallará un conflicto político entre dos países distantes. 85.

Torpeza: Debe dominar su carácter antes que éste termine afectando su talento y porvenir. 64.

Torre: Subir a una torre presagia que alcanzará la fortaleza financiera que ha soñado. Si la ve, hará grandes sacrificios para lograr la meta deseada. Si una torre se derrumba, una persona que le odia, utilizará todo tipo de recursos para verle pobre y fracasado, no obstante, la maldad retornará a ella como un bumerang implacable, y será usted quien resulte siendo el vencedor. Si ve una torre en ruinas, es presagio que padecerá una decadencia sexual. Una torre en construcción anuncia que no logrará el avance económico que espera. Tendrá que trabajar más de lo que tenía previsto. 88.

Torso: El significado onírico del sueño, le está indicando que su cuerpo necesita sexo y pasión. Se entregará al erotismo. 21.

Tortícolis: Padecerá de algún desorden relacionado con el sueño. Si el problema persiste más de una semana, será preciso que vea a un especialista. 40.

Tortillas: Si quiere progresar, deberá buscar una ocupación más rentable. Le gusta el trabajo que desempeña, pero en el fondo sabe que éste no cumple con sus aspiraciones. Ayúdese a subir de nivel. 81.

Tortuga: Una ilusión que ha tenido durante años, por fin se hará realidad. Es presagio que llegará a sus manos una cantidad de dinero con la que no contaba. Viene una recompensa del cielo. 8.

Tortura: Si lo torturan, es presagio que sus planes fracasarán. Si torturan a otros, es señal que está rodeado de gente malévola. Si usted tortura a otra persona, predice que guarda demasiados resentimientos contra alguno de la familia. Si alguien conocido le tortura, es indicio que esa persona le detesta. 86.

Toser: Debe ponerle punto final a una relación perjudicial. Desperdicia sus sentimientos en una persona que no quiere a nadie más que a sí misma. Si otros tosen es augurio que usted cometerá una torpeza de la cual se arrepentirá. 19.

Tostar: Es augurio de infidelidad entre casados o amantes. Descubrirá que se está acabando el amor en su actual relación. A los solteros les será complicado encontrar a alguien que de verdad valga la pena. 50.

Trabajador (a) social: Es urgente que halla entendimiento y perdón para que la familia pueda mantenerse unida. 86.

Trabajadores: Tendrá un éxito rotundo en todos los proyectos laborales, comerciales o artísticos que piensa realizar. Se le abrirán las puertas de una oportunidad que había buscado anteriormente. 71.

Trabajar: Los sueños en los que uno se observa trabajando son considerados como un augurio de prosperidad y avance económico y social, inclusive, si se observa realizando trabajos forzosos o pesados. Si observa a otras personas trabajando, es señal que crecerá el patrimonio familiar. 70.

Tractor: Es el mejor presagio para su economía. La rueda de la buena fortuna comenzará a girar a su favor. Todo negocio o transacción que haga en estos días le traerá grandes beneficios y fabulosas ganancias. 44.

Tradiciones: Visitará un lugar que le hará revivir momentos y circunstancias que creía haber olvidado. Pasará por una nostalgia pasajera. 61.

Traductor: Es augurio que en los próximos tres años viajará a un país donde se habla un idioma diferente al suyo. Acogerá de manera rápida y sorprendente las enseñanzas y costumbres de una cultura distante. 54.

Traficar: Un nuevo conocido intentará viciar su espacio y cambiar sus buenas costumbres. No permita que la ambición por el dinero le lave el cerebro. 31.

Tráfico: Vivirá tres días de mal humor. Exteriorice lo que siente y libere su espíritu de tanto pesar. Si sueña que dirige el tráfico, es indicio que ayuda a todo el mundo a resolver sus problemas, cuando los propios parecen agudizarse cada vez más. Es bueno para aconsejar pero nunca pone en práctica sus propios consejos. 93.

Tragaluz: Buena salud y trabajo estable, serán bendiciones con las que contará de este día en adelante. Viene en camino la noticia que espera. 77.

Tragar: Le presentarán a alguien que no le agradará en lo absoluto, pero deberá disimular que nada pasa para no causarle disgusto a quien se lo presentará. Cuando algo no le gusta desde un principio es porque el subconsciente le está indicando que hay gato encerrado. Desconfíe, su sexto sentido está en lo correcto. 28.

Tragedia: Soñar que ocurre una tragedia augura para el soñador la llegada de tiempos difíciles, causados especialmente por familiares negligentes. Es muy probable que ocurra un grave conflicto que distanciará por mucho tiempo a toda la familia. Si alguien está enfermo, es presagio que su situación se volverá aún más delicada. La meditación profunda y la oración, harán que los augurios de este sueño desaparezcan casi por completo. 40.

Trago: Si toma un trago, es anuncio que alguien le está mintiendo deliberadamente. Le han ocultado una verdad que muy pronto saldrá a la luz. 89.

Traición: Si le traicionan, alguien quiere usarle para satisfacer fines ilícitos. Si es usted el traidor, se verá tentado a realizar una acción repugnante. Si alguien que conoce le traiciona, cuídese de las malas intenciones de enemigos. 94.

Traje: Si luce nuevo, tendrá motivos para celebrar y sentirse dichoso. Si está viejo o arrugado, se verá agobiado por deudas y compromisos que no podrá cumplir. Ponerse un traje vaticina un cambio favorable en el trabajo. Si ve un traje de corte antiguo, asistirá a un servicio funerario. 74.

Trampa: Si cae en una trampa tendrá dos semanas de mala suerte. Si logra escapar, un problema que le tiene abatido, pronto se resolverá. Si le hacen trampa en el juego, sufrirá una desdicha en el amor. Si es usted el tramposo, alguno de la familia le causará pesar. 59.

Tranca: Un falso amigo pretende investigar los pormenores de su vida íntima, para después obligarle sutilmente a hacerle un favor que usted no querrá hacer. Actúe con discreción, es lo mejor. 30.

Trance: Si sueña que está en un trance, es señal que sentirá a su alrededor la presencia de un espíritu. No tema porque ha venido a comunicarle una información vital para su futuro. Tendrá una experiencia paranormal sorprendente. Un ente espiritual le hablará durante un sueño. 34.

Trasatlántico: Es augurio que en menos de tres años hará un viaje a otro continente. 1.

Trasbordador: Pasará por una efímera derrota antes de conocer el sabor del éxito. 20.

Transfiguración: Ha pasado por una serie de vicisitudes que le han dejado deprimido y sin ilusiones. Pues bien, eso ahora será parte del pasado, porque el destino le tiene reservado un puesto de honor en esta vida. Lo que antes estuvo oscuro o turbio, comenzará a ser iluminado por los más puros rayos del sol. Una nueva vida le está aguardando. Tenga fe. 55.

Transformador: El sueño presagia que en unas cuantas semanas deberán hacerse varias reparaciones en su lugar de residencia. Es posible que experimente problemas con su auto o medio de transporte. 18.

Transformarse: Si la transformación le satisface, tendrá un año venturoso, lleno de novedades y situaciones gratificantes. Si ocurre lo contrario, es augurio que sentirá obsesión con una parte de su cuerpo que no le agrada. 75.

Transistor: Busca la motivación en otras personas y no logra conseguirlo porque la hallará únicamente cuando se sienta satisfecho consigo mismo. No busque en otros lo que usted ya tiene. 24.

Transmisor: Buenos momentos a su vida. Alguien le hará sentir importante. También predice el final de una época marcada por la zozobra. 95.

Transparencia: Su dicha futura dependerá en gran medida de la humildad y buena voluntad que refleje con el prójimo. Nunca olvide que toda acción que realice, ya sea buena o mala, se convierte en un bumerang que siempre retorna a su autor. 17.

Tranvía: Alguien envidioso de su progreso intentará hacerle caer en una adicción. No ceda a la tentación y siga adelante. Se topará con piedras en el camino. 81.

Trapeador: Llegó la hora de hacer una limpieza en su entorno social. Cuenta con dos amistades que no le convienen en lo absoluto. Aléjese de ellos antes de salir perjudicado. 0.

Trapecio: Le atormenta un problema que ya está por resolverse. No se angustie ni se frustre. No haga de una llovizna una gran tempestad. 76.

Trapecista: Debe atender y poner en práctica los consejos que le dan personas que le quieren bien, porque su forma de proceder le puede llevar a caer en un abismo del cual le será extremadamente difícil salir. Se encuentra al borde del precipicio y no quiere aceptar que está equivocado. No sea tan prepotente para creer que lo sabe todo, porque ni los grandes sabios de la historia lo han hecho. 33.

Trapo: Sospecha desde hace tiempo que alguien le ha jugado sucio y el significado onírico del sueño presagia que está en lo correcto. Es casi seguro que tenga a un traidor muy cerca de usted, e incluso bajo su mismo techo. 96.

Tráquea: Es indicio que sufrirá un trastorno emocional. 85.

Traqueotomía: Se obsesionará sentimentalmente por una persona que jamás le corresponderá. 13.

Transexual: Se llevará un tremendo chasco con uno de sus amigos. Descubrirá una terrible verdad. 94.

Trasegar: No se desespere por su situación económica. La buena suerte llamará a su puerta en cuestión de semanas. Vienen tiempos mejores. 8.

Trasnochar: Derrocha demasiado tiempo en banalidades y no le presta atención a su futuro. Corre el peligro de quedarse rezagado y muy solo. 0.

Trasplantar: Puede alcanzar todas sus metas y sueños, si tiene la determinación y el empuje para luchar por ellos. 60.

Trasplante de órganos: Alguien muy querido enfermará de gravedad. Si le trasplantan un órgano, es presagio que vivirá varios meses llenos de angustia y pesar. 40.

Trastornos mentales: No se siente feliz consigo mismo y por ello todos sus planes se vienen abajo. Busque ayuda. Acuda con un terapeuta. 59.

Travesaño: No crea en las promesas fabulosas que han de hacerle en estos días, porque no serán cumplidas en lo absoluto. Alguien le está creando falsas expectativas. 81.

Travesía: Una travesía cómoda y sin sobresaltos augura una época próspera para su economía. Si la travesía resulta desagradable, es presagio que ha de enfrentar conflictos con la familia. Todos los problemas se juntarán durante la misma semana. 43.

Travestido: Alguien se ha presentado ante usted aparentando lo que no es, fingiendo sentimientos que no siente y presumiendo lo que no tiene. Debe aprender a distinguir entre el diamante y el cristal. Si sueña que es un travestido, significa que está atravesando un momento de gran confusión en su vida. No sabe lo que quiere y busca respuestas en otras personas. Si observa un grupo de travestidos, es indicio que se ha rodeado de amistades que le buscan únicamente para sacar algún provecho de su persona. 22.

Travesura: Ha cometido una falta por la cual culparán a otro. Acepte su culpa y enmiende su error, todavía tiene tiempo para hacerlo. 36.

Trébol: Su vida comenzará a marchar por un rumbo ascendente. Un deseo largamente acariciado pronto se hará realidad. 5.

Trébol de cuatro hojas: Debe estar muy atento y a la expectativa de todo lo que suceda a su alrededor, porque la oportunidad de su vida está por aparecer en su camino. Tendrá el triunfo al alcance de su mano. 77.

Tregua: Se reconciliará con una persona que le causó dificultades en el pasado. Dejará atrás un mal sentimiento. 20.

Tren: Si va en un tren, es indicio que se aproxima un cambio trascendental en su vida. Adicciones, amistades perjudiciales y actitudes poco optimistas deben quedar atrás para que pueda encontrar el camino correcto, el que le llevará a ser un triunfador. Si ve que se acerca un tren, es augurio que hará un viaje en los próximos treinta días. Si ve un tren de lejos, es señal que dejará ir algo que ya no le pertenece. 86.

Tren subterráneo: La única manera de vencer los problemas es enfrentándolos con valor y no huyendo de ellos o buscando escapes fugaces. Con una dosis extra de coraje vencerá la situación que no le deja vivir tranquilo. 23.

Trenza: Experimentará un ligero descenso en las finanzas. Será afectado levemente por la recesión económica actual. 19.

Trepador (a): Presagia que alguien pretende tomarle el pelo para sacarle dinero. Puede ser que intenten venderle un objeto de procedencia dudosa o que traten de timarlo con un negocio fraudulento. Si es usted un trepador (a), es indicio que sufrirá un engaño amoroso. 33.

Trepanación: Debe poner máximo cuidado en sus desplazamientos porque corre el riesgo de darse un mal golpe en la cabeza. A los motociclistas les advierte que hay un peligro de tener un accidente. Cuide su cabeza y su cara. No realice proezas que le puedan costar una ida al hospital. 59.

Tríada: Soñar con una tríada sagrada predice que le será concedido el favor religioso que ha pedido con tanta devoción. Podrá dar fe y testimonio que los milagros existen. 1.

Triángulo: Superará un obstáculo enorme. A los enamorados y a los casados les alerta que una tercera persona aparecerá en el horizonte. 3.

Tribu: Amor de lejos es para pensarse. Por muy fuerte que sea el sentimiento, la distancia y el tiempo harán que caigan en la tentación. 11.

Tribunal: Deberá realizar un trámite legal imprevisto. Si entra en un tribunal, idealiza demasiado a las personas que le rodean. Acepte a los demás tal como son, con virtudes y defectos. Si sale de un tribunal, es augurio que le impondrán una infracción de tránsito o una multa. Si se queda solo en un tribunal, es señal que enfrentará algún tipo de litigio judicial. 36.

Tributo: Recibirá un obsequio o un favor de la persona que menos imagina. No subestime a nadie porque después puede quedar muy avergonzado. 70.

Triciclo: Si no emprende una jornada de trabajo, sacrificio y superación, se verá más adelante viviendo en una total mediocridad. A las parejas jóvenes les augura la llegada de un bebé. 2.

Tridente: Si lo observa, predice que está muy cerca de alcanzar sus objetivos. Si lo tiene en sus manos, es indicio que en el futuro próximo tendrá a su disposición todo lo que está al alcance del poder material. Si lo posee otra persona, es indicativo que uno de sus asuntos recibirá un revés. 19.

Trifulca: Una persona poco diplomática le hará un comentario que le pudiera provocar un exabrupto frente a mucha gente. Trate de contenerse y no caiga en la trampa. Una trifulca callejera le aconseja no relacionarse con personas de reputación dudosa. 99.

Trigo: Deje a un lado el temor o la inseguridad y láncese sin miedo a la conquista de sus sueños. Muy pronto estará en el mejor momento de su vida. Si observa una plantación de trigo, es augurio que construirá una posición económica sólida y vivirá junto a las personas que más ama. 80.

Trinchera: Deberá vencer pruebas durísimas antes de ver sus deseos realizados. El triunfo pertenece a la audacia y osadía de los valientes. 44.

Trineo: Dará un paseo que renovará su energía y sus deseos de seguir adelante. Una nueva aventura revitalizará su estado anímico. Si sueña que el trineo va halado por perros o renos, vaticina que dejará atrás una situación que le causó dolor e infortunio. 96.

Trinidad: Soñar con una Trinidad sagrada augura la llegada de un ciclo fantástico a la vida del soñador. Tres grandes anhelos serán cumplidos en su totalidad. 10.

Tristeza: Augura todo lo contrario, ya que está por suceder un feliz acontecimiento. Si ve tristes a otras personas, es presagio que usted será el portador de una noticia que le devolverá la sonrisa a gente que estuvo acongojada. Si observa triste a un amigo o a un ser querido, en breve éste le hará partícipe de su felicidad. 55.

Triunfar: Todo lo que se ha propuesto saldrá como espera. Vencerá ante una situación caótica. Anulará a un rival. Obtendrá el puesto de trabajo que desea. Lo que más anhela en este momento, la vida se lo pondrá en bandeja de plata. 50.

Trofeo: Si gana un trofeo, predice que gozará de suerte y mucho éxito, pero esto provocará la envidia de varias personas, incluyendo a alguno de sus amigos. Si pierde o le roban un trofeo, es indicio que lo quieren despojar de algo que le pertenece. Si le entrega un trofeo a otra persona, es presagio que se está dejando consumir por una obsesión dañina. 93.

Trombosis: Un padecimiento que parecía muy leve se volverá agudo y le hará visitar varias veces al doctor. No está cuidando su salud como debería. 4.

Trompetas: Son augurio de un rápido progreso en las finanzas, especialmente si es usted quien la toca. 27.

Trompo: Por fin logrará efectuar la compra que tanta ilusión le ha creado. 6.

Tronco: Si es un tronco grueso, gozará de abundancia material. Un tronco delgado predice limitaciones y falta de dinero. Si se observa flotando en el agua sobre un tronco, sobrevivirá una época caótica. Si ve muchos troncos, es augurio que nuevas y mejores oportunidades están por aparecer. 66.

Trono: Si se observa sentado en un trono, significa que alcanzará la cumbre que jamás imaginó. Tenga la certeza que encontrará la felicidad y la riqueza material al mismo tiempo. Ver a un rey o un mandatario en un trono augura que una persona poderosa le cambiará la vida y le hará subir de nivel. Ver a un conocido ostentando un trono indica que él le favorecerá más adelante. Si un político en contienda sueña que reposa en un trono, con seguridad ganará la elección. Pero si sueña que se cae o se levanta de él, sufrirá una amarga derrota. 60.

Tropezar: Se sentirá muy desanimado debido a su situación económica actual. Si otros tropiezan, en breve le solicitarán dinero prestado. Si tropieza con otra persona, el sueño le advierte que un conocido quiere desbaratar sus planes. 68.

Truco: Hará muy mal si pretende alcanzar el triunfo pasando por encima de todo el mundo. Busque la manera más correcta y sensata de hacer las cosas. Así el éxito alcanzado podrá ser duradero. 83.

Trucha: La constancia y tenacidad son sus mejores armas para vencer el trance que está viviendo. No tire la toalla antes de tiempo. 57.

Trueno: Le causará pesar la angustia por la que atraviesa un ser querido. 94.

Tuberculosis: La insatisfacción y la falta de logros personales pueden hacer de su vida un verdadero infierno. El camino que ha emprendido no le llevará a ningún lugar. Tiene que buscar nuevos horizontes. Atrévase a romper las cadenas que atan su existencia. 42.

Tubería: Desazones y disgustos en casa causados por gente mal intencionada. No entregue su amistad de buenas a primeras. 65.

Tubo: Vive momentos de tribulación por un problema que le tiene al borde de la desesperación. Y aunque existe una solución, su orgullo no le permite divisarla. Si no cede, será alcanzado por la calamidad. 76.

Tuerca: El mal carácter que ha venido mostrando últimamente terminará haciendo que muchos de sus afectos se alejen de usted. Nada soluciona con amargarse la vida. Procure solucionar sus conflictos internos y dése la oportunidad de volver a sonreír. 18.

Tuerto: Se están burlando de usted en su propia cara. Está siendo víctima de la traición. A los casados les augura que la pareja no le es fiel. Si le han hecho una propuesta de trabajo o negocio, desista porque la misma le puede llevar al fracaso. El peor ciego es aquel que no quiere ver. 1.

Tugurio: Es presagio de estancamiento y pobreza. Es imperativo que salga en busca de nuevas alternativas. No espere la suerte sentado en casa. 92.

Tumba: Es augurio que lamentará el fallecimiento de un conocido. Si observa su propia tumba, es presagio que atravesará por una depresión severa. El aislamiento voluntario no es la solución. Busque ayuda. Busque a Dios. 9.

Tumor: Tiene una actitud demasiado negativa y siempre cree que lo peor sucederá. Dicha manera de proceder es la mejor aliada de la mala suerte. Muestre optimismo y esperanza para que su vida cambie, ya que en realidad es eso lo que más anhela. 53.

Túmulos: Es augurio que tendrá un día agobiante. Se topará con gente trastornada. No permita que la amargura de otras personas logre penetrar en su aura. 31.

Tumulto: Será testigo presencial de un penoso disturbio social. 49.

Túnel: Si camina por un túnel oscuro, es augurio que se enfrentará a grandes obstáculos que le serán difíciles de superar. Si cava un túnel, es advertencia que existen a su alrededor personas que quieren hacerle daño. Si durante un viaje atraviesa un túnel, es señal que su salud se verá quebrantada. Si va acompañado mientras pasa por un túnel, predice que se revelará un secreto que le atañe directamente. A los casados les vaticina conflictos y pérdida de la confianza mutua. Si sale del túnel antes de despertar, significa que vencerá cualquier problema o dificultad que tenga en este momento. Queme incienso de sándalo durante nueve días consecutivos y los malos augurios del sueño se disiparán. Comience en día viernes. 12.

Túnica: Le faltan ganas de vivir. Debe buscarle un sentido más humano y espiritual a su existencia. La riqueza material no garantiza la felicidad. 73.

Turbante: Pasará por un período de confusión debido a la fe que profesa. 99.

Turbina: No le gusta estar subordinado a órdenes ajenas, por lo tanto necesita encontrar un modus vivendi, en el cual usted sea su propio jefe. 20.

Turista: Si es usted, es indicio que viajará al lugar que tanto ha deseado conocer. Si habla con un grupo de turistas, es señal que encontrará a sus mejores amigos en personas extranjeras. Si observa a turistas conversando o paseando, predice que se versará en el arte y la cultura de otro país. 70.

Turmalina: Augura que le vienen semanas de mucha felicidad. 92.

Turquesa: Una persona que conocerá pronto se convertirá en una especie de mago que le ayudará a ver realizado uno de sus grandes deseos. 26.

Turrón: Se fija demasiado en la fachada y hace caso omiso de la esencia. Busque amigos que valgan por lo que son y sienten y no por lo que tengan o parezcan. 14.

Tusa: Tendrá un pequeño desajuste económico en los próximos meses. Prepárese porque le vienen fuertes gastos que no tiene previstos. 61.

Tutor: El destino pondrá en su camino al socio perfecto, al amigo ideal o a la pareja soñada. Su búsqueda ha terminado, pronto encontrará lo que le hace falta. 11.

U

Ubres: Grandes y saludables, auguran mejoría económica. Pequeñas y flácidas, indican lo contrario. 85.

Úlcera: Si se siente afectado por algún padecimiento físico, acuda con un médico. No se trata de algo grave, pero requerirá seguir un tratamiento. 49.

Ultimátum: No permita que otras personas resuelvan todos sus problemas, porque a la larga se convertirá en alguien incapaz de valerse por sí mismo. 79.

Ultramar: Un baño en el mar es el despojo espiritual que usted necesita. 3.

Ultrasonido: Tendrá hijos sanos y fuertes. 28.

Unción: Evite ingerir comida o fruta que vendan en la calle. 34.

Ungüento: Un buen amigo le ayudará a saldar una vieja deuda. 29.

Unicornio: Tendrá la oportunidad de adquirir un valioso objeto por menos de la mitad de su valor real. 26.

Uniforme: Su iniciativa y dinamismo le harán sobresalir en su trabajo. 51.

Universidad: Si por el momento no puede asistir a una institución académica, la solución está en la autodidáctica. Si se sueña graduándose de la universidad, le augura una vida llena de triunfos. 72.

Universitario: Si es usted, le indica que atravesará por un conflicto interno. Si es otra persona, presagia que verá triunfar a uno de los suyos. 26.

Universo: Es un feliz presagio de amor. 22.

Uñas: Sanas y limpias, cuenta con buenas amistades. Si están muy cortas, anuncian incomodidades causadas por parientes. Si las observa largas, un afortunado acierto en el trabajo o los negocios. Si se le caen, presagia que puede perder su empleo a causa de su impuntualidad. Si las ve sucias, predice que un amigo le envidia por su buena suerte. Si alguien le muestra las uñas, cuídese de enfrentamientos y pleitos con desconocidos. 14.

Uñas acrílicas: Actúe a la defensiva solamente cuando sea necesario, de lo contrario, muchas personas evitarán entrar en contacto con usted. Recuerde que la amabilidad es la llave que abre todas las puertas. 93.

Uñero: Alguien cercano a usted le ofenderá profundamente. 13.

Urbanización: No se deje influenciar por las ideas de los demás. Tenga más confianza en usted mismo. 47.

Urna: Augura que ocurrirá un inesperado acontecimiento en su seno familiar. A los políticos y funcionarios del gobierno les presagia éxito en una campaña electoral. Si la urna está rota, le alerta a tener cuidado con objetos filosos. 97.

Urólogo: Precisa desintoxicar su organismo. Necesita beber más agua. No se está cuidando debidamente. 66.

Urraca: Cuídese de la mala lengua de un conocido. 10.

Urticaria: Tendrá problemas con un vecino insoportable. 49.

Usura: Necesita administrar mejor sus ingresos porque podría verse inundado de deudas. 73.

Usurero: Aléjese de personas que son aves de mal agüero. Lo que más necesita en este momento es gente positiva a su alrededor. 43.

Útero: A una mujer le augura que tendrá padecimientos genéricos. A un hombre le presagia que una mujer intentará comprometerlo con una gran mentira. 6.

Utilería: Le darán obsequios que no le agradarán. Alguien quiere afectar su autoestima. 94.

Uvas: Después de varios años de limitaciones económicas, ahora le llegará la suerte en todo su esplendor. No olvide las experiencias que vivió, sea generoso con el necesitado. 1.

V

Vacaciones: Si disfruta de unas espléndidas vacaciones, dentro de un mes comenzará a gozar de dos años de buena suerte. Si las vacaciones se son en un lugar lejano o desconocido, en el futuro cercano irá a vivir una temporada a otro estado o país. Si le niegan unas vacaciones es señal que discutirá por celos con su pareja. 82.

Vacas: Uno de los sueños más antiguos y recordados. El primer libro de la Biblia, *Génesis*, relata la historia de José hijo de Jacob, quien después de atravesar grandes vicisitudes se convirtió en un colaborador muy cercano al faraón egipcio de aquel entonces. Llegó a ser tan basta su sabiduría que logró descifrar el significado de un sueño que le preocupaba al faraón, quien soñó con siete vacas gordas y siete vacas flacas. Con la ayuda de José se evitó que la calamidad hiciera estragos en el pueblo egipcio, habiéndose tomado a tiempo las debidas precauciones. En síntesis el sueño fue interpretado como la llegada de siete años de abundancia, seguidos de otros siete de carestía. Durante varios miles de años, soñar con vacas gordas ha simbolizado para los estudiosos en el tema que se gozará de un período de gran prosperidad y crecimiento económico. Si sueña con vacas gordas, las grandes oportunidades y la buena suerte no le van a faltar. Por otro lado, soñar con vacas flacas le previene al soñador que una época económica muy mala está por llegar. Puede tratarse de la pérdida del empleo, la caída de un negocio, una mala inversión que está por hacerse o hasta ser víctima de un robo. Por lo tanto, lo más prudente será cuidar al máximo cada billete y cada centavo que se posea, no poner en riesgo ninguna propiedad, no lanzarse a empresas que no ofrezcan garantías, no prestar dinero, valorar el trabajo que se tenga y no poner al descubierto sus pertenencias de valor. Si toma en cuenta los consejos no tendrá por qué temer. 7.

Vacío: Soñar con recipientes vacíos le indica que se ha vuelto demasiado materialista. Si sueña estar en el vacío, es indicio que se encuentra a distancia de todos sus afectos. Le hacen falta muestras de simpatía y cariño. 18.

Vacuna: Sabrá esquivar el gran obstáculo que se avecina. Estará más que preparado ante una dura prueba que enfrentará. Será merecedor del triunfo. 80.

Vacunación: Augura lo mismo que soñar con una vacuna. 80.

Vagabundo: Vivirá momentos decisivos y tendrá que tomar una decisión clave para su futuro. Se vislumbra la llegada de tiempos mejores. 75.

Vagancia: Está perdiendo tiempo y energía que después no podrá recuperar. Le falta empuje y entusiasmo y por eso no alcanza metas productivas. 56.

Vagón: Está evadiendo sus problemas y con ello conseguirá que éstos se vuelvan más grandes y difíciles de resolver. 43.

Vainilla: Pronto tendrá una gran relación sexual. Sentirá como si hubiera rejuvenecido. 69.

Vaivén: La suerte le sonreirá totalmente hasta que sepa con certeza qué es lo que quiere de la vida. 92.

Vajilla: Llevará a cabo una celebración en su casa. Si la vajilla es de plata o porcelana, es augurio de matrimonio para alguno de la familia. Si es de oro, revela que se está haciendo demasiadas ilusiones con un imposible. 96.

Valentía: Afrontará con paciencia y sabiduría la prueba que se le presentará. Vienen en camino dos meses económicamente inciertos. 91.

Valija: Si está llena de equipaje, es pronóstico de crecimiento y abundancia financiera. Si está vacía, el sueño le aconseja que comience a ahorrar porque en breve atravesará un desajuste económico. 50.

Valle: Un valle cubierto de vegetación predice que gozará de buena salud por mucho tiempo y no sufrirá a lo largo de su vida ninguna enfermedad crónica. Si observa un valle talado o desolado, es señal que se encuentra desorientado y no está tomando las decisiones más acertadas. Si observa un valle cubierto de neblina, le predice que hará un viaje a un lugar de clima frío. 52.

Vampiresa: Alguien se le acercará parae seducirle. 66.

Vampiro: Necesitará solicitar ayuda para salir de la crisis económica y emocional que le tiene atrapado. No se ahogue en un vaso de agua y luche por lo que es suyo. Si un vampiro le chupa la sangre, es vaticinio que precisa de orientación psicológica. 90.

Vándalo: Abra los ojos porque alguien está abusando de su buena voluntad. No deje que lo exploten. No se deje envolver con chantajes sentimentales. 63.

Vanidad: Si anda en busca de amistades sólo por interés, nunca encontrará una mano amiga cuando en realidad lo necesita. Le presta demasiada atención a lo menos importante y trata de esquivarle lo más importante. 48.

Vapor: Un ave de mal agüero está intentando bajar su autoestima causándole una tremenda confusión. Que no le afecte la envidia que le mostrará un supuesto amigo. Si los perros le ladran, es señal que va cabalgando en el camino correcto. 75.

Vaquero: Estrechará sus lazos de amistad con una persona que tiene ideales opuestos a los suyos. Si es un vaquero, es presagio que en corto tiempo tendrá la oportunidad de adquirir un inmueble a muy bajo costo. 61,

Vara: Será criticado de una manera injusta frente a mucha gente. Alguien tratará de intimidarle en público. 31.

Várices: Es presagio que en breve se verá consultando a un médico. 19.

Varilla: Es augurio que extraviará temporalmente un objeto de valor o dinero. En cuestión de días encontrará lo que ha perdido. 84.

Varita mágica: Tiene que poner más empeño y dedicación si quiere alcanzar sus metas. Todo lo valioso de la vida requiere voluntad y sacrificio. No espere que le lleguen las cosas por arte de magia. 96.

Vasar: Está en la recta final que le conducirá al éxito y al progreso financiero, sin embargo, antes que todo esto ocurra su sentido de humanidad será probado. 35.

Vaselina: Vivirá una pasión que le dejará ilusionado por varios días. El romance y los sentimientos de amor comenzarán a transformar su vida. 14.

Vasija: Es pronóstico que dos días después de haber experimentado este sueño, un amigo le llamará para darle una gran noticia. 21.

Vaso: Una corazonada que tuvo hace un tiempo se hará realidad en las próximas semanas. Si bebe de un vaso es presagio que le llegará una buena noticia por correo. Vasos llenos predicen estabilidad financiera. Vacíos auguran que se está volviendo aburrido y conformista. 54.

Vaticano: Eso que tanto ha esperado que suceda, lo que más anhela en la vida, muy pronto lo verá materializado ante sus ojos. 44.

Vecindad: Un amigo que está atravesando una crisis económica llegará a su casa a pedirle ayuda. Recuerde que hoy por ti mañana por mí. Si le es posible ayudar, ayúdele. 37.

Vecindario: Después de una época cargada de penas, angustia y conflictos, ahora llegará un largo período de paz para todos los de la familia. 10.

Vecinos: Si conversa con ellos, enfrentará malos entendidos con amigos o compañeros de trabajo. Si ve a un vecino en apuros, llegará un huésped inesperado y molesto a su casa. Si visita a sus vecinos, uno de ellos le pedirá dinero prestado. Si ayuda a un vecino, sus ganancias aumentarán en los meses venideros. Si se ha enamorado de un vecino, éste le ama en secreto. Si discute o pelea con sus vecinos, indica que cultivará una gran amistad con ellos. Si un vecino luce triste o enfermo, es señal que asistirá a un servicio religioso en conmemoración a una persona que ya falleció. 42.

Vegetación: Si la observa verde y abundante, es presagio que la estabilidad económica y la buena salud serán dos bendiciones con las cuales contará por mucho tiempo. Una vegetación escasa, marchita o seca, augura que uno de la casa enfermará. 31.

Vegetales: Verlos o comerlos indica que gozará de buena salud y energía durante muchos años. Si lucen frescos, es presagio que su atractivo físico atraerá a su camino a personas aventureras. Si los observa magullados, pasados o podridos, es señal que una enfermedad le atacará en los próximos días. 21.

Vegetariano: Si sueña que es vegetariano, es augurio que descubrirá un secreto que le ayudará a verse y sentirse mejor. Si otros son vegetarianos, es vaticinio que hará amistad con personas excéntricas. 96.

Vejez: Si sueña que ha envejecido es señal que un evento desafortunado le creará una gran frustración. Observar envejecidas a personas que conoce augura que un amigo cercano sufrirá una enfermedad grave. Si alguno de su familia envejece en el sueño, es vaticinio que éste sufrirá un revés en sus proyectos. Si sueña que está viejo y después rejuvenece, el sueño revela que alcanzará la cumbre económica. 75.

Vejigas: Encontrará el sendero del progreso si decide compartir lo que tiene. En esta vida se tiene que dar en abundancia para poder recibir. Aplique la ley del karma en todos sus actos y pensamientos. 98.

Velación: Asistir a una velación augura el nacimiento de un nuevo miembro en la familia. La llegada de un bebé traerá paz y bienestar a un hogar. 1.

Velada romántica: Se avecina una temporada en la que aumentará considerablemente su actividad sexual. 66.

Velas: Velas encendidas señala que vencerá cualquier problema que le esté afectando. Observar muchas velas encendidas, recibirá un favor celestial. Si una persona soltera se sueña fabricando o encendiendo velas, significa que pronto encontrará a un amante apasionado. Si observa velas de diferentes colores, es augurio que en un par de días le darán una noticia que le hará sentir inmensamente feliz. Si se ve en el sueño rodeado de velas encendidas, es vaticinio que tendrá contacto visual o auditivo con un espíritu. Las velas de gran tamaño anuncian futura riqueza para la familia. Si una vela se derrite, es pronóstico de la llegada de una oportunidad que le dará un perfil más progresista a su futuro. Quien padezca una enfermedad incurable y sueñe con velas encendidas, puede tener la certeza que encontrará la cura para el mal que le aflige. Si apaga una vela, le anuncia que se alejará temporalmente de su vida una de las personas que más quiere. Si observa velas apagadas, es presagio que asistirá al cortejo fúnebre de un conocido. 41.

Velas aromáticas: Viene en camino a su casa una persona que le causará una alegría enorme. Encontrará lo que ha buscado con tanta ansiedad. 55.

Velero: Por fin dejará atrás un sufrimiento que atormentaba su vida. 34.

Velo: Si lleva un velo, es presagio que alguien intentará lavarle el cerebro para que participe en un negocio destinado al fracaso. Un velo de novia presagia que gozará de estabilidad financiera en los años venideros. Si observa a otras personas cubiertas con un velo, es señal que descubrirá la hipocresía de dos supuestos amigos. Si una persona casada sueña que se pone un velo, es señal que tendrá intenciones de traicionar a su cónyuge. 23.

Vellos: Si son los propios, indican que un amigo le sacará de un aprieto. Si son los de otra persona, es presagio que le pesará haber tomada una decisión precipitada. 58.

Vellos del pubis: Tendrá una relación sexual clandestina. 69.

Venado: Hará un viaje que le resultará benéfico en todos los sentidos. Nuevos retos y grandes oportunidades están por llegar a su mundo laboral. 72.

Venas: Observar sus venas, que sabrá enfrentar con gallardía una dura prueba del destino y saldrá airoso. Si las venas sangran, su sistema inmunológico comenzará a debilitarse. Necesitará ver a un doctor. Si observa las venas de otras personas, alguien ya comprometido se ha enamorado de usted. 59.

Vencer: El destino le jugó una mala pasada, pero eso no significa que el mundo se ha terminado. Debe levantarse y reponerse. Sea fuerte y vencerá. 27.

Vendas: Una persona inescrupulosa tratará de aprovecharse de un momento crítico que usted atravesará. Muestre orgullo y no ceda ante la trampa. 81.

Vender: Seguirá avanzando literaria y espiritualmente. Su bagaje cultural llegará a ser reconocido por todos si mantiene la misma vigencia. 50.

Vendedor: Tenga confianza en el futuro ya que éste será prometedor para usted y sus seres queridos. 7.

Vendimia: Cualquier actividad comercial o laboral que inicie en estos días le aportará grandes beneficios y jugosas ganancias. 87.

Veneno: Desde épocas antiguas ha sido temido el significado onírico de este sueño y por muchos años se le ha considerado un mal augurio. Por ejemplo, si sueña que lo han envenenado es presagio que un pariente cercano le traicionará por motivos económicos. Si envenena a alguien, es pronóstico que ha tomado una decisión insensata que perjudicará directamente a su familia. Si usted toma veneno, es indicio que se está dejando vencer por personas y situaciones ante las cuales puede salir vencedor si actúa con valor. Soñar con un envenenamiento colectivo augura que todos sus problemas se resolverán de la noche a la mañana, como por obra de magia. Si observa animales envenenados, es señal que sufrirá un desajuste financiero. Los investigadores contemporáneos afirman que este sueño es experimentado por personas que se sienten atormentadas por un problema que no les deja vivir en paz con ellos mismos. Si es así, se recomienda que busque ayuda y haga lo necesario para recuperarse, de lo contrario le será difícil conciliar el sueño y cuando por fin lo logre se verá teniendo una pesadilla. 99.

Venerar: Hará una importante petición que será cumplida en su totalidad si al mismo tiempo usted cumple con una promesa religiosa. 18.

Venganza: Si sueña que es dominado por un sentimiento tan negativo, es señal que no se ha recuperado de un infortunio que sufrió en la infancia. Si soñó vengarse de alguien conocido, es augurio que esa persona le guarda resentimientos. Si se vengan de usted, es indicio que se están burlando a sus espaldas y cuando descubra de quien se trata le será imposible creerlo. 4.

Ventana: Atravieza por una situación angustiosa y piensa que hasta el cielo le ha abandonado, sin embargo está a punto de ver la luz al final del túnel. 57.

Ventanal: Es pronóstico que en los próximos días le darán dos noticias, una le agradará y la otra no tanto. 93.

Ventanilla: El sueño indica que tiene una especie de velo en los ojos que no le está dejando ver la realidad. Se están cometiendo actos reprochables a su alrededor y usted no se da cuenta. 0.

Ventilador: Verá una noticia por televisión la cual le conmocionará. 9.

Ventrílocuo: Es augurio que alguien que vive con usted le hará sufrir. Si sueña que es un ventrílocuo, es indicativo que a menudo se mete en problemas porque finge sentimientos que en realidad no siente. 16.

Verano: Si sueña que disfruta de esos maravillosos días de verano, cuando el sol domina el horizonte, la tarde se vuelve más larga y la noche luce adornada por una cantidad infinita de estrellas, puede considerarse muy afortunado porque un ciclo brillante está por llegar a su camino. Este sueño puede considerarse como un mensaje que anuncia una renovación total de su existencia. La felicidad, la dicha familiar, el progreso, la realización profesional y el cumplimiento de una de sus metas, se harán latentes en su vida después de haber experimentado un sueño tan prometedor. Las grandes oportunidades llegan pocas veces a la vida de cada uno, y es presagio que una de esas oportunidades magníficas está por llamar a su puerta. 10.

Verdugo: Si sueña con un verdugo, es presagio que vienen tiempos difíciles, cargados de pena y dificultades, sin embargo, no le afectarán directamente a usted, sino a sus seres queridos. Este lapso oscuro durará alrededor de tres meses. Si se observa como un verdugo, significa que sus acciones poco reflexivas están perjudicando a las personas que rodean su entorno. 40.

Verdulera: Vigile sigilosamente en quien deposita su confianza porque le ha contado un secreto a la persona menos indicada. Secreto que se comparte con otros deja de serlo. 76.

Verduras: Verduras frescas augura que gozará de buena salud, también presagia que no tendrá padecimientos graves a lo largo de su vida. Si cocina verduras, es pronóstico que deberá hacer un gran sacrificio si quiere ver su sueño hecho realidad. Si las come, es presagio que en pocos días recibirá correspondencia o correo electrónico con una noticia gratificante. Si cultiva verduras, es augurio de futura riqueza por medio de un contrato o negocio. Si observa verduras pasadas o en estado de descomposición, es señal que alguien a quien ama le decepcionará profundamente. 33.

Vereda: Una fantasía que ha tenido durante años se cumplirá. 23.

Veredicto: Si es favorable, tendrá una semana tediosa y al mismo tiempo complicada por factores que no podrá controlar. Si es contrario, presagia que en breve se verá en la necesidad de buscar asesoramiento legal. 19.

Vergüenza: Si siente vergüenza durante el sueño, es augurio que en un par de días le darán una noticia pésima. Si un conocido le avergüenza, indica que éste buscará ponerle en ridículo. Si usted pone en vergüenza a otras personas, el sueño revela que se verá forzado a realizar un acto que va en contra de sus principios. 64.

Verja: Si quiere alcanzar el éxito, es mejor que escoja el camino estrecho, porque si escoge el camino fácil no llegará a ningún lado. Los sueños y las metas se pueden lograr, pero antes se debe pagar un precio que requiere, entre otros aspectos, perseverancia, paciencia, dedicación y sacrificio. 91.

Verruga: Si las ve en su cuerpo, es presagio que sufrirá una pena de amor. Si las observa en otros, entonces será usted quien desilusionará a la persona que le ama. 45.

Versos: Si los lee o recita, es presagio que volverá a su vida alguien que fue importante en su pasado romántico. Si los escribe, es augurio que en breve se enamorará. 21.

Vértebras: Personas que le conocen le mostrarán desconfianza. Resentirá un trato injusto por parte de dos de sus amigos. 13.

Vertiente: Pasa mucho tiempo solo y eso podría causarle a la larga un problema psicológico. Busque compañía, comparta su vida, socialice. 11.

Vesícula: Es augurio que sufrirá un padecimiento menor relacionado con la vista o el sistema respiratorio. 94.

Vestíbulo: Será invitado a un importante evento cultural. 50.

Vestido: Si luce nuevo, es anuncio que le viene una oportunidad de trabajo "única". Un vestido antiguo, presagia que un pariente le heredará en vida una pieza de arte o una joya de familia. Si lo observa sucio, viejo o descolorido, es augurio que un amigo le defraudará. Un vestido roto revela que atravesará por un mes de limitaciones económicas. Un vestido sexy o con escotes pronunciados, vaticina que dos personas harán hasta lo imposible porque usted se fije en ellas. Si ve a un hombre poniéndose un vestido, es pronóstico que alguien de su mismo sexo le hará una insinuación morbosa la cual le escandalizará. Si una mujer sueña que le quitan el vestido, anuncia que en los próximos días tendrá mucha actividad sexual. Si compra un vestido, es señal que asistirá a una fiesta. Si le regalan un vestido, significa que le harán una interesante propuesta laboral. 24.

Vestirse: Para llegar a su meta con mayor rapidez, es preciso que se concentre en un solo objetivo. Cuando reorganice sus prioridades encontrará el camino que le llevará al triunfo. 32.

Veteranos: No permita que culpen a un inocente por el error que cometió otra persona. Sea justo y diga lo que sabe. 7.

Veterinario: Su personalidad sensible le predispone a ver y descubrir situaciones que otras personas ni siquiera imaginan. Su sentido de premonición se agudizará conforme vayan pasando los años. 51.

Viaducto: Es presagio que hará un viaje de emergencia, ya que un familiar necesitará de su ayuda y presencia en los próximos días. 81.

Viagra: Dejará de sentir pasión por su amante. 25.

Viajar: Desde tiempos antiguos los sueños relacionados con viajes auguran cambios significativos que están por ocurrir en la vida del soñador. Por ejemplo, si sueña que viaja a un lugar hermoso y apacible, es anuncio que ocurrirán sucesos que llenarán de dicha a su familia. Si viaja a un sitio desagradable, predice que corre el riesgo de perder dinero u objetos de valor. Si viaja junto a otras personas, es augurio que sus ingresos se incrementarán considerablemente en los próximos meses. Un viaje romántico presagia disgustos con la pareja causados por los celos. Si viaja a un lugar desconocido, indica que será víctima de murmuraciones perversas. Si viaja solo, indica que las circunstancias le forzarán a cambiar de empleo o domicilio. Estudiosos de los sueños afirman que entre más agradable sea el viaje que se observe realizando, mayor será la buena suerte que le acompañará en los años venideros. Para complementar los augurios del sueño, será preciso que también investigue el significado del medio de transporte que utiliza durante el viaje. 15.

Viajero: Tendrá ante usted dos magníficas opciones para mejorar su nivel de vida, sin embargo, sea cual sea su elección, habrá de pagar un precio. El sacrificio valdrá la pena. 68.

Vías del tren: Es augurio que alguien intentará manipularle para obtener un beneficio económico. No confíe en actitudes piadosas y en rostros que reflejen falsos sufrimientos. 2.

Víbora: Es pronóstico que existe un peligro latente a su alrededor. Lo más probable es que se trate de un amigo que ejerce o ejercerá una influencia nefasta en su persona. Abra bien los ojos porque alguien muy cercano a usted desea involucrarle en una actividad peligrosa e ilícita. Si la víbora le ataca, es señal que sufrirá una cruel traición. Si se observa rodeado de víboras, es indicio que ninguno de los amigos que tiene actualmente, vale la pena y será mejor que tome distancia de ellos antes que una desgracia le suceda. Si mata una víbora, es presagio que logrará esquivar un obstáculo mayúsculo. 40.

Vicios: Se deja llevar por los impulsos, por la primera reacción, y esto pudiera provocar que cometa un error garrafal o una grave injusticia. Demuestre inteligencia. Piense antes de actuar y hablar. 70.

Víctima: Si se sueña como una víctima, es señal que cualquier problema menor le predispone y le amarga. Le urge eliminar todo el estrés acumulado antes que éste acabe enfermándolo. Si es el victimario, augura que carga una pena que no le deja vivir en paz. 54.

Victoria: En los próximos días será el receptor de una inmensa alegría. Eventos afortunados le harán sentir como el hombre o la mujer más feliz del mundo. 88.

Vidente: Descubrirá un secreto que su familia había ocultado durante muchos años. Es probable que su pareja le haga una delicada confesión. 66.

Vidriería: Se ha dejado arrastrar por un sentimiento que ha opacado su espíritu y ensombrecido su corazón. Saque la amargura de su alma, perdone, procure olvidar y vuelva a ser la persona alegre y tenaz de siempre. No piensen en la venganza y permita que la ley del karma cumpla con su inalterable misión. 33.

Vidrio: Se ha aferrado a situaciones del pasado y por ese motivo su vida no sigue un rumbo ascendente. Muévase, cambie de ambiente y ábrale la puerta a nuevas y mejores oportunidades laborales y románticas. 44.

Vieja: Tendrá la difícil tarea de soportar gente necia y testaruda en los próximos días. 91.

Viejo: Se verá forzado a realizar un trabajo que no le agradará. 96.

Viento: Es presagio que en el próximo cambio de estación algo sorprendente le sucederá. A partir de ese momento su vida ya no será la misma, será mucho mejor. Un viento agradable augura abundancia de trabajo. Las ráfagas de viento anuncian que vivirá momentos de pasión incontrolable. 6.

Vientre: Sufrirá un corto padecimiento estomacal. 20.

Viga: Tiene que hacerle una confesión a un amigo, sin embargo, éste no es el momento más indicado. Espere por lo menos un par de semanas porque si lo hace ahora, sus palabras causarán mucho sufrimiento. 70.

Vigilar: Si le vigilan, es presagio que alguien le acosará sexualmente. Si se observa vigilando a otra persona, es indicio que no ha podido liberarse de un rencor que sigue opacando su felicidad. 39.

Vigilia: Es pronóstico que se reconciliarán dos personas que parecían odiarse en el pasado. 14.

Villa: Se hace demasiadas ilusiones con una situación que no sucederá. Está basando la dicha futura en puras banalidades. No viva en una utopía. 31.

Villano: Si es usted, augura que se impondrá ante sus adversarios o competencia. Si otros son los villanos, es presagio que varias personas se han unido con el afán de perjudicarle. 12.

Vinagre: Uno de sus amigos le odia en silencio, pero finge tenerle en gran estima. Aléjese de él antes que encuentre la manera de perjudicarle. 58.

Vinicultor: Es augurio que tendrá mucho éxito en cualquier proyecto o negocio que piense llevar a cabo próximamente. La buena suerte le sonreirá como nunca antes. 3.

Vino: Símbolo de prosperidad y avance económico. Observar barriles llenos de vino augura que la riqueza y el bienestar se harán presente para todos los miembros de la familia. Si elabora vino, es presagio que está por anotarse una sonada victoria. Beber vino es anuncio que se gozará a plenitud de íntimos placeres. Si sueña que rompe una botella de vino, es augurio que sufrirá una crisis de índole sexual. El vino tinto revela que vivirá momentos de gran pasión junto a una persona que conocerá en breve. El vino rosado indica que su amor está siendo correspondido de la misma manera, mientras que el blanco señala que cuenta con un amigo verdadero. Después de haber realizado rigurosos estudios, investigadores contemporáneos han llegado a la conclusión que cuando se sueña con vino derramado en el suelo u otra superficie, es porque el soñador habrá de ser testigo presencial de un incidente en el que correrá la sangre. 60.

Viñedo: Augura abundancia de dinero para quien lo observa. Si labora en el viñedo, es señal que alguien le está explotando. 66.

Violación: Para una mujer augura que perderá el amor de su pareja. En cambio para un hombre, soñar que es violado por otro hombre, presagia que atravesará por un peligro de muerte, del cual saldrá milagrosamente ileso. Si una mujer sueña ser violada por otra mujer, es indicio de que quienes la rodean se han formado una impresión errónea de su persona. Fuentes modernas afirman que el hombre que sueñe ser violado por una mujer, en breve recibirá dinero como caído del cielo. 40.

Violencia: Comenzará a sentir resentimientos por una persona que no lo merece. Ha mal interpretado la actitud de un ser querido. Analice con detenimiento la situación. Rectifique. 14.

Violín: Todos aquellos que han alcanzado el éxito fueron en un momento grandes soñadores y es augurio que usted es uno de ellos. 21.

Violonchelo: Augura lo mismo que soñar con un violín. 21.

Vírgenes: Viene un mes cargado de novedades y noticias gratificantes. Es tiempo de moverse a un nuevo ciclo en su vida. Lo nuevo se impondrá en estos días. 79.

Virgen María: Presagia que algo maravilloso está por llegar a su vida. Lo que antes estaba cubierto por la penumbra, ahora será iluminado por el brillo de la buena estrella. Todo saldrá mejor de lo que espera. Pida con fe porque se obrará un milagro en su vida. 77.

Virginidad: Se lamentará por haber entregado demasiado en una relación que terminó perjudicándole. Cuando se interesa en alguien da más de lo que debería y por ello en algunas ocasiones le han tomado ventaja. 0.

Viruela: No use lo que le han de obsequiar en estos días porque trae consigo una intención maquiavélica. 13.

Virus: Los sueños relacionados con un virus se han vuelto comunes en el tiempo que estamos viviendo, a tal punto que los investigadores en el tema han necesitado reevaluar el significado onírico de este sueño y han llegado a la conclusión que presagia el peligro de contraer una enfermedad grave. En este caso, es recomendable que se haga un chequeo médico lo antes posible y también se sugiere que ore con mucha devoción a San Miguel arcángel, el ángel de la curación. Sin importar el tipo de virus, el pronóstico no parece tener variación alguna. Sin embargo, soñar con el virus del ántrax predice que se sufrirá alguna pérdida de tipo material. Por lo tanto, se aconseja que cuide al máximo su trabajo, pertenencias y todo aquello que usted valore porque vendrán meses inciertos en cuanto a finanzas se refiere. 4.

Visa: Es pronóstico que en cuestión de meses irá a vivir a otra ciudad o país. Si le niegan una visa, es presagio que el proyecto que tiene en mente llevar a cabo es malo y no resultará. Tendrá que salir en busca de nuevas alternativas laborales. Si la visa se vence, es indicio que muy pronto se verá en la necesidad de consultar un abogado. 21.

Vísceras: Si son las propias, es augurio que más adelante necesitará que le practiquen una operación. Si son las de otra persona, señala que sentirá la inquietud de indagar más en el tema de la donación de órganos. Las vísceras de animales presagian que observará a una o varias personas heridas. 89.

Visión: El sueño de hace unas semanas se materializará dentro de un par de días. Conocerá personas y lugares que nunca antes había visto. 99.

Visita: Si le visitan, es señal que recibirá buenas nuevas por parte de familiares que viven distantes de usted. Si hace una visita, es indicio que un par de nuevos amigos están por llegar a su vida. Si recibe una visita que no desea, es augurio que le llegará correspondencia desagradable. 36.

Visón: Si sueña con este mamífero es presagio de que el dinero le abundará. No obstante, soñar con abrigos de visón revela al soñador que vive en un mundo de oropel. 95.

Vitaminas: En este lapso de su vida encontrará las herramientas y los ingredientes necesarios que le harán vivir saludable y muy feliz. 10.

Vitral: Visitará las instalaciones de un centro religioso de otra cultura. Podría tratarse de una sinagoga, un templo budista o una mezquita. 50.

Vitrina: Se ilusionará con objetos y aparatos valiosos que no podrá adquirir en este momento. Conformidad y paciencia serán palabras claves ante la situación que ahora enfrenta. 22.

Viuda: Será pretendido (a) por una persona que casi le dobla la edad. Si una mujer sueña que ha quedado viuda, predice que se impondrá un aislamiento voluntario. 31.

Viudo: Vivirá una época de discordia y separación entre familiares cercanos, causado por motivos económicos. Alguien se dejará llevar por la codicia. 13.

Víveres: Le espera un ciclo muy prometedor económicamente hablando. También es muy probable que llegue a sus manos una cantidad de dinero con la que no contaba. Si sueña que se produce una escasez de víveres, es indicio de altibajos en su trabajo. 76.

Vivero: Alguien quien era un rival, ahora se convertirá en uno de sus principales aliados. Hará amistad con una persona ermitaña. 35.

Vividor: Debe alejarse de una amistad que no le conviene para nada. Si no lo hace a tiempo, padecerá las terribles consecuencias. 49.

Vocales: Conocerá a una persona sumamente atractiva y demasiado fría a la vez. Comenzará a valorar la belleza interna. 65.

Volar: Según Sigmund Freud, este sueño significaba la necesidad de buscar nuevas aventuras sexuales, sin embargo, desde hace varias décadas se llegó a la conclusión que su connotación es aún más compleja. Si sueña que puede volar, es indicio que está tratando de escapar de una situación que mortifica su existencia, hay un asunto que no le deja vivir en paz. Si quiere cortar de raíz con ese problema, tendrá que enfrentarlo con astucia y valor. No permita que los sentimientos le hagan cometer torpezas. 41.

Volcán: Si ve salir humo de un volcán, es presagio que será víctima del engaño de un amante. Un volcán en actividad augura que se vivirán intensas y peligrosas pasiones. Un volcán en plena erupción le anuncia que se dejará arrastrar por el deseo y la lujuria. Si observa un volcán inactivo, es augurio que se enamorará de alguien que no le corresponderá de la misma manera. Si observa la erupción de dos o más volcanes, es pronóstico que se relacionará íntimamente con la pareja de otra persona. 60.

Voleibol: Tendrá una ilusión romántica que durará sólo un par de semanas. 0.

Voluntario: Si es voluntario en alguna causa humanitaria o de beneficencia, es augurio que la llama del amor cubrirá todo su ser. Comenzará a sentir que está viviendo en un sueño del cual no querrá despertar jamás. 14.

Vomitar: Si vomita en el sueño, es señal que pasará unos días enfermo. Si vomita sobre su ropa, la enfermedad durará meses. Si vomita en su cama, es indicio que atravesará un período de apatía sexual. Si otros vomitan, significa que alguien cercano a usted hará de todo con tal de desprestigiarle. Desconfíe hasta de su propia sombra. 83.

Votar: Si se observa votando para una elección, es augurio que intentarán lavarle el cerebro para hacerle cambiar de principios y valores. Si cuenta los votos, predice que alguno de la familia se involucrará en la política. Si otros votan, es indicio que surgirán problemas en su comunidad. 93.

Voz: Escuchar una voz conocida en el sueño le anuncia que contará con ayuda y apoyo ante una prueba difícil que habrá de enfrentar. Voces desconocidas presagian que un competidor le está preparando una trampa. Una voz agradable indica la llegada de una gran noticia. Voces desagradables revelan que un amigo se burla de usted a sus espaldas. 52.

Vueltas: Si da vueltas en el sueño, es indicio que padecerá molestias estomacales. Si observa a otras personas dando vueltas, es señal que se relaciona con gente pesimista que sólo le causan problemas y tensión.35.

Vulgaridad: Sus vecinos no son malas personas, sin embargo, se recomienda que no se relacione mucho con ellos porque descubrirá que tienen hábitos que usted detesta. Salúdelos, sea amable con ellos pero mantenga la debida distancia.69.

Watts: Últimamente se ha sentido cansado, con falta de energía y no sabe que hacer. La solución a su debilidad corporal, está en tomar un poco de sol diariamente. Con diez a quince minutos diarios será suficiente y en el lapso de tres días se comenzará a sentir mejor. La energía solar le renovará por completo. 10.

Whiskey: Le espera una apasionada cita de amor. A los comerciantes les augura que harán un estupendo negocio. 6.

Whiskería: Es probable que le propongan tener un encuentro íntimo con dos personas al mismo tiempo. 69.

Windsurf: Augura que un desconocido le librará de un peligro. 75.

Windsurfista: El sueño presagia un alivio momentáneo ante la situación confusa que está viviendo. Si desea lograr un avance significativo, deberá modificar su estilo de vida casi en su totalidad. 39.

X

Xenofilia: Soñar que aprecia a los extranjeros predice que a cualquier lugar que viaje siempre encontrará gente buena y amigable. 45.

Xenofobia: Si en el sueño siente repulsión por los extranjeros, es augurio que en breve sufrirá algún tipo de discriminación. 13.

Xerocopia: Uno de sus mejores amigos tratará de copiarle en todo lo que usted haga. Descubrirá la envidia y la traición en quien menos imagina. 94.

Xerocopiar: Profundice en sus sentimientos y así podrá tomar la decisión correcta en su vida amorosa. Procure no perjudicar a terceras personas. 77.

Xerodermia: En breve tendrá que visitar al dermatólogo. No sufrirá ningún padecimiento serio, pero si requerirá tratamiento. 27.

Xeroftalmia: Es muy probable que deba usar lentes correctivos. 90.

Xerografía: Si hace las cosas con moderación no tendrá de qué preocuparse. Recuerde que los excesos no hacen bien a nadie. 4.

Xerografiar: Deberá alejarse de un vicio o de un mal hábito que está contaminando su organismo. 39.

Xilófono: Oírlo, tocarlo o verlo es augurio de buena fortuna. 18.

Xilofonista: Hará amistad con una persona que le ayudará a progresar cultural y socialmente. 78.

Xilografía: Si observa a alguien gravando en la madera, es señal que esa persona quedará gravada en su corazón. Si es usted quien practica la xilografía, predice que algo positivo que está haciendo en este momento le rendirá enormes beneficios dentro de tres años. 8.

Xilógrafo: Este sueño augura que encontrará el trabajo perfecto, la pareja ideal, la casa de sus sueños, un amigo incondicional, etc. En los próximos tres meses hallará lo que andaba buscando. 62.

Y

Yacimiento: Cualquier sueño relacionado con yacimientos es augurio de recuperación económica. Un yacimiento de petróleo anuncia que ganará una buena cantidad de dinero. 5.

Yagual: Desempeñará un trabajo que no le dará ninguna satisfacción. 0.

Yarda: Si sueña que utiliza este sistema de medidas, indica que debe actualizarse y no seguir viviendo en épocas que ya pasaron. 87.

Yate: Le viene un merecido triunfo. 20.

Yedra: No permita que su generosidad le convierta en una persona incapaz de decir no. 48.

Yegua: Enfrentará la rebeldía de un familiar adolescente. 9.

Yema: Ver, tocar o comer la yema del huevo presagia que sufrirá una decepción pasajera. Si observa una buena cantidad de yemas, el sueño augura que discutirá con una persona vulgar. 68.

Yerbero: Soñar con un yerbero anuncia el final de una circunstancia que agobiaba su existencia. Fin de la depresión. Un nuevo horizonte se abrirá ante sus ojos. 17.

Yerno: Le gusta ayudar a los demás, pero no permita que problemas ajenos afecten su estabilidad emocional. 94.

Yesería: Será invitado a participar en una sociedad comercial. 8.

Yeso: Por correo recibirá una muy buena noticia, la mejor que habrá recibido en varios años. 80.

Yodo: No se automedique porque podría empeorar su situación. Acuda con un especialista, es su mejor opción. 21.

Yodoformo: Uno de sus conocidos le ofrecerá una droga. Alguien intentará hacerle caer en tentaciones. 4.

Yoga: Practicar yoga predice que alcanzará la verdadera elevación mental y espiritual. Si lo practica junto a alguien que conoce, significa que puede confiar plenamente en esa persona. 7.

Yohimbina: Si sueña con este suplemento afrodisíaco, es señal que le está faltando actividad a su vida sexual. Su cuerpo le está pidiendo pasión. 69.

Yogur: Está en un buen momento para comenzar una dieta o una rutina de ejercicios. Todo lo que haga en beneficio de su salud le aportará resultados en corto tiempo. 9.

Yugo: Se ha comprometido sentimentalmente con alguien a quien no ama. Recapacite, todavía está a tiempo de dar marcha atrás. 72.

Yugular: Será acosado por una persona que padece de serias desviaciones psicológicas. 41.

Yunque: Si se observa trabajando con un yunque, el sueño presagia que encontrará una buenísima oportunidad de trabajo. Ver a otras personas maniobrando con un yunque augura que tendrá bajo su supervisión a varios trabajadores. 44.

Yunta: Encontrará un objeto extraño tirado cerca de la puerta frontal de su casa. No lo toque con las manos y tírelo a la basura cuanto antes, porque trae consigo una mala voluntad. 66.

Yute (fibra textil): Abra los ojos, porque está trabajando en una causa perdida. No se deje embaucar. 58.

Z

Zacate: Un conocido se burlará de usted en su propia cara. Descubrirá que alguien le detesta. 0.

Zafiro: Le espera buena suerte durante los próximos cinco años. 9.

Zafra: Todo lo que inicie en estos días le dará fabulosos resultados. 31.

Zanahoria: Su organismo tiene una deficiencia vitamínica, especialmente de vitamina A. 18.

Zancos: No trate de impresionar con mentiras y falsas expectativas, porque será descubierto en el acto. 4.

Zángano: Hay ciertas personas que solamente buscan sacar algún provecho de su amistad. Aléjese de ellas y cambie de ambiente. 32.

Zanja: Preocupaciones para la familia. Se sentirá deprimido un par de días. 13.

Zapatería: Le vendría bien un cambio de imagen. Le hará muy bien el renovarse y mirar las cosas de otra manera. 8.

Zapatero: Busque ayuda lo antes posible, de lo contrario difícilmente saldrá del lío en el que se encuentra. 99.

Zapatilla: No pierda la cabeza por una persona que no vale la pena. 45.

Zapatos: Si son nuevos, tendrá una buena oportunidad. Viejos o usados, no es tiempo para lujos sino para trabajar duro. Perderlos, será víctima de una injusticia laboral. 76.

Zarpar: Es augurio que se verá forzado a buscar otro empleo. Tendrá la necesidad de ganar más dinero buscando un trabajo extra. 67.

Zarzuela: Su situación económica está pasando por una etapa difícil, sin embargo, ya está por aparecer una luz en su camino. 54.

Zócalo: Tendrá la oportunidad de conocer las instalaciones de un lugar antiguo e interesante. 67.

Zodiaco: Se hará realidad un pronóstico astral que le predijeron hace algún tiempo. 98.

Zombi: Comenzará a escuchar voces, pasos y toda clase de ruidos extraños en su casa. El espíritu de uno de sus antepasados visitará su morada dentro de nueve días. 39.

Zoofobia: Si experimenta sentir temor a los animales durante el sueño, es de mal augurio porque le advierte de un posible robo en su domicilio. Un falso amigo envidia todo lo que usted posee. 40.

Zoológico: Le viene buena suerte en una nueva actividad laboral que iniciará en breve. Si observa muchos animales, es pronóstico de que verá realizados todos sus sueños financieros. 59.

Zoólogo: Tendrá que hacerse un examen de sangre, pero no se alarme porque será únicamente para cumplir con un requisito. 25.

Zorro: No trate de aprovecharse de las debilidades ajenas porque lo mismo le sucederá a usted, pero con mayor intensidad. Cazar un zorro augura el triunfo sobre un rival. Si sueña con una zorra, es indicio que se está enamorando de una persona que no le conviene. 1.

Zozobra: Enfrentará problemas de todo tipo y algunas personas intentarán perjudicarle. Para bloquear el augurio debe enterrar en el jardín o en una maceta una cabeza de ajo junto a un puñado de sal. Acompañe el ritual rezando un salmo bíblico durante once noches consecutivas. Comience el martes a la medianoche. 20.

Zuecos: Este sueño le aconseja renunciar a los proyectos que tiene en mente porque no resultarán como lo ha planificado y hasta podrían causarle la ruina económica. 56.

Zurcir: Está trabajando en una ocupación que carece de futuro. Reaccione y busque algo mejor. 60.

Zurdo: Si no es zurdo, el sueño le recomienda tener cuidado en sus reacciones, porque en un momento de debilidad podría echar por la borda el sacrificio de varios años. Si es zurdo, es presagio que una persona del sexo opuesto intentará dominar su vida. 75.